Belästigung am Arbeitsplatz

Recht der Arbeit und der sozialen Sicherheit

Herausgegeben von Wolfgang Däubler, Konstanze Plett,
Ursula Rust, Klaus Sieveking

(bigas – Bremer Institut für
Gender-, Arbeits- und Sozialrecht,
Fachbereich Rechtswissenschaft
der Universität Bremen)

Band 33

PETER LANG
Frankfurt am Main · Berlin · Bern · Bruxelles · New York · Oxford · Wien

Sabine Eggert-Weyand

Belästigung am Arbeitsplatz

Eine Form der verbotenen Benachteiligung wegen des Geschlechts

PETER LANG
Internationaler Verlag der Wissenschaften

Bibliografische Information der Deutschen Nationalbibliothek
Die Deutsche Nationalbibliothek verzeichnet diese Publikation in der Deutschen Nationalbibliografie; detaillierte bibliografische Daten sind im Internet über http://dnb.d-nb.de abrufbar.

Zugl.: Bremen, Univ., Diss., 2009

Umschlaggestaltung:
Olaf Glöckler, Atelier Platen, Friedberg

Abdruck der Logos auf dem Umschlag
mit freundlicher Genehmigung
der Universität Bremen

Gedruckt auf alterungsbeständigem,
säurefreiem Papier.

D 46
ISSN 0178-4285
ISBN 978-3-631-61214-9

www.peterlang.de

Vorwort

Die vorliegende Arbeit wurde im Wintersemester 2008 vom Fachbereich Rechtswissenschaften der Universität Bremen als Dissertation angenommen. Die mündliche Prüfung fand im Dezember 2009 statt. Rechtsprechung und Literatur sind in der Veröffentlichung bis Mitte 2009, zum Teil bis Anfang 2010 berücksichtigt.

Zum Gelingen dieser Arbeit haben viele Menschen beigetragen. Besonderer Dank gebührt dabei zuvorderst meiner Doktormutter Prof. Dr. Ursula Rust. Sie hat das Thema der Arbeit angeregt und mich während der gesamten Promotionszeit fürsorglich betreut, beraten und in jeder Hinsicht gefördert. Bedanken möchte ich mich auch bei Prof. Dr. Konstanze Plett nicht nur für die Erstellung des Zweitgutachtens, sondern auch für ihre ständige Bereitschaft zur Diskussion. Mein ausgesprochener Dank gilt zudem Prof. Dr. Klaus Sieveking und Vertr. Prof. Dr. Uwe Reim. Beide haben sich ohne zu zögern bereit erklärt, kurzfristig an meinem vorweihnachtlichen Kolloquium teilzunehmen. Euch und allen übrigen Mitgliedern des bigas (Bremer Institut für nationales, europäisches und internationales Gender-, Arbeits- und Sozialrecht) herzlichen Dank für Jahre der erfolgreichen und freundschaftlichen Zusammenarbeit.

Bedanken möchte ich mich weiterhin bei Prof. Dr. Peter Derleder für angeregte Diskussionen und kulinarische Betreuung. Diese Arbeit wurde auch durch den Austausch mit meinen Kolleginnen und Kollegen Dr. Babette Nüsslein, Dr. Sandy Talheim, Hendrikje Tessenow, Dr. Leif Zenker und Philipp Beckmann gefördert, die auch in schwierigen Phasen mit konstruktiver und solidarischer Kritik zur Stelle waren.

Der FNK der Universität Bremen danke ich für die Gewährung eines großzügigen Promotionsstipendiums.

Ganz besonderer Dank gilt schließlich meiner Familie, meinen Eltern Paula und Julius Weyand und meiner Schwester, Dr. Simone Weyand, die mich Zeit meines Lebens in jeglicher Weise unterstützt und gefördert haben. Meinem Ehemann, Dr. Jörn Eggert, danke ich besonders für seine Geduld und Gesprächsbereitschaft und dafür, dass er stets an mich geglaubt hat.

Ihnen sei diese Arbeit in Liebe und tiefer Dankbarkeit gewidmet.

Sabine Eggert-Weyand

Inhaltsverzeichnis

1. Kapitel: Einleitung

Durch die Umsetzung der europäischen Antidiskriminierungsrichtlinien ist seit dem 18.08.2006 die Belästigung von Beschäftigten nicht nur wegen ihrer Sexualität, sondern auch wegen der ethnischen Herkunft, des Geschlechts, der Religion oder Weltanschauung, einer Behinderung wegen des Alters oder der sexuellen Identität in Deutschland verboten. Durch die Regelungen im Allgemeinen Gleichbehandlungsgesetz ist der Schutz vor Belästigung gesetzlicher Standard geworden. Gleichwohl stellt sich nach wie vor die Frage, was unter den Begriff der verbotenen Belästigung fällt und wie diese verhindert werden kann.

Die Beantwortung fällt hierzulande weniger leicht als in manchen anderen Staaten, die teilweise auf eine langjährige Tradition im Umgang mit Belästigung zurückgreifen können. Allen voran sind hier die USA zu nennen, welche in diesem Bereich als Vorreiter fungieren und sich bereits seit Jahrzehnten der Tatsache nicht verschließen, dass es neben der sexuellen Belästigung noch andere Gründe gibt, aus denen Menschen (nicht nur) am Arbeitsplatz belästigt werden können. Auch in Europa gibt es Staaten, die vor Erlass der EU-Richtlinien Legaldefinitionen von Belästigung und entsprechende Schutzgesetze, erkennbar geformt nach dem amerikanischen Vorbild, etabliert hatten. Zu nennen sind hier insbesondere Großbritannien und Irland.

In Deutschland beschränkte sich der Belästigungsschutz vor Inkrafttreten des AGG allein auf den Schutz vor sexueller Belästigung, legal definiert und geregelt im Beschäftigtenschutzgesetz, sowie auf die mangels gesetzlicher Regelung allein von der arbeitsrechtlichen Rechtsprechung entwickelten Grundsätze zum Mobbing. Zwar können diese zur näheren Erfassung des Belästigungsbegriffes herangezogen werden, jedoch wird hierdurch auch eine Abgrenzung erforderlich, denn sowohl zur sexuellen Belästigung als auch zum Mobbing ergeben sich einige Schnittstellen.

Das AGG schützt vor Belästigung aufgrund aller genannten Merkmale, die vorliegende Arbeit beschäftigt sich jedoch zentral mit der Belästigung wegen des Merkmals Geschlecht. Anlass für diese Wahl ist nicht allein, dass der Staat hier erhöhte Handlungspflichten hat. Diese treffen ihn auch beispielsweise bezüglich des Merkmals Behinderung, wenngleich in anderer Ausgestaltung, normiert im SGB IX. Ausschlaggebend war vielmehr die Tatsache, dass die Belästigung wegen des Geschlechts in besonderer Weise einer Abgrenzung zur sexuellen Belästigung bedarf, die keines der anderen Merkmale aufweist, denn beide, so gibt es das Gemeinschaftsrecht vor, gelten als Diskriminierung aufgrund des Geschlechts.

Die Belästigung wegen des Merkmals Geschlecht sieht sich somit der Gefahr ausgesetzt, neben der sexuellen Belästigung bereits begrifflich nicht wahrgenommen zu werden, sondern gleichsam in ihr aufzugehen. Darüber hinaus besteht zusätzlich das Risiko der Bagatellisierung, da sie im Vergleich zur sexuellen Belästigung und zum Mobbing, für deren Opfer zwischenzeitlich ein gewisses gesellschaftliches Grundverständnis zu beobachten ist, als weit weniger bedrohlich empfunden wird.

Im Zentrum der vorliegenden Arbeit steht daher die Auseinandersetzung mit dem Begriff Belästigung generell, wie ihn das AGG in Umsetzung des Gemeinschaftsrechts versteht, und im besonderen mit der Belästigung aufgrund des Geschlechts, sowie deren Abgrenzung zur sexuellen Belästigung, zum Mobbing und zum Stalking. Welche darüber hinausgehenden Regelungen die einzelnen Bundesländer zur Richtlinienumsetzung getroffen haben ist nicht Bestandteil dieser Untersuchung, die sich allein auf die Regelungen im AGG konzentriert.

Ausgehend von der Legaldefinition in § 3 Abs. 3 AGG werden die einzelnen Tatbestandsmerkmale einer genauen Betrachtung unterzogen. Ausschlaggebend sind dabei stets die gemeinschaftsrechtlichen Vorgaben, wenngleich sich diese auf das vorhandene Normenwerk beschränken, da zum Zeitpunkt der Bearbeitung noch keine Rechtsprechung des EuGH zur Belästigung vorlag.

Belästigung ist ein Diskriminierungstatbestand, so geben es die Richtlinien vor und so regelt es § 3 Abs. 3 AGG. Dies wirft die Frage auf, ob Belästigung ausschließlich als unmittelbare oder ebenso als mittelbare Diskriminierung denkbar ist. Auch zu dieser Frage wird eine Interpretation angeboten. Dagegen erfolgt in dieser Arbeit weder eine Darstellung des völkerrechtlichen Rahmens[1] noch eine Auseinandersetzung mit den verfassungsrechtlichen Grundlagen[2] von Diskriminierung.

Neben der Begriffsbestimmung werden in der folgenden Arbeit einige der Möglichkeiten untersucht, die das AGG, immer ausgehend von seinem in § 1 formulierten Ziel, Benachteiligungen aus den genannten Gründen zu verhindern oder zu beseitigen, zum Schutz der Beschäftigten vor Belästigung bereithält.

---

1 Vergl. hierzu die Darstellung in Rudolf, Frauen und Völkerrecht.

2 Vergl. hierzu die Darstellung in Baer, Würde oder Gleichheit?.

Zwar erstreckt sich der Anwendungsbereich des AGG über den Bereich der Beschäftigung hinaus auch auf weitere Rechtsbereiche, so unter anderem auf bestimmte zivilrechtliche Konstellationen, für die sich keine Abweichungen hinsichtlich der Begriffsbestimmung ergeben. In wieweit die Anforderungen an den Schutz vor Belästigung von denen des Beschäftigungsbereiches abweichen, wird jedoch im folgenden nicht diskutiert.

Generell ist zur Erreichung des Zieles von § 1 AGG eine Vielzahl von Instrumenten denkbar, sowohl im betrieblichen Umfeld als auch außerhalb des Arbeitsplatzes bis hin zur prozessualen Durchsetzung. So existiert beispielsweise in den USA mit der Equal Employment Opportunity Commission (EEOC) eine eigene Sonderbehörde auf Bundesebene, die mit der Durchsetzung von Antidiskriminierungsvorschriften betraut ist, wozu auch Vorschriften zum Schutz vor Belästigung und sexueller Belästigung (harassment und sexual harassment) gehören.[3] In der deutschen Umsetzung wurde mit der unabhängigen Stelle, die beim Bundesministerium für Familie, Senioren, Frauen und Jugend angesiedelt ist, eine weit schwächere Variante etabliert.[4] Beides sind Möglichkeiten, die dem Schutz der Beschäftigten dienen, sie sind jedoch nicht Gegenstand dieser Untersuchung, ebenso wie mögliche Ansprüche auf Schadensersatz, Ersatz des immateriellen Schadens von Belästigungsopfern oder deren prozessuale Durchsetzung.

Die Arbeit konzentriert sich demgegenüber auf §§ 12-14 AGG. Dabei handelt es sich im einzelnen um Maßnahmen und Pflichten des Arbeitgebers nach § 12 AGG, zu denen auch die Pflicht zur Ergreifung präventiver Maßnahmen gehören, das Beschwerderecht nach § 13 sowie das allein den Diskriminierungsformen Belästigung und sexuelle Belästigung vorbehalten Leistungsverweigerungsrecht nach § 14 AGG. Gemeinsam ist ihnen, dass sie das Verhältnis zwischen Arbeitgeber und Beschäftigten regeln und daher auf betrieblicher Ebene stattfinden.

3 Hierzu ausführlich Nöth, Materieller und Prozessualer Rechtsschutz gegen sexuelle Belästigung.

4 Vergl. hierzu Rust in Rust/Falke, AGG, §§ 25-30.

2. Kapitel: Historische Entwicklung des Schutzes vor Belästigung und sexueller Belästigung in den USA und im europäischen Recht vor Erlass der neuen Antidiskriminierungsrichtlinien

Die Belästigung war im deutschen und vor Erlass der Richtlinien auch im europäischen Recht sowie in den meisten übrigen Mitgliedstaaten weitgehend unbekannt, nicht jedoch im amerikanischen Recht.

I. Amerikanisches Recht als Vorbild

Die rechtliche Behandlung des tatsächlichen Problems „Belästigung" stammt aus dem US-amerikanischen Recht, in dem „harassment" als Diskriminierungsform seit langem fester Bestandteil des arbeitsrechtlichen Antidiskriminierungsrechts ist. Da dieses somit ein Vorbild für die europäischen Vorgaben und folglich auch für die deutschen Regelungen war, soll hier ein kurzer Überblick gegeben werden.

1. Gesetzliche Regelungen

Im amerikanischen Recht existieren sowohl auf Bundesebene als auch auf Ebene der einzelnen Staaten zahlreiche Vorschriften zum Schutz vor Diskriminierung am Arbeitsplatz. Aufgrund ihrer Vielzahl kann hier nicht auf die verschiedenen einzelstaatlichen Regelungen eingegangen werden, zumal sie sich oft mit dem Bundesrecht überschneiden.

Das zentrale arbeitsrechtliche Antidiskriminierungsgesetz ist der 1964 erlassene Title VII des Civil Rights Act, später ergänzt durch den Civil Rights Act 1991. Dieser schützt vor Diskriminierung aufgrund der Merkmale Rasse, (Haut-) Farbe, Religion, Geschlecht und nationaler Herkunft. Ausreichend für eine Verletzung von Title VII und somit für das Vorliegen einer Diskriminierung ist, wenn eines der genannten Merkmale ein Faktor in dem Entscheidungsprozess war, der zu der entsprechenden Handlung führte. Nicht erforderlich ist, dass dieses Merkmal der einzige Faktor ist, denn § 2000e-2 (m) gibt ausdrücklich vor, dass neben den genannten auch andere Gründe vorliegen können.

Als Diskriminierungen im Sinne des Title VII gelten sowohl absichtliche unmittelbare (direkte) als auch mittelbare Diskriminierung sowie Belästigungen (harassment) entweder in Form der sexuellen Belästigung (sexual harassment) oder als Belästigung aus anderen, ebenfalls geschützten Gründen.

2. Belästigung (Harassment)

Belästigung (harassment) kann grob vereinfacht in zwei Kategorien unterteilt werden, nämlich in sexuelle Belästigung (sexual harassment) und in "einfache" Belästigung (harassment). In den Vorschriften des Title VII werden weder die eine noch die andere ausdrücklich aufgeführt. Dass sie beide unter die Vorschriften des Title VII subsumiert werden und damit als Diskriminierung gelten, ist jedoch sowohl von der EEOC (Equal Employment Opportunity Commission) als auch von den Gerichten anerkannt.[5]

Die "einfache" Belästigung tritt im Gegensatz zur sexuellen Belästigung ausschließlich in Form des sogenannten „hostile environment harassment", wobei sich der Begriff „hostile environment" (feindliche Arbeitsatmosphäre) auf ein Tatbestandsmerkmal von harassment bezieht. Gemeint ist damit die Auswirkung des belästigenden Verhaltens, welches sich in einer für das Belästigungsopfer feindseligen Arbeitsatmosphäre äußern muss. Dieses und auch die weiteren Elemente von harassment haben sich durch zahlreiche Urteile herausgebildet.

2.1 Geschützte Gruppe

Voraussetzung für den Schutz nach Title VII ist, dass das Belästigungsopfer einer der dort geschützten Gruppen angehört. Zwar kommen dafür alle oben genannten Gründe in Betracht, jedoch nimmt die sexuelle Belästigung, welche die am häufigsten vorkommende Form von harassment ist ,[6] unter den anderen Merkmalen eine Art Sonderstellung ein.[7] Die enthaltene Aufzählung der geschützten Merkmale ist abschließend, diese sind die Rasse (race), Hautfarbe (colour), Religion (religion), Geschlecht (gender) oder nationale Herkunft (national origin) des Belästigungsopfers. Belästigungen, die aus anderen als den aufgeführten Gründen erfolgen, fallen nicht in den Schutzbereich des Title VII.[8]

Das Spektrum der möglichen belästigenden Verhaltensweisen ist breit. Zu den in Betracht kommenden Handlungen gehören verbale Äußerungen wie Beleidigungen oder Verunglimpfungen, "Witze" oder "scherzhafte Bemerkungen",[9] ab-

5 Vergl. C.F.R. § 1604.8 (a); C.F.R. § 1604.11 (a).

6 Zimmer/Sullivan/Richards/Calloway, S. 567.

7 So hat die EEOC eigene guidelines on discrimination because of sex herausgegeben, 29 C.F.R. § 1604.11.

8 Vergl. Hastings vs. Saiki, 824 F. Supp. 969 (D. Colo. 1993), dort war die Klage gescheitert, da nicht nachgewiesen werden konnte, dass die dort erfolgte Belästigung und entstandene feindliche Arbeitsatmosphäre in Zusammenhang mit einem der genannten Gründe stand.

9 Siehe z.B. EEOC v. Beverage Canners, Inc., 897 F. 2d 1067 (11th Cir. 1990), Ways v. City of Lincoln, 871, F. 2d 750 (8th Cir. 1989).

fällige Bezeichnungen,[10] das Anbringen von Graffiti oder Gegenständen oder auch die Androhung oder gar Ausübung physischer Gewalt.[11].

2.2 Verschlechterung der Arbeitsatmosphäre

Wesentliches und notwendiges Charakteristikum für harassment ist die wesentliche Verschlechterung der Arbeitsatmosphäre/Arbeitsbedingungen. Das entsprechende Verhalten wird, mit anderen Worten erst dann zu einer Belästigung, wenn es eine einschüchternde (intimidating), feindliche (hostile) oder bedrohliche (offensive) Arbeitsatmosphäre erzeugt oder erzeugen soll,[12] beziehungsweise dann, wenn der Arbeitsplatz durchzogen ist von diskriminierenden Einschüchterungen, Spott und Beleidigungen welche so schwerwiegend oder vorherrschend sind, um die Arbeitsbedingungen des Opfers zu verändern und eine kränkende (abusive) Arbeitsumgebung zu schaffen.[13]

Die Frage, wann eine Arbeitsatmosphäre sich als so feindlich darstellt, wird von den Gerichten anhand zweier Aspekte beurteilt. Objektiv muss das Arbeitsklima derart beschaffen sein, dass es von einer vernünftigen Person (reasonable person) als feindselig wahrgenommen wird. Dies kann im Einzelfall problematisch sein, da es schwerlich festzustellen ist, wie der Standart einer vernünftigen Person aussieht, wenn die Perspektiven der Opfergruppen insoweit nicht einheitlich sind. Gerade im Bereich des gender harassment kann es vorkommen, dass eine männliche Person ein Verhalten, welches von einer Frau als belästigend empfunden wird, nicht als solches wahrnimmt.[14] Aus diesem Grund wird vielfach auch anstatt der Figur der „reasonable person“ die Figur der „reasonable person of the same sex as the victim“ favorisiert.[15] Der zweite, für die Feststellung einer feindlichen Arbeitsatmosphäre relevante Faktor ist die Opferperspektive. Das

---

10 So in Davis v. Kansas City Housing Authority, 822 F. Supp. 609 (W.D. Mo. 1993) einem Fall von Mehrfachdiskriminierung, in dem das Opfer, eine weiße Arbeitnehmerin, von ihren ausnahmslos schwarzen Kollegen als "white bitch" bezeichnet wurde und bei gemeinsamen Meetings erniedrigt und gedemütigt wurde.

11 So beispielsweise in Daniels vs. Essex Group, wo das Opfer, ein schwarzer Arbeitnehmer, nicht nur verbalen rassistischen Äußerungen und Beleidigungen ausgesetzt war, sondern auch mit einer schwarzen Puppe konfrontiert wurde, die in der Nähe seines Arbeitsplatzes aufgeknüpft wurde und von der künstliches Blut tropfte. Die Belästigungen gipfelten in der Androhung physischer Gewalt gegen ihn und seinen vierjährigen Sohn.

12 29 CFR 1606.8 (b) (1).

13 Meritor Savings Bank v. Vinson, 477 U.S. 57, 67; ebenso in Harris v. Forklift Systems, Inc., 114 S. Ct. 367 (1993).

14 Ellison v. Brady, 924 F. 2d 872 (9th Cir. 1991);Bell, Journal of Business Ethics 2002, 65ff, 69.

15 Hierzu ausführlich Herzog, Sexuelle Belästigung, S. 66 ff.

Belästigungsoper selbst muss die Atmosphäre (subjektiv) als feindselig empfinden.

Um die feindliche Atmosphäre zu ermitteln, müssen daher alle Umstände des jeweiligen Einzelfalles in Betracht gezogen werden. Dazu gehören die Häufigkeit des Auftretens diskriminierender Handlungen, deren Heftigkeit, aber auch, ob eine körperliche Bedrohung oder Demütigung oder „nur" eine kränkende Äußerung vorliegt.[16] Pauschal läßt sich sagen, je seltener ein Verhalten vorkommt, desto schwerwiegender muss es sein, um den Anforderungen an das Vorliegen eines feindlichen Arbeitsklimas zu genügen, hingegen muss bei weniger schwerwiegenden Handlungen eine gewisse Häufigkeit festzustellen sein.[17]

3. Sexuelle Belästigung (Sexual harassment)

Wie die Belästigung ist auch die sexuelle Belästigung (sexual harassment) in den Vorschriften des Title VII nicht ausdrücklich erwähnt. Gleichwohl wird sie von der EEOC (Equal Employment Opportunity Commission) unter die dort geregelte Geschlechterdiskriminierung subsumiert und auch von der Rechtsprechung seit Jahrzehnten als solche anerkannt.[18] Allgemein werden zwei Formen der sexuellen Belästigung unterschieden. Dabei handelt es sich einerseits um das quid pro quo harassment (Leistung gegen sexuelles Entgegenkommen) andererseits um das bereits bezüglich der Belästigung angesprochene hostile environment harassment (feindliche Arbeitsatmosphäre).

3.1 Quid pro Quo sexual harassment

Bei dem sogenannten „quid pro quo harassment" handelt es sich um die Fälle, in denen der Arbeitgeber selbst oder ein Vorgesetzter für eine bestimmte arbeitsrechtliche Leistung eine sexuelle Gegenleistung vom Opfer fordert.[19]

Sexuell belästigende Verhaltensweisen können in den verschiedensten Formen stattfinden, angefangen bei unerwünschten Kommentaren mit sexuellem Bezug bis hin zur Vornahme sexueller Handlungen.[20] Unabhängig von ihrer Erscheinungsform müssen sie für das Opfer unwillkommen sein. Das Kriterium der Unerwünschtheit ist sowohl nach der Definition der EEOC als auch nach der Rechtsprechung entscheidend bei der Frage, ob eine sexuelle Belästigung und

16 Harris v. Forklift Systems, Inc., 114 S.Ct. 367, 370f (1993).
17 Zimmer/Sullivan/Richards/Calloway, S. 573.
18 Erstmals in Barnes vs. Costle, 561 F. 2d 983, 990 (D.C. Cir. 1977).
19 Hierzu ausführlich Mästle, Sexuelle Belästigung, S. 58ff.
20 Vergl. CFR § 1604.11 (a); Thau/Pusch, Arbeitsrecht, S. 89, Rn. 261f.

damit eine Verletzung von Title VII vorliegt.[21] Auch diesbezüglich findet stets eine Einzelfallbetrachtung statt.

Eindeutiges Kriterium für die Unerwünschtheit einer sexuellen Annäherung ist dabei dessen Zurückweisung durch das Opfer.[22] Dass ein Verhalten unerwünscht ist, schließt die Rechtsprechung grundsätzlich aber auch dann nicht aus, wenn das Opfer den sexuellen Avancen nicht ausdrücklich widerspricht oder diese sogar über sich ergehen lässt,[23] hier wird auf die genauen Umstände des Falles abgestellt, so kann das Opfer beispielsweise aus Furcht vor arbeitsrechtlichen Konsequenzen schweigen.

Für das Vorliegen eines „quid pro quo" harassment muss die sexuelle Belästigung in einem kausalen Zusammenhang zur Vornahme einer arbeitsrechtlichen Handlung stehen. Es kann sich dabei sowohl um Fälle handeln, in denen ein beruflicher Vorteil an das sexuelle Entgegenkommen geknüpft ist, als auch um die Konstellationen, in denen die Ablehnung sexueller Annäherungen mit arbeitsrechtlichen Nachteilen verbunden wird.[24] Sowohl Vor- als auch Nachteil müssen greifbar sein. Darunter fallen Vor- und Nachteile, die für den betroffenen Arbeitnehmer wirtschaftliche Auswirkungen haben, also beispielsweise Beförderungen oder Kündigungen. Ein bloßes In-Aussicht-Stellen oder Androhen von arbeitsrechtlichen Konsequenzen wird nicht als ausreichend erachtet, [25] der entsprechende Nachteil muss sich für das Opfer vielmehr in einem wirtschaftlichen Schaden äußern.[26]

---

21 C.F.R. § 1604.11 (a); Meritor Savings Bank v. Vinson, 477 U.S. 57, 68 (1986).

22 So durch Überschütten des Belästigers mit Kaffee und anschließender Flucht, Brooms v. Regal Tube Co., 881 F. 2d 412, 417(7th Cir. 1989) oder durch Schlagen des Belästigers unter lautem Fluchen und anschließend weinendem Verlassen des Arbeitsplatzes, Guess v. Bethlehem Steel Corp. 913 F. 2d 463, 464 (7th Cir. 1990).

23 In Chamberlin v. 101 Realty, Inc. 915 F. 2d 777, 784(1st Cir. 1990) hielt das Gericht ein konsequentes, aber nicht ausdrückliches Weigern für ausreichend um die Unwillkommenheit festzustellen, da auch berücksichtigt werden müsse, dass das Opfer oftmals auf eine ausdrückliche Zurückweisung verzichtet aus Angst dadurch die Beendigung des Arbeitsverhältnisses zu provozieren.

24 Vergl. Mästle, Sexuelle Belästigung, S. 61, Herzog, Sexuelle Belästigung S. 54.

25 Anders in Karibian v. Columbia University, 14 F.3d 773, 778f (2nd Cir. 1994), wo das Gericht eine Drohung ausreichen ließ, um einen umfassenden Opferschutz zu gewährleisten.

26 Gary v. Long, 59 F.3d 1391,1395 (D.C.Cir. 1995); Hicks v. Gates Rubber Company, 833 F. 2d 1406, 1414 (10th Cir. 1987).

3.2 Hostile environment Fälle

Die zweite Form von sexueller Belästigung ist das hostile environment harassment. Dass sexuelle Belästigung als Diskriminierung aufgrund des Geschlechts zu einer feindlichen Arbeitsatmosphäre führen kann und damit in gleicher Weise ein Verstoß gegen Title VII darstellt wie die Belästigung aufgrund anderer Merkmale, wurde vom Supreme Court erstmals 1986 anerkannt.[27] Die Voraussetzungen sind insoweit die gleichen, wie auch für die anderen Merkmale. Das Belästigungsopfer muss zum geschützten Personenkreis gehören, was in Form der Zugehörigkeit zu einem Geschlecht grundsätzlich vorliegt, die sexuelle Belästigung muss gerade wegen des Geschlechts erfolgen und als Folge der sexuellen Belästigung hat eine wesentliche Verschlechterung der Arbeitsatmosphäre einzutreten.

4. Abgrenzungsprobleme von sexual und gender harassment

Probleme bereiten unter anderem die Frage, ob sexual harassment ausschließlich Belästigungen umfasst, die aus einer sexuellen Motivation heraus erfolgen. Aus sprachlicher Sicht bedeutet der Ausdruck „sexual" sowohl sexuell als auch geschlechtlich. Sexual harassment kann daher sowohl sexuelle Belästigung als auch Belästigung aufgrund des Geschlechts meinen. Nach den Richtlinien der EEOC umfasst sexuelle Belästigung unwillkommene sexuelle Avancen, Verlangen sexueller Gefälligkeiten und anderes verbales oder körperliches Verhalten sexueller Art (unwelcome sexual advances, requests for sexual favors, and other verbal or physical conduct of a sexual nature).[28]
Demgegenüber wird die geschlechtsbezogene Belästigung häufig als „gender harassment" bezeichnet, um sie von anderen Formen des sexual harassment abzugrenzen. Dass neben der sexuell motivierten Belästigung auch noch eine weitere existiert, die ebenfalls aufgrund der Geschlechtszugehörigkeit erfolgt, wurde zunächst nur vereinzelt anerkannt. So stellten die Gerichte nach und nach fest, dass sexual harassment in unterschiedlicher Weise erfolgen kann, nicht nur in Form von Anträgen, eindeutigen Berührungen oder Belästigungen mit sexuellem Ziel.[29]

Bestätigt wurde diese Einschätzung in einer Entscheidung des Obersten Gerichtshofes (supreme court). Dieser stellte ausdrücklich fest, dass „harassment because of sex" nicht nur Belästigungen umfasst, die aus einer sexuellen Motivation oder in sexuellem Kontext stehen, sondern auch solche Situationen, in

27 Erstmals von der Rechtsprechung anerkannt in Meritor Savings Bank v. Vinson, 477 U.S. 57, 66 (1986).

28 C.F.R. § 1604.11 (a) (1), EEOC Guidelines because of sex.

29 Burns vs. McGregor Electronic Industries 989 F. 2d 959, 964 (8th Cir. 1993).

denen der Belästiger herabwürdigende geschlechtsspezifische Ausdrücke gebraucht, aus denen sich ergibt, dass die Belästigung aus Gründen der Ablehnung von Personen diesen Geschlechts erfolgt.[30]

5. Zurechnung zum Arbeitgeber

Für die Frage, wann und unter welchen Umständen ein Verstoß gegen Title VII in Form einer Belästigung/sexuellen Belästigung dem Arbeitgeber zugerechnet wird, differenziert die amerikanische Rechtsprechung danach, wer Täter der belästigenden Handlung ist.

5.1 Belästigung durch Vorgesetzte

Bei der Belästigung durch Vorgesetzte wurde bis zu einer Grundsatzentscheidung aus dem Jahr 1998 danach unterschieden, ob es sich um hostile environment harassment oder quid pro quo harassment handelte. In Fällen von quid pro quo harassment, bei dem das Verhalten an sich nur von Vorgesetzten oder dem Arbeitgeber selbst ausgehen kann, da nur diese in der Lage sind, die versprochenen Vorteile oder angedrohten Nachteile eintreten zu lassen, sollte der Arbeitgeber grundsätzlich verschuldensunabhängig haften, wenn das Opfer den beruflichen Nachteil tatsächlich erlitten hat.[31] Das Verhalten der vorgesetzten Arbeitnehmer wurde ihm hierbei nach Stellvertreterregeln zugerechnet. Begründung war, dass der Vorgesetzte im Rahmen seiner vom Arbeitgeber erhaltenen Vollmachten handelte, und diesem das Verhalten daher zugerechnet werden konnte.[32]

Anders wurde die Situation in hostile environment Fällen beurteilt. Hier haftete der Arbeitgeber nicht verschuldensunabhängig. Das Belästigungsopfer hatte nachzuweisen, dass der Arbeitgeber Kenntnis von den Vorfällen hatte oder aber hätte haben müssen, und gleichwohl keine Anstrengungen unternommen hatte, diese zu unterbinden.[33]

Diese Unterscheidung wurde durch zwei Entscheidungen des Supreme Court aufgehoben.[34] Seither haftet der Arbeitgeber sowohl in quid pro quo als auch in hostile environment Fällen nach den allgemeinen Stellvertretungsregeln immer

30 Onacle v. Sundowners Offshore Services, Inc., 118 S. Ct. 998 (1998).

31 Meritor Savings Bank v. Vinson, 477 U.S. 57, 67.

32 Hendon v. City of Dundee, 682 F. 2d 897, 910 (11th Cir. 1982).

33 Henson v. City of Dundee, 682 F. 2d 897, 910.

34 Faragher v. City of Boca Raton, 118 S.Ct. 2275 (1998); Burlington Industries, Inc. v. Ellerth, 118 S. Ct. 2257 (1998).

dann, wenn die Belästigung durch den Vorgesetzten zu einem direkten beruflichen Nachteil beim Arbeitnehmer führt, also den Status als Arbeitnehmer oder die wesentlichen Arbeitsbedingungen betrifft.[35] Nur wenn die Belästigung zu keinem direkten beruflichen Nachteil führt kann der Arbeitgeber sich entlasten, wenn er den Nachweis erbringt, dass er einerseits angemessene Maßnahmen ergriffen hat, um sexuelle Belästigungen durch Vorgesetzte zu verhindern und dass andererseits das Belästigungsopfer von den ihm zur Verfügung gestellten Möglichkeiten keinen Gebrauch gemacht und auch sonst nichts gegen die Belästigungen unternommen hat.[36]

Angemessene Maßnahmen des Arbeitgebers sind nach den Richtlinien der Equal Employment Opportunity Commission das aktive Aufklären des Vorfalls, das Ausdrücken starken Missfallens, das Entwickeln geeigneter Sanktionen, das Aufklären der Arbeitnehmer über ihre Rechte aus Title VII in Zusammenhang mit harassment und wie sie diese wahrnehmen können, sowie das Entwickeln von Methoden zur Sensibilisierung aller Betroffenen.[37]

5.2 Belästigung durch andere Arbeitnehmer oder Dritte

Belästigungen die durch andere Arbeitnehmer oder sonstige Dritte vorgenommen werden, bewegen sich ausschließlich im Bereich des hostile environment harassment. Eine Haftung des Arbeitgebers setzt auch hier voraus, dass das Opfer den Nachweis erbringt, dass dieser trotz Kenntnis oder möglicher Kenntnis nicht gegen die Belästigung vorgegangen ist.[38]

6. Rechtsfolgen

Die Rechtsfolgen, die sich aus einem Verstoß gegen Title VII ergeben, sind unterschiedlich. Sie richten sich, sofern der Arbeitnehmer aufgrund der Belästigung gekündigt hat, auf eine Verurteilung des Arbeitgebers zur Wiedereinstellung (reinstatement). Darüber hinaus hat der Arbeitnehmer Anspruch auf das entgangene Entgelt (back pay).[39] Seit Einführung des Civil Rights Acts 1991 wurden die Rechtsfolgen ergänzt. So kann das Opfer auch kompensatorischen Schadensersatz (compensatory damage) verlangen, der sich zusammensetzt aus

35 Faragher v. City of Boca Raton, 118 S. Ct. 2275, 2293; Burlington Industries, Inc. v. Ellerth, 118 S. Ct. 2257, 2270.

36 Faragher v. City of Boca Raton, 118 S. Ct. 2275, 2292f; Burlington Industries, Inc. v. Ellerth, 118 S. Ct. 2257, 2270.

37 29 C.F.R. § 1604.11 (f).

38 Hierzu auch Mästle, Sexuelle Belästigung, S. 65f.

39 U.S.C.A. § 2000e- 5(g).

dem Ersatz von künftigen Vermögensschäden (future pecuniary losses) und Nicht-Vermögensschäden, wozu auch seelische Schmerzen (emotional pain), körperliche Leiden (suffering) oder der Verlust der Lebensfreude (loss of enjoyment of life) gehören.[40]

Jedoch wurden gleichzeitig für diese Art von Schäden finanzielle Höchstgrenzen eingeführt, die nach der Anzahl der bei dem Arbeitgeber Beschäftigten und der Dauer der Zugehörigkeit des Klägers zu dem Unternehmen gestaffelt sind.[41] Dem Opfer kann darüber hinaus unter bestimmten Voraussetzungen auch sogenannter Strafschadensersatz (punitive damage) zugesprochen werden, allerdings muss dem Arbeitgeber hierfür ein schweres Fehlverhalten vorzuwerfen sein, welches darin besteht, dass er dem Arbeitnehmer mit direkter Absicht Schaden zufügt (with malice), oder ihm die Folgen seines Verhaltens vollkommen gleichgültig sind (reckless indifference).[42]

II. Europäische Entwicklung der Begriffe der einfachen und der sexuellen Belästigung bis zu den Antidiskriminierungsrichtlinien

In den Mitgliedstaaten der europäischen Union war Belästigung vor Erlass der Antidiskriminierungsrichtlinien von 2000 überwiegend in Form der sexuellen Belästigung bekannt und rechtlich geregelt. Eine Ausnahme war für das britische Recht zu verzeichnen, hier gab es bereits zuvor verschiedene Vorschriften zur Belästigung bezüglich verschiedener geschützter Merkmale, die denjenigen des US-amerikanischen Rechts nachgebildet waren.[43]

1. Maßnahmen hinsichtlich sexueller Belästigung

Erste Regelungen zur Belästigung bezogen sich im europäischen Recht zunächst ausschließlich auf die sexuelle Belästigung. So wurden die Mitgliedstaaten in einer Entschließung des Europäischen Parlaments von 1986 aufgefordert, Informationskampagnen durchzuführen und sich um eine rechtliche Definition des Tatbestandes der sexuellen Belästigung zu bemühen.[44]

Um einen Überblick über das Ausmaß von sexueller Belästigung und ihre rechtliche Bewertung in der Gemeinschaft zu erhalten, beauftragte die Kommission

---

40 Siehe U.S.C.A. § 1981 (b)(2), (b)(3).
41 U.S.C.A. § 1981a (b)(3)(A-D).
42 U.S.C.A. § 1981a (b) (1).
43 So beispielsweise Vorschriften aus dem Sex Discrimination Act 1975, dem Race Relations Act 1976 und dem Disability Discrimination Act 1995.
44 ABl. EG Nr. C 176 vom 14.07.1986.

im Jahr darauf den britischen Anwalt Rubinstein mit einer Untersuchung über den diesbezüglichen Stand in den Mitgliedstaaten.[45] Darin definierte er sexuelle Belästigung als ein verbales oder psychisches Verhalten sexueller Natur, von dem der Täter wusste oder hätte wissen müssen, dass es für das Opfer verletzend ist. Ähnlich dem amerikanischen Verständnis unterschied er zwei Formen der sexuellen Belästigung, einerseits die sexuelle Erpressung, andererseits die Beeinträchtigung der Arbeitsumgebung durch das sexuell belästigende Verhalten.[46] Rubinstein empfahl, sexuelle Belästigung als Diskriminierung zu verbieten, da er sie als Ungleichbehandlung aufgrund des Merkmals Geschlecht klassifizierte.[47]
Einen großen Schritt hinsichtlich des Schutzes vor sexueller Belästigung unternahm der Rat mit seiner Entschließung aus dem Jahr 1990.[48] In dieser wird sexuelle Belästigung definiert als ein Verhalten sexueller Natur oder ein sonstiges Verhalten aufgrund der Geschlechtszugehörigkeit, welches die Würde von Frauen und Männern am Arbeitsplatz beeinträchtigt und das nicht hingenommen werden darf, wenn ein solches Verhalten für die betreffende Person unerwünscht, unangebracht und anstößig ist.

Neben der sexuellen Belästigung findet sich hier erstmals auch ein Hinweis auf die zweite Belästigungsform, die als ein sonstiges Verhalten aufgrund der Geschlechtszugehörigkeit bezeichnet wird. Auch wenn beide dort noch nicht ausdrücklich als Diskriminierungstatbestände benannt werden, wird doch angedeutet, sexuelle Belästigung könne einen Verstoß gegen den Gleichbehandlungsgrundsatz der Richtlinie 76/207/EWG darstellen.[49] Im Anhang an die Entschließung forderte der Rat die europäische Kommission auf, einen Verhaltenskodex über den Schutz der Würde von Frauen und Männern am Arbeitsplatz zu verfassen, eine aus dem anglo-amerikanischen Recht bekannte Herangehensweise (dort als code of practice bezeichnet).

Die Kommission kam dieser Aufforderung zeitnah im Jahr 1991 mit der Empfehlung zum Schutz der Würde von Frauen und Männern am Arbeitsplatz nach, in deren Anhang praktische Verhaltensregeln und Maßnahmen zur Bekämpfung sexueller Belästigung formuliert sind.[50] Die auch hier enthaltene Definition der

---

45 Rubinstein, Die Würde der Frauen am Arbeitsplatz, Bericht über das Problem sexueller Belästigung in den Mitgliedstaaten der Europäischen Gemeinschaft.

46 Rubinstein Bericht, S. 5.

47 Rubinstein Bericht, S. 1, 4.

48 Entschließung des Rates vom 29. 05.1990 zum Schutz der Würde von Frauen und Männern am Arbeitsplatz, ABl. EG Nr. C 157 v. 27.06.1990, S. 3ff.

49 Entschließung des Rates, ABl. EG Nr. C 157 v. 27. 06.1990, S. 3f.

50 Empfehlung der Kommission vom 27.11.1991 zum Schutz der Würde von Frauen und Männern am Arbeitsplatz (92/131/EWG), ABl. EG Nr. L 49 v. 24.02.1992, S. 1ff.

sexuellen Belästigung orientiert sich im wesentlichen an den Vorgaben des Rates.
Sexuell belästigend können danach sowohl körperliche als auch verbale oder nichtverbale Verhaltensweisen sein, sofern sie für die betreffende Person unerwünscht sind. Erst die Fortsetzung eines Verhaltens, welches vom Opfer ausdrücklich als unerwünscht kenntlich gemacht wird, ist nach dieser Auffassung eine sexuelle Belästigung. Auf die Kenntlichmachung der Unerwünschtheit kann danach nur in solchen Fällen verzichtet werden, die entsprechend schwerwiegend sind, ansonsten wird die Unerwünschtheit als ein wesentliches Merkmal der sexuellen Belästigung hervorgehoben.[51]

Obwohl die Kommission im Anschluss an den Rat die sexuelle Belästigung in erster Linie als Würdeverletzung des Opfers betrachtet, wird doch betont, dass sexuelle Belästigung ein Problem der Diskriminierung aufgrund des Geschlechts darstellt, da das Geschlecht des Opfers aus dessen Sicht der determinierende Faktor ist.[52] Ziel der Empfehlung und der Verhaltensregeln war es, den Arbeitgebern praktische Leitlinien zum Schutz der beschäftigten Frauen und Männern zu geben, um so das Vorkommen von sexueller Belästigung am Arbeitsplatz zu verhindern.[53]
Die Empfehlung richtete sich an die Mitgliedstaaten, die abschließend aufgefordert wurden, die Kommission innerhalb einer Dreijahresfrist über die Maßnahmen zur Ausführung der Empfehlung zu unterrichten.[54]

Die Überprüfung der durch die Mitgliedstaaten getroffenen Maßnahmen, welche die Kommission 1996 in Form von Anhörungen der Sozialpartner zum Thema Verhütung der sexuellen Belästigung vorgenommen hatte, kam zu keinem positiven Ergebnis. Festgestellt wurde vielmehr erneuter und nachhaltiger Handlungsbedarf.[55] Aktiv wurde die Gemeinschaft erneut in den Jahren 2000-2004, indem sie die sexuelle Belästigung in die RLen 2002/73/EG und 2004/113/EG aufnahmen.

---

51 Praktische Verhaltensregeln und Maßnahmen zur Bekämpfung sexueller Belästigung, Anhang zur Empfehlung der Kommission, S. 4.

52 Praktische Verhaltensregeln, S. 4.

53 Vergl. Praktische Verhaltensregeln, S. 3.

54 Empfehlung der Kommission, S. 2, Art. 4.

55 Mitteilung der Kommission vom 24. 06.1996 über die Anhörung der Sozialpartner zum Thema Verhütung der sexuellen Belästigung am Arbeitsplatz, KOM (96), 373 endg..

2. Maßnahmen hinsichtlich der Belästigung

Anders als zur sexuellen Belästigung gab es seitens der Gemeinschaft für die Belästigung vor Erlass der Richtlinien keine gesonderten Maßnahmen. Die Belästigung fand in der Empfehlung der Kommission zum Schutz der Würde von Frauen und Männern am Arbeitsplatz[56] keine ausdrückliche Erwähnung, jedoch wird sie von der Formulierung des „sonstigen Verhaltens aufgrund der Geschlechtszugehörigkeit" mit erfasst. Andere Maßnahmen beziehen sich auf das ähnlich gelagerte Problem des „Mobbing".[57]

III. Ergebnis

Belästigung ist seit langem fester Bestandteil des amerikanischen Antidiskriminierungsrechts. Unterschieden wird dort, anders als im europäischen Recht und im deutschen AGG, in zwei Formen der Belästigung, das „hostile environment harassment" und das „quid pro quo harassment", wobei die Belästigung aufgrund des Geschlechts eine Variante des „hostile environment" darstellt. Voraussetzungen sind die Zugehörigkeit des Opfers zum geschützten Personenkreis, dass der Grund für das belästigende Verhalten in dem geschützten Merkmal Geschlecht liegt und für das Opfer eine wesentliche Verschlechterung der Arbeitsatmosphäre zu verzeichnen ist. Problematisch kann die Abgrenzung von „gender harassment" und „sexual harassment" im Einzelfall sein, die sich danach bestimmt, ob das Verhalten aus einer sexuellen Motivation heraus oder aufgrund der Geschlechtszugehörigkeit erfolgt. Für den Arbeitgeber kann sich, je nach Konstellation, die Möglichkeit der Exkulpation für Belästigungsfälle ergeben, die sich in seinem Unternehmen ereignen. Dies setzt jedoch voraus, dass er angemessene Maßnahmen zur Prävention ergriffen hat. Die aus einer Belästigung resultierenden Folgen sind vielfältig und reichen von einem Anspruch auf Wiedereinstellung für den Fall einer zwischenzeitlich erfolgten Kündigung bis hin zu Schadensersatz und Schmerzensgeld.

In der europäischen Union war Belästigung vor Erlass der 2000er Richtlinien fast ausschließlich in Form der sexuellen Belästigung bekannt. Diesbezüglich gab es verschiedene Maßnahmen, diese als Diskriminierung aufgrund des Geschlechts zu klassifizieren und eine allgemeine Definition zu finden, sowie das Schutzniveau in der Gemeinschaft zu erhöhen. Die Belästigung war dagegen allenfalls von der Formulierung „sonstiges Verhalten aufgrund der Geschlechtszugehörigkeit" miterfasst.

---

56 Empfehlung der Kommission vom 27.11.1991 zum Schutz der Würde von Frauen und Männern am Arbeitsplatz (92/131/EWG), ABl. EG Nr. L 49 v. 24.02.1992, S. 1ff.

57 So z.B. Bericht über Mobbing am Arbeitsplatz v. 16.07.2001, A5-0283/2001.

3. Kapitel: Die Entwicklung der beiden Belästigungsbegriffe im Entstehungsverfahren der Antidiskriminierungsrichtlinien - Von der Richtlinie 76/207/EWG bis zu der Richtlinie 2006/54/EG

Anders als die sexuelle Belästigung, die aufgrund ihres ausschließlichen Bezugs zum Merkmal Geschlecht nur in den beiden Geschlechtergleichbehandlungsrichtlinien verankert wurde, ist die Belästigung Bestandteil aller fünf seit 2000 in Kraft getretenen Antidiskriminierungsrichtlinien[58] geworden. Im Verlaufe ihres Entstehungsverfahrens wurden auch die Belästigungsbegriffe mehrfach geändert, bis sie als Bestandteil der Richtlinien geltendes Europarecht wurden. Zentral für die Belästigung aufgrund des Merkmals Geschlecht ist die RL 2002/73/EG, als Änderungsrichtlinie zur ursprünglichen Gleichbehandlungsrichtlinie 76/207/EWG bekannt, die zwischenzeitlich in der RL 2006/54/EG aufgegangen ist.

I. Richtlinien 2000/43 und 2000/78 EG

Wenige Monate nach Inkrafttreten des Vertrages von Amsterdam legte die Kommission im November 1999 zwei Vorschläge für Antidiskriminierungsrichtlinien vor.[59]

Der eine Vorschlag dient der Bekämpfung von Diskriminierung aufgrund der Merkmale Rasse oder ethnische Herkunft, der andere Vorschlag schützt die Merkmale Religion oder Weltanschauung, Behinderung und sexuelle Ausrichtung, wobei sich der letztgenannte Vorschlag auf den Bereich Beschäftigung und Beruf beschränkt, und der erste sich darüber hinaus auch auf weitere Bereiche bezieht. Zwar erfasst keiner der Richtlinienvorschläge das Merkmal Geschlecht, sie enthalten jedoch erstmalig eine Definition der Belästigung.

Grundlage für beide Vorschläge war Art. 13 EG, wonach der Rat auf Vorschlag der Kommission und nach Anhörung des Parlaments einstimmig geeignete Vorkehrungen treffen kann, um Diskriminierungen aus Gründen des Geschlechts, der Rasse, der ethnischen Herkunft, der Religion oder der Weltanschauung, einer Behinderung, des Alters oder der sexuellen Ausrichtung zu bekämpfen.[60] Das Parlament spielt in dem Verfahren nach Art. 13 EG eine untergeordnete

---

58 Siehe zu den Texten der Richtlinien 2000/43/EG, 2000/78/EG und 2002/73/EG die Richtliniensynopse von Plett, abgedruckt in Loccumer Protokolle 40/03, S. 407f.

59 Vorschlag für eine Richtlinie des Rates zur Anwendung des Gleichbehandlungsgrundsatzes ohne Unterschied der Rasse oder der ethnischen Herkunft, KOM (1999) 566 endg., v. 2511.1999 und Vorschlag für eine Richtlinie des Rates zur Festlegung eines allgemeinen Rahmens für die Verwirklichung der Gleichbehandlung in Beschäftigung und Beruf, KOM (1999) 565 endg. v. 25.11.1999.

60 Siehe hierzu auch Korthaus, Antidiskriminierungsrecht, S. 62ff.

Rolle, die sich auf die Anhörung zum Kommissionsvorschlag beschränkt.[61] Der sachliche Anwendungsbereich des Art. 13 EG ist breiter als derjenige des spezielleren Art. 141 EG, weswegen sich der Richtlinienvorschlag zur Rasse und Ethnie auch auf die Bereiche Sozialschutz, soziale Vergünstigungen, Bildung und den Zugang zu der Öffentlichkeit zur Verfügung stehenden Güter und Dienstleistungen einschließlich von Wohnraum erstreckt. [62]

Nach der ersten Definition des Art. 2 Abs. 3 im Vorschlag für die RL 2000/78/EG sind Belästigungen einer Person, die im Zusammenhang mit einem der in Art. 1 genannten Gründe stehen und mit denen die Schaffung eines durch Einschüchterungen, Anfeindungen, Beleidigungen oder andere Beeinträchtigungen geprägten Arbeitsumfelds bezweckt oder bewirkt wird, als Diskriminierung anzusehen.[63]

Die Begründungen beider Kommissionsvorschläge zum Belästigungsbegriff sind beinahe inhaltsgleich. Darin wird erläutert, dass die entsprechenden belästigenden Verhaltenweisen in verschiedener Form auftreten können. Aufgeführt werden sprachliche Äußerungen, sowie das Verfassen, Zeigen oder Verbreiten von schriftlichen Äußerungen, Bildern oder sonstigem Material, die zudem schwerwiegend sein sollen und eine insgesamt störende oder feindselige Arbeitsumgebung bewirken müssen.[64]

Auf Seiten des Europäischen Parlaments gab es verschiedene Änderungsvorschläge zu den Richtlinienvorschlägen, die auch die Belästigungsdefinitionen betrafen. Zu deren wesentlichsten gehörte die Forderung nach einem weiteren Tatbestandsmerkmal in Form der Würdeverletzung des Opfers als Folge des belästigenden Verhaltens.[65] Der gravierendste Änderungsvorschlag bestand jedoch darin, eine Öffnungsklausel für die einzelnen Mitgliedstaaten einzuführen, wonach diesen die Möglichkeit eingeräumt werden sollte, den Begriff Belästigung nach Maßgabe ihrer nationalen Vorschriften und Gepflogenheiten selbst zu definieren.[66]

---

61 Zuleeg in v. d. Groeben/Schwarze, EU/EG-Vertrag, Art. 13, Rn. 10.

62 Vergl. zum Verhältnis von Art. 13 und Art. 141 EG Rust in v. d. Groeben/Schwarze, EU/EG-Vertrag, Art. 141, Rn. 181ff.

63 KOM (1999) 565 endg. v. 25.11.1999, S. 21.

64 KOM (1999) 565 endg., S. 10 und KOM (1999) 566 endg., S. 7.

65 Vergl. KOM (1999) 565 endg. v. 25.11.1999, S. 21.

66 Legislative Entschließung des Europäischen Parlaments (...) v. 05.10.2000, ABl. EG Nr. C 178, S. 254, 259f.

Diese und auch weitere Änderungsvorschläge wurden in die Richtlinien integriert. Bereits am 29.06.2000 wurde daraufhin die Richtlinie 2000/43/EG formell vom Rat angenommen.[67]

Die endgültige Definition der Belästigung nach der RL 2000/43/EG (Rasse und Ethnie), und damit auch die erste legal definierte Belästigungsdefinition lautet:

„Unerwünschte Verhaltensweisen, die im Zusammenhang mit der Rasse oder der ethnischen Herkunft einer Person stehen und bezwecken oder bewirken, dass die Würde der betreffenden Person verletzt und ein von Einschüchterungen, Anfeindungen, Erniedrigungen, Entwürdigungen oder Beleidigungen gekennzeichnetes Umfeld geschaffen wird, sind Belästigungen, die als Diskriminierung im Sinne von Absatz 1 gelten. In diesem Zusammenhang können die Mitgliedstaaten den Begriff „Belästigung" im Einklang mit den einzelstaatlichen Rechtsvorschriften und Gepflogenheiten definieren."

Die Richtlinie 2000/78/EG (Rahmenrichtlinie) wurde einige Monate danach, am 27.11.2000 formell vom Rat angenommen.[68] Die dort enthaltene Definition entspricht weitgehend derjenigen in der bereits erlassenen RL 2000/43/EG, wodurch eine Kohärenz beider Richtliniendefinitionen erzielt wurde.

II. Richtlinien 2002/73/EG und 2006/54/EG

1. Richtlinie 2002/73/EG

Im Juni 2000, kurz vor der formellen Annahme der Richtlinie Rasse und Ethnie durch den Rat, legte die Kommission auf Grundlage des Art. 141 Abs. 3 EG einen Vorschlag zur Änderung der Gleichbehandlungsrichtlinie von 1976 vor.[69] Unverändert zur Ursprungsrichtlinie 76/207/EWG war auch das Ziel der Änderungsrichtlinie die Verwirklichung des Grundsatzes der Gleichbehandlung, in Einklang mit Art. 2 und 3 Abs. 2 EG, wonach die Gleichstellung von Männern und Frauen ein grundlegendes Prinzip der Gemeinschaft ist.[70]

---

67 Richtlinie 2000/43/EG des Rates vom 29.06.2000 zur Anwendung des Gleichbehandlungsgrundsatzes ohne Unterschied der Rasse oder der ethnischen Herkunft, ABl. EG Nr. L 180 v. 19.07.2000, S. 22ff

68 Richtlinie 2000/78/EG des Rates vom 27.11.2000 zur Festlegung eines allgemeinen Rahmens für die Verwirklichung der Gleichbehandlung in Beschäftigung und Beruf, ABl. EG Nr. L 303 v. 02.12.2000, S. 16ff.

69 Vorschlag für eine Richtlinie (...) zur Änderung der Richtlinie 76/207/EWG (...), KOM (2000), 334 endg., v. 07.06.2000.

70 Ausführlich zur Änderungsrichtlinie, insbesondere auch zur Vorgeschichte und des Auswirkungen des Vertrages von Amsterdam, Rust, NZA 2003, 72ff.

Anders als bei den 2000er Richtlinien, richtete sich das Verfahren nicht nach Art. 13 EG, sondern nach Art. 251 EG, dem Mitentscheidungsverfahren.[71] Das Parlament hat hier eine deutlich stärkere Rolle. Beschränkt sich diese bei Art. 13 auf das Anhörungsrecht, kann das Parlament hier nicht nur Stellung zum Kommissionsvorschlag nehmen, sondern diesen auch abändern. Stimmt der Rat den Abänderungen nicht zu, hat er einen gemeinsamen Standpunkt festzulegen und diesen wiederum dem Parlament zu übermitteln. Wenn dieses ihn mit absoluter Mehrheit seiner Mitglieder ablehnt, kommt der vorgeschlagene Rechtsakt nicht zustande. Daneben kann das Parlament auch erneute Abänderungen vornehmen. Werden diese vom Rat nicht gebilligt, so beruft sein Präsident, wie vorliegend geschehen, den Vermittlungsausschuss ein. Aus dieser kurzen Skizzierung des Verfahrens werden zwei Unterschiede zu dem nach Art. 13 EG offenkundig. Das Parlament hat im Mitentscheidungsverfahren eine starke Position und das Verfahren selbst kann von erheblich längerer Dauer sein, jedenfalls dann, wenn zwischen Rat und Parlament nicht von Beginn an Einigkeit über den Inhalt des Rechtsaktes vorliegt.

Der Kommissionsvorschlag zur späteren Änderungsrichtlinie 2002/73/EG beinhaltete zusätzlich zu den bereits in der Ursprungsrichtlinie von 1976 enthaltenen Diskriminierungsformen der unmittelbaren und der mittelbaren Diskriminierung auch die Aufnahme der sexuellen Belästigung, sowie deren Definition. Obgleich zu diesem Zeitpunkt bereits in den beiden anderen Richtlinien (bzw. Richtlinienvorschlägen) fest verankert, fand die Belästigung in diesem neuen Vorschlag keine Erwähnung.

Die Kommission unterbreitete den Vorschlag dem Parlament, welches ihn an die beteiligten Ausschüsse, federführend an den Ausschuss für die Rechte der Frau und Chancengleichheit, überwies. Deren Stellungnahmen enthielten zahlreiche Änderungsanträge zu denen auch die Forderung nach der Ergänzung des Richtlinienvorschlages um den Tatbestand der Belästigung gehörte. Der entsprechende Änderungsantrag 5 des Ausschusses für die Rechte der Frau und Chancengleichheit verzichtete diesbezüglich auf eine entsprechende Begründung und formuliert schlicht, der Antrag spreche für sich selbst.[72] Auch die Stellungnahmen der anderen Ausschüsse kritisierten das Fehlen der Belästigung im Kom-

71 Zum Gang des Verfahrens ausführlich, Schoo in v. d. Groeben/Schwarze, Art. 251, Rn. 12ff.

72 Bericht des Ausschusses für die Rechte der Frau und Chancengleichheit v. 16.05.2001, A5-0173/2001, S. 8.

missionsvorschlag, boten jedoch bezüglich ihrer Aufnahme unterschiedliche Varianten der Definition sowie der Verortung an. [73]

Das Parlament übernahm von den Änderungsvorschlägen der Ausschüsse diejenigen des federführenden Ausschusses für die Rechte der Frau und Chancengleichheit beinahe wortgleich.[74] Bei der Kommission stießen die Vorschläge auf positive Resonanz, so dass neben der Definition der sexuellen Belästigung erstmals auch eine Definition der Belästigung in den am 07.06.2001 von der Kommission vorgelegten geänderten Richtlinienvorschlag aufgenommen wurde.[75]

Der Kommissionsvorschlag fand in seiner geänderten Form nicht die Billigung des Rates. Einvernehmlich beschloss dieser, einen gemeinsamen Standpunkt gemäß Art. 251 Abs. 2 UAbs. 2 EGV festzulegen,[76] welcher vom Rat am 23.7.2001 angenommen wurde.[77] Da die Haltung des Rates nicht nur von der des Parlaments in erster Lesung abwich, sondern gleichzeitig auch vom Vorschlag der Kommission, war für den gemeinsamen Standpunkt die vorliegende Einstimmigkeit erforderlich.[78]

Hinsichtlich der Aufnahme einer Definition der Belästigung in die Richtlinie stimmte der Rat mit dem Parlament und der Kommission zwar grundsätzlich überein, nicht jedoch mit deren Formulierung und Standort. [79] So war man im Rat der Ansicht, die sexuelle Belästigung sei kein isoliertes Phänomen, sondern nur eine Form der Belästigung, was so auch ausdrücklich in die Definition ein-

---

73 So bezeichnete der Ausschuss für Industrie, Außenhandel, Forschung und Energie die „anderen Formen der Belästigung" als Mobbing, Stellungnahme des Ausschusses v. 05.05.2001, A5-0173/2001, S. 45; der Ausschuss für Beschäftigung und soziale Angelegenheiten hingegen forderte eine Erweiterung der Definition von sexueller Belästigung, um zu gewährleisten, dass auch andere Belästigungen aufgrund des Geschlechts erfasst werden, Stellungnahme des Ausschusses v. 01.03.2001, A5-0173/2001, S.58.

74 Abänderungen des Kommissionsvorschlags durch das Europäische Parlament, ABl. 2002 Nr. C 47 E v. 21.02.2002, S. 158ff, S. 164, Änderungsantrag 67, Artikel, Nr. 2a (neu).

75 Geänderter Vorschlag (...) zur Änderung der Richtlinie 76/207/EWG (...), KOM (2001) 321 endg., 2000/0142(COD), v. 07.06.2001; veröffentlicht im Amtsblatt, ABl. 2001 Nr. C 270 E, S. 9, v. 25.09.2001.

76 2357. Tagung des Rates -Beschäftigung und Sozialpolitik-, Pressemitteilung 2001/225.

77 Gemeinsamer Standpunkt (EG) Nr. 32/2001(...), ABl. 2001 Nr. C 307 S. 5 ff, v. 31.10.2001.

78 Schoo in v. d. Groeben/Schwarze, EU/EG-Vertrag, Art. 251, Rn. 26ff; Kluth in Calliess/Ruffert, EUV/ EGV, Art. 251, Rn. 15; Streinz/Gellermann, EUV/EGV, Art. 251, Rn. 28.

79 Gemeinsamer Standpunkt (EG) Nr. 32/2001(...), ABl. 2001 Nr. C 307 S. 5ff, S. 7 v. 31.10.2001.

gefügt wurde.[80] Mit der Umformulierung der Belästigungsdefinition wurde, abgesehen von dem dort nicht enthaltenen Begriff der sexuellen Belästigung, eine vom Rat gewollte[81] weitgehende Kohärenz mit derjenigen in den beiden 2000er Richtlinien erzielt. Nicht angeglichen wurde sie lediglich in Bezug auf die Öffnung für die Mitgliedstaaten, den Belästigungsbegriff nach ihren einzelstaatlichen Rechtsvorschriften und Gepflogenheiten zu definieren.

Der gemeinsame Standpunkt des Rates wurde an das Parlament und die Ausschüsse überwiesen und vom federführenden Ausschuss für die Frau und Chancengleichheit eine Empfehlung angenommen.[82] Geändert wurde aus Gründen der Klarheit und Präzisierung sowohl die vom Rat vorgenommene Zusammenfassung beider Belästigungsbegriffe in einer gemeinsamen Definition als auch deren Formulierung.[83]

Fast unverändert übernahm das Parlament den Änderungsantrag des Ausschusses in seiner Entschließung und nahm auch darüber hinaus mehrere Änderungen am gemeinsamen Standpunkt des Rates vor,[84] von denen die Kommission einige, jedoch nicht alle übernahm. Zu diesen gehörten auch diejenigen bezüglich der beiden Belästigungsbegriffe. [85]

Die Stellungnahme der Kommission wurde an den Rat und das Europäische Parlament übermittelt, da jedoch zwischen beiden in zweiter Lesung keine Einigung zustande gekommen war, wurde gemäß § 251 Abs. 3 EGV das Vermittlungsverfahren eingeleitet. Noch bevor der Vermittlungsausschuss, zu seiner ersten Sitzung zusammengekommen war, fanden am 23. Januar und am 5. Februar 2002 zwei Sitzungen statt, in denen die Delegierten des Parlaments mit dem Rat zusammentrafen. Dort, und auch in der ersten Sitzung des Vermittlungsausschusses, am 21. Februar 2002 zeigte sich deutlich, dass die Positionen beider Seiten nach wie vor stark differierten. In diesen Sitzungen einigten sich die Verhand-

80 Gemeinsamer Standpunkt (EG) Nr. 32/2001(...), ABl. 2001 Nr. C 307 S. 5ff, S. 13 v. 31.10.2001, Ziffer 3.6.

81 Gemeinsamer Standpunkt (EG) Nr. 32/2001 (...), ABl. 2001 Nr. C 307 S.5ff, S. 13 v. 31.10.2001

82 Empfehlung für die zweite Lesung betreffend den gemeinsamen Standpunkt des Rates (...), v. 17.10.2001, A5-0358/2001 endgültig.

83 Empfehlung des Ausschusse für die Rechte der Frau und Chancengleichheit v. 17.10.2001, A5-0358/2001 endg., S. 8f.

84 Legislative Entschließung des Europäischen Parlaments zu dem gemeinsamen Standpunkt des Rates v. 24.10.2001 C5-0358/2001, ABl. 2002 Nr. C 112E S. 169ff v. 09.05.2002.

85 Stellungnahme der Kommission (...) zu den Abänderungen des Europäischen Parlaments an dem gemeinsamen Standpunkt des Rates (...), KOM (2001) 689 endgültig, 2000/0142 (COD), S. 5.

lungspartner nur hinsichtlich einer von insgesamt fünfzehn zur Debatte stehenden Abänderungen, und beschlossen daraufhin übereinstimmend, die Verhandlungen kurzzeitig auszusetzen.

Da zu diesem Zeitpunkt bereits abzusehen war, dass eine Einigung im Vermittlungsverfahren innerhalb der Sechswochenfrist des Art. 251 Abs. 5 EGV nicht zustande kommen würde, unterrichtete der Rat mit Schreiben vom 28.3.2002 das Parlament davon, dass die in Art. 251 Abs. 7 EGV vorgesehene Fristverlängerung erforderlich sei und er von seinem diesbezüglichen Initiativrecht Gebrauch machen werde. Am 9. April 2002 wurden die Verhandlungen wieder aufgenommen und ein Einvernehmen über weitere 10 Abänderungen erzielt. Über die verbleibenden strittigen Abänderungen, zu denen auch die Definition des Begriffs "sexuelle Belästigung" gehörte, einigte man sich am 17. April 2002 in der vierten Sitzung und in der anschließenden zweiten und letzten Sitzung des Vermittlungsausschusses auch auf einen gemeinsamen Richtlinienentwurf,[86] der sowohl vom Rat als auch vom Europäischen Parlament (einstimmig) gebilligt wurde. Die offizielle Feststellung der Billigung[87] erfolgte am 19. April 2002 durch die beiden Vorsitzenden des Vermittlungsausschusses.

Nach der Bestätigung des gemeinsamen Entwurfs durch Parlament und Rat, wurde die Richtlinie 2002/73/EG zur Änderung der Richtlinie 76/207/EG am 23. 9.2002 erlassen.[88] Damit wurde nicht nur erstmals die Belästigung aufgrund des Merkmals Geschlecht, sondern auch die sexuelle Belästigung ausdrücklich als Diskriminierung klassifiziert und in einer europäischen Richtlinie definiert.

Hiernach liegt eine Belästigung vor, wenn unerwünschte geschlechtsbezogene Verhaltensweisen gegenüber einer Person erfolgen, die bezwecken oder bewirken, dass die Würde der betreffenden Person verletzt und ein von Einschüchterungen, Anfeindungen, Erniedrigungen, Entwürdigungen oder Beleidigungen gekennzeichnetes Umfeld geschaffen wird.

---

86 Gemeinsamer Entwurf nach Billigung durch den Vermittlungsausschuss (...), C5/2002/185.

87 ABl. C 148 vom 28.05.1999, S. 1.

88 Richtlinie 2002/73/EG des Europäischen Parlaments und des Rates vom 23. September 2002 zur Änderung der Richtlinie 76/207/EWG des Rates zur Verwirklichung des Grundsatzes der Gleichbehandlung von Männern und Frauen hinsichtlich des Zugangs zur Beschäftigung, zur Berufsbildung und zum beruflichen Aufstieg sowie in Bezug auf die Arbeitsbedingungen, ABl. EG Nr. L 269 v. 05.10.2002, S. 15ff.

2. Richtlinie 2006/54/EG

Seit 1975 waren eine Vielzahl europäischer Richtlinien zur Gleichbehandlung von Männern und Frauen erlassen worden, die zum Teil Überschneidungen aufwiesen. Auch hatte sich die Rechtsprechung des EuGH in diesem Bereich ständig fortentwickelt, insbesondere durch seine Feststellung, dass die Beseitigung der Diskriminierung zu den Grundrechten gehört.[89] Der Vertrag von Amsterdam hatte dem Gemeinschaftsgesetzgeber weitere Kompetenzen zum Erlass von Vorschriften zum Gleichbehandlungsrecht gegeben und nicht zuletzt wird die Gleichheit von Männern und Frauen in Art. 23 der Grundrechtecharta als Grundsatz anerkannt.

Aufgrund dieser Vielzahl von Neuerungen entstand für einige Richtlinien Überarbeitungsbedarf, wie schon an der Rl 76/207/EWG ersichtlich, die durch die Rl 2002/73/EG umfassend geändert und ergänzt worden war. Aufgrund dieses von der Kommission festgestellten Überarbeitungs- und Modernisierungsbedarfs startete sie im Juli 2003 eine Internet-Konsultation, in welcher sie die Mitgliedstaaten und andere Interessierte (u.a. die Sozialpartner und NGOs) aufforderte, Stellung zu nehmen. Ergebnis dieser Konsultation war, dass durchweg Bedarf von Modernisierung, Vereinfachung und Verbesserung der Rechtsvorschriften zur Geschlechtergleichbehandlung gesehen wurde.

Im April 2004 legte die Kommission daraufhin einen Vorschlag für eine Richtlinie des Europäischen Parlaments und des Rates zur Verwirklichung des Grundsatzes der Chancengleichheit und Gleichbehandlung von Männern und Frauen in Arbeits- und Beschäftigungsfragen vor.[90] Der Kommissionsvorschlag beinhaltete die Zusammenfassung und Überarbeitung der Richtlinien 75/117/EWG[91], 76/207/EWG[92], 2002/73/EG[93] (Änderungsrichtlinie), 86/378/EWG[94],

89 EuGH v. 10.02.2000, Deutsche Post AG gegen Elisabeth Sievers Rs. (C-270/97) und Brunhilde Schrage (C-271/97).

90 KOM (2004) 279 endg. v. 21.04.2004.

91 Richtlinie 75/117/EWG des Rates v. 10.02.1975 zur Angleichung der Rechtsvorschriften der Mitgliedstaaten über die Anwendung des Grundsatzes des gleichen Entgelts von Männern und Frauen, ABl. EG Nr. L 45 v. 19.02.1975, S. 19f.

92 Richtlinie 76/207/EWG des Rates v. 09.02.1976 zur Verwirklichung des Grundsatzes von Männern und Frauen hinsichtlich des Zugangs zur Beschäftigung, zur Berufsbildung und zum beruflichen Aufstieg sowie in Bezug auf die Arbeitsbedingungen, ABl. EG Nr. L 39 v. 19.02.1976, S. 40f.

93 Richtlinie 2002/73/EG des Europäischen Parlaments und des Rates v. 23.09.2002 zur Änderung der Richtlinie 76/207/EWG (...), ABl. EG Nr. L 269 v. 05.10.2002, S. 15ff.

94 Richtlinie 86/378/EWG des Rates v. 24.07.1986 zur Verwirklichung des Grundsatzes der Gleichbehandlung von Männern und Frauen bei den betrieblichen Systemen der sozialen Sicherheit, ABl. EG Nr. L 225 v. 12.08.1986, S. 40ff.

96/76/EWG[95], 97/80/EG[96] und 98/52/EG[97]. Nicht in den Kommissionsvorschlag aufgenommen wurden sechs weitere Gleichstellungsrichtlinien,[98] unter anderem die Richtlinie 2004/113/EG, aufgrund ihrer thematischen Abweichungen. Die Begriffsdefinitionen der Belästigung und der sexuellen Belästigung aus der Richtlinie 2002/73/EG wurden im Kommissionsvorschlag verankert und entsprachen inhaltlich denen der Änderungsrichtlinie.

Zu den zahlreichen Änderungen, die das Parlament an diesem Vorschlag vornahm gehörten auch die beiden Belästigungsdefinitionen, insbesondere diejenige der sexuellen Belästigung.[99] Die Kommission übernahm eine Vielzahl dieser insgesamt 98 Änderungen in einen geänderten Vorschlag, dazu gehörte jedoch nicht die an der Definition der sexuellen Belästigung.[100]

Die Position des Rates in seinem gemeinsamen Standpunkt wich nicht wesentlich vom geänderten Kommissionsvorschlag ab.[101] Insbesondere wurden die Definitionen der beiden Belästigungsbegriffe bestätigt.

Nach der Billigung des gemeinsamen Standpunktes durch das Europäische Parlament wurde die Richtlinie 2006/54/EG am 5.7.2006 erlassen.[102] In ihr sind insgesamt sieben Gleichbehandlungsrichtlinien zusammengefasst und modernisiert. Die Definitionen der beiden Belästigungsformen sind identisch mit denjenigen der RL 2002/73/EG geblieben.

---

95 Richtlinie 96/97/EG des Rates v. 20.12.1996 zur Änderung der Richtlinie 86/378/EWG (...), ABl. EG Nr. L 46 v. 17.02.1997, S. 20ff.

96 Richtlinie 97/80/EG des Rates v. 15.12.1997 über die Beweislast bei Diskriminierung aufgrund des Geschlechts, ABl. EG Nr. L 14 v. 20.01.1998, S. 6ff.

97 Richtlinie 98/52/EG des Rates v. 13.07.1998 zur Ausdehnung der Richtlinie 97/80/EG (...) auf das Vereinigte Königreich Großbritannien und Nordirland, ABl. EG Nr. L 205 v. 22.07.1998, S. 66.

98 RL 79/9/EWG; RL 86/613/EWG; RL 92/85/EWG; RL 96/32/EWG; RL 97/75/EG und RL 2004/113/EG.

99 Vergl. Standpunkt des Europäischen Parlaments (...), ABl. EG Nr. C 157E, v. 06.07.2006, S. 350, 351; A6-0176/2005 endg. S. 7f, Änderungsantrag 4 und 5.

100 Vergl. Geänderter Vorschlag (...), KOM (2005) 380 endg., v. 25.08.2005, S. 3.

101 Gemeinsamer Standpunkt (EG) Nr. 6/2006 (...), ABl. EG Nr. C 126E v. 30.05.2006, S. 33ff.

102 Richtlinie 2006/54/EG des Europäischen Parlaments und des Rates vom 05.07.2006 zur Verwirklichung des Grundsatzes der Chancengleichheit und Gleichbehandlung von Männern und Frauen in Arbeits- und Beschäftigungsfragen (Neufassung), ABl. EG Nr. L 204 v. 26.07.2006, S. 23ff.

III. Richtlinie 2004/113/EG

Zwei Jahre nach Erlass der Änderungsrichtlinie trat eine weitere Antidiskriminierungsrichtlinie, die Rl 2004/113/EG zur der Gleichbehandlung der Geschlechter im Bereich des Zugangs zu und der Versorgung mit Gütern und Dienstleistungen in Kraft. Auch dieser Richtlinie basiert, wie die beiden 2000er Richtlinien, auf der Ermächtigungsgrundlage des Art. 13 EG.

Die Kommission legte ihren diesbezüglichen Vorschlag[103] im November 2003, kurz nach Erlass der Änderungsrichtlinie 2002/73/EG vor. Dieser enthielt von Beginn an einen Definitionenkatalog, der weitgehend dem in der Änderungsrichtlinie (bzw. der RL 2006/54/EG) entspricht, [104] was nicht weiter überrascht, da die Änderungsrichtlinie zu dem Zeitpunkt bereits verabschiedet war.

Nachdem der Vorschlag die Ausschüsse passiert hatte, die nur kleinere Änderungen beantragten, wurde die Richtlinie am 13.12.2004 vom Rat angenommen. Die Definitionen der beiden Belästigungsbegriffe wurden sprachlich denen der Änderungsrichtlinie bzw. der RL 2006/54/EG vollständig angeglichen und sind mit diesen nunmehr identisch.

IV. Weitere gemeinschaftsrechtliche Entwicklungen

Wenige Monate nach Inkrafttreten der RL 2006/54/EG wurde der Bericht der Kommission zur Anwendung der RL 2000/43/EG veröffentlicht. In den dort aufgeführten Schlüsselthemen findet man die Belästigung nicht, lediglich wird dort allgemein auf Probleme grundlegender Art mit den Definitionen von unmittelbarer und mittelbarer Diskriminierung sowie Belästigung in den einzelstaatlichen Rechtsvorschriften hingewiesen.[105]

Auch die Mitteilung der Kommission zur Anwendung der RL 2000/78/EG, die zwei Jahre darauf veröffentlicht wurde, thematisiert die Belästigung nicht als Problembereich.[106]

Eine weitere Definition der Belästigung ist in dem neuesten Richtlinienvorschlag der Kommission zur Anwendung des Grundsatzes der Gleichbehandlung,

---

103 Vorschlag für eine Richtlinie des Rates zur Verwirklichung der Gleichbehandlung von Frauen und Männern beim Zugang zu und bei der Versorgung mit Gütern und Dienstleistungen v. 5.11.2003, KOM (2003) 657 endg.

104 Kommissionsvorschlag KOM (2003) 657 endg., S. 26f.

105 Bericht der Kommission (...) Anwendung der Richtlinie 2000/43/EG, KOM (2006) 643 endg./2 v. 15.12.2006, S. 4.

106 Mitteilung der Kommission (...) Anwendung der Richtlinie 2000/78/EG, KOM (2008) 225 endg. v. 19.6.2008.

durch welchen die bestehenden Richtlinien bezüglich der Merkmale Religion oder Weltanschauung, Behinderung, Alter und sexuelle Ausrichtung auch außerhalb der Bereiche Beschäftigung, Beruf und Berufsausbildung ergänzt werden sollen, enthalten.[107] Diese entspricht inhaltlich ihren Vorgängerinnen. Eine Öffnungsklausel für die Mitgliedstaaten zur Umsetzung des Begriffes im Einklang mit ihren einzelstaatlichen Rechtsvorschriften und Gepflogenheiten wie in den Richtlinien 2000/43/EG und 2000/78/EG ist dort jedoch nicht vorgesehen.

V. Ergebnis

Nach der ersten Antidiskriminierungsrichtlinie von 1976 dauerte es 26 Jahre bis die Änderungsrichtlinie 2002/73/EG erlassen wurde, bereits vier Jahre später wurde sie bereits mit sechs weiteren Gleichbehandlungsrichtlinien in die RL 2006/54/EG integriert. Schneller war Europa mit zwei anderen Richtlinien zum Schutz vor Diskriminierung aufgrund der Merkmale Rasse oder ethnischer Herkunft (Rl 2000/43/EG) sowie Religion oder Weltanschauung, Behinderung, Alter und sexueller Ausrichtung (Rl 2000/78/EG).

Die Belästigung ist Bestandteil aller dieser Antidiskriminierungsrichtlinien geworden, die sexuelle Belästigung befindet sich aufgrund ihrer Zugehörigkeit zum Merkmal Geschlecht nur in den Geschlechtergleichbehandlungsrichtlinien 2002/73/EG, bzw. 2006/54/EG und 2004/113/EG. Die Definitionen beider Tatbestände hat sich bis zum endgültigen Inkrafttreten der Richtlinien mehrfach und zum Teil stark verändert, auch hieran zeigt sich die Unsicherheit im Umgang mit dem gänzlich neuen Begriff, der den Mitgliedstaaten zur Umsetzung aufgegeben wurde.

---

107 Vorschlag für eine Richtlinie des Rates zur Anwendung des Grundsatzes der Gleichbehandlung ungeachtet der Religion oder der Weltanschauung, einer Behinderung, des Alters oder der sexuellen Ausrichtung, KOM (2008) 426 endg. vom 2.7.2008.

4. Kapitel: Die Umsetzung der Richtlinien in Deutschland

Anders als in anderen Mitgliedstaaten existierte in Deutschland vor Beginn der Richtlinienumsetzung kein umfassendes Antidiskriminierungsgesetz, entsprechende Regelungen waren in zahlreichen Gesetzen zu finden. Bezüglich der durch die Richtlinien geschützten Merkmale war das Schutzniveau höchst unterschiedlich ausgeprägt. Ein Umsetzungsbedarf war ganz offenkundig gegeben, auch wenn dieser teilweise unter Aufbietung verschiedener, zum Teil eher emotional geprägter Argumente abgelehnt wurde.

Seit dem Erlass der ersten der bislang vier EU-Antidiskriminierungsrichtlinien im Jahr 2000 gab es mehrere Gesetzesentwürfe in Deutschland, die zu den unterschiedlichsten Reaktionen insbesondere bei Betroffenen, Verbänden und in der Literatur führten.

I. Gesetzentwurf von 2001

Die erste Reaktion auf die 2000er Richtlinien erfolgte bereits am 8. Oktober mit einem Eckpunktepapier des Bundesjustizministeriums, dem am 10.12.2001 der „Diskussionsentwurf eines Gesetzes zur Verhinderung von Diskriminierungen im Zivilrecht“ folgte.[108] Dieser sah für das Zivilrecht umfassende Änderungen im Bürgerlichen Gesetzbuch vor, flankiert von einigen kleineren Änderungen in anderen Gesetzen wie der Zivilprozessordnung und dem Gerichtsverfassungsgesetz. Komplett ausgeklammert war in diesem Entwurf das Arbeitsrecht.

Diesbezüglich kündigte der Entwurf an, die arbeitsrechtlichen Antidiskriminierungsvorschriften nicht in das BGB zu integrieren, sondern in einem separaten, arbeitsrechtlich ausgerichteten Antidiskriminierungsgesetz zusammenzufassen.

Insgesamt rief der Entwurf sowohl in der rechtswissenschaftlichen Literatur als auch in der Tagespresse heftige Reaktionen hervor und stieß dabei überwiegend auf Ablehnung, die zum Teil sehr emotional formuliert und begründet wurde.[109] Von ihren Gegnern wurde als zwangsläufige Konsequenz der geplanten Umsetzung der Rassismusrichtlinie regelmäßig das Ende der Privatautonomie prognostiziert.[110] Im Februar 2002 fand eine Anhörung, veranstaltet vom Bundesjustiz-

108 Siehe zur Entstehungsgeschichte auch Rust in Rust/Falke, AGG, Einleitung, Rn. 414ff und Benecke, Mobbing S. 177, Rn. 445ff..

109 Siehe nur: Adomeit, NJW 2002, 1622, unter der Überschrift: „Diskriminierung - Inflation eines Begriffs“ oder Säcker, ZRP 2002, 286, mit dem Titel: „Vernunft statt Freiheit! - Die Tugendrepublik der neuen Jakobiner“.

110 Vergl. u.a. Braun, JuS 2002, 424ff; Picker, JZ 2003, 540ff; Säcker, ZRP 2002, 286; mit dogmatischen Argumenten dagegen: Baer, ZRP 2002, 290ff.

ministerium zum geplanten Entwurf statt. Im März 2003 kündigte die Bundesjustizministerin Zypries an, der Entwurf solle nicht in der vorliegenden Form umgesetzt werden, die über die Richtlinien hinausging, es sei vielmehr eine 1:1 Umsetzung geplant.

II. Gesetzentwurf von 2004

Der nächste Entwurf eines Antidiskriminierungsgesetzes wurde erst vier Jahre nach dem Diskussionsentwurf im Dezember 2004 vorgelegt. Zwischenzeitlich waren nicht nur zwei weitere europäische Antidiskriminierungsrichtlinien erlassen und damit auch der Umsetzungsbedarf ungleich erweitert worden.

Auch waren für die beiden ersten Richtlinien zudem die Umsetzungsfristen zum damaligen Zeitpunkt bereits abgelaufen, für die Rassismusrichtlinie am 19. Juli 2003 und für die Rahmenrichtlinie am 2. Dezember 2003, für letztere galt der Ablauf nur mit Einschränkungen, da Deutschland von der in der Richtlinie vorgesehenen Verlängerungsoption zur Umsetzung des Merkmals „Alter" Gebrauch gemacht hatte. In Folge des Fristversäumnisses hatte die europäische Kommission bereits im Juli 2004 Klage gegen Deutschland vor dem EuGH wegen der Nichtumsetzung der Richtlinie 2000/43/EG eingereicht.[111]

Auch der Entwurf von 2004[112] sorgte in Deutschland für Aufsehen und, ähnlich wie schon sein Vorgänger, für kontrovers geführte Diskussionen. Anders als dieser sah der Entwurf von 2004, bis auf unvermeidliche Ausnahmen, keine Umsetzung im Wege einzelner Gesetzesänderungen und Erweiterungen bestehender Vorschriften vor. Vielmehr wurden hier alle wesentlichen Vorschriften zu einem separaten „Gesetz zum Schutz vor Diskriminierungen" (ADG-Antidiskriminierungsgesetz)[113] zusammengefasst, welches flankiert wurde von einem „Gesetz zum Schutz der Soldatinnen und Soldaten vor Diskriminierung" (SADG), sowie einigen Änderungen in bestehenden Bestimmungen.

Das Antidiskriminierungsgesetz sollte, ebenfalls anders als sein Vorgänger von 2001, alle zu diesem Zeitpunkt vorhandenen Antidiskriminierungsrichtlinien umsetzen, einschließlich der Richtlinie 2004/113/EG, deren Umsetzungsfrist erst 2007 enden würde. Inhalt des Gesetzes waren sowohl arbeitsrechtliche als

111 Mit Klageschrift vom 29.07.2004, Rs. C-329/04.

112 Entwurf eines Gesetzes zur Umsetzung europäischer Antidiskriminierungsrichtlinien v. 16.12.2004, BT Drs. 15/4538.

113 Der Begriff „Antidiskriminierungsgesetz" ist insofern irreführend, als der Entwurf den Begriff „Diskriminierung" durchweg vermeidet und anstelle dessen den der „Benachteiligung" verwendet.

auch zivilrechtliche Teile. Wie schon sein Vorgänger beschränkte sich auch dieser Entwurf nicht auf eine 1:1 Umsetzung, sondern ging an einigen Stellen über das geforderte Mindestmaß der Richtlinien hinaus. Er wurde im Januar 2005 in erster Lesung im Bundestag beraten und an die Ausschüsse überwiesen.[114]

Der Entwurf stieß, wie schon sein Vorgänger auf heftige Kritik im Schrifttum.[115] Auch auf politischer Ebene war er heftig umstritten. Auf Antrag der Länder Hamburg und Baden-Württemberg beschloss der Bundesrat im Februar 2005 eine Bundesratsinitiative mit dem Ziel, die Bundesregierung aufzufordern, nicht über die Vorgaben der Richtlinien hinauszugehen.[116] Starke Kritik wurde auch auf der im März 2005[117] stattfindenden Anhörung vor dem Ausschuss für Familie, Senioren, Frauen und Jugend geübt, zu der neben Sachverständigen aus dem (rechts-) wissenschaftlichen Bereich auch Vertreter verschiedener Verbände eingeladen waren.

Zwischenzeitlich hatte die europäische Kommission bereits die zweite Klage gegen den Mitgliedstaat Deutschland eingereicht, diesmal wegen der Nichtumsetzung der Richtlinie 2000/78/EG.[118] Unmittelbar nach der Anhörung beantragte die CDU/CSU Fraktion, den Bundestag aufzufordern, das Gesetz zurückzuziehen. Argumentiert wurde unter anderem mit der Kompliziertheit der Bestimmungen und dem bürokratischen Aufwand, der durch das Gesetz verursacht werde.[119] In Folge der anhaltenden Kritik legte die Regierungskoalition zeitnah verschiedene Änderungen am ADG vor, welches in seiner geänderten Fassung im Juni 2005 in 2. und 3. Lesung vom Bundestag beschlossen wurde. Der Bundesrat rief daraufhin auf Empfehlung seiner Ausschüsse den Vermittlungsausschuss an,[120] der jedoch aufgrund der vorgezogenen Bundestagsneuwahlen kein Ergebnis mehr erzielen konnte. Das Antidiskriminierungsgesetz scheiterte daher, wie alle nicht abgeschlossenen Gesetzesvorhaben, am Grundsatz der Diskontinuität.[121] Mittlerweile hatte der EuGH in seinem Urteil die Vertragsverletzung des Mitgliedstaates Deutschland wegen Nichtumsetzung der Richtlinie 2000/43/EG festgestellt.[122]

---

114 1. Lesung am 29.01.2005 der BT-Drs. 15/4538.

115 Siehe beispielsweise Säcker, ZEuP 2006, 1ff; Armbrüster, ZRP 2005, 41ff; Thüsing, NZA Sonderbeil. 2004, 1, 3ff; Wank, NZA Sonderbeil. 2004, 16ff.

116 BT-Drs. 103/05.

117 Anhörung zu dem Entwurf eines Gesetzes zur Umsetzung europäischer Antidiskriminierungsrichtlinien am 07.03.2005 in Berlin, veranstaltet vom Ausschuss für Familie, Senioren, Frauen und Jugend.

118 Mit Klageschrift vom 03.02.2005, Rechtssache C-43/05.

119 BT-Drs. 15/5019 v. 08.03.2005.

120 Beschluss des Bundesrates v. 08.07.2005, BR-Drs. 445/05.

121 Hierzu auch Klumpp, NZA 2005, 848.

122 EuGH Urteil vom 28.04.2005, Rs. C-329/04.

III. Allgemeines Gleichbehandlungsgesetz

Obgleich auch die Umsetzungsfrist für die dritte Antidiskriminierungsrichtlinie 2002/73/EG (Änderungsrichtlinie) am 5. Oktober 2005 ergebnislos abgelaufen war, und trotz verschiedener Mahnungen aus dem Schrifttum,[123] wurden seitens der neuen Bundesregierung in den ersten Monaten ihrer Amtsperiode keine Anstrengungen hinsichtlich einer Richtlinienumsetzung unternommen.[124]

Um das Gesetzgebungsverfahren zu beschleunigen, brachte im Dezember 2005 die Fraktion von Bündnis 90/Die Grünen den alten Gesetzentwurf von 2004 erneut in den Bundestag ein.[125] Ein weiterer Antrag wurde im Januar 2005 von der Fraktion Die Linken gestellt, die EU-Antidiskriminierungsrichtlinien auf Grundlage des Entwurfs von 2004 durch einheitliches Antidiskriminierungsgesetz wirksam und umfassend umzusetzen.[126] Der Entwurf und der Antrag der Linken wurde im Bundestag diskutiert und in der Folge ein weiterer Antrag unter dem Titel „Keine Ausgrenzung beim Antidiskriminierungsgesetz“ von verschiedenen Abgeordneten und der Fraktion des Bündnisses 90/die Grünen gestellt. Beantragt wurde, umgehend ein Gleichbehandlungsgesetz zu erlassen, welches alle in Art. 13 EG-Vertrag aufgeführten Merkmale umfasst. [127]

Im Mai 2006 einigte sich der Koalitionsausschuss der Regierungsfraktionen schließlich auf einen neuen Entwurf zur Richtlinienumsetzung, der anders als sein Vorgänger den Titel „Allgemeines Gleichbehandlungsgesetz“ trug. Nach seiner Veröffentlichung durch das Bundesjustizministerium wurde er als besonders eilbedürftige Vorlage nach Art. 76 Abs. 2 S. 4 GG dem Bundesrat zur Stellungnahme von der Bundesregierung übermittelt. Ausdrücklich wird dort die Dringlichkeit mit der drohenden Verhängung von Zwangsgeld als Folge eines Zwangsgeldverfahrens nach Art. 228 EG-Vertrag wegen Nichtumsetzung der RL 2000/43/EG begründet.[128]

Auch der neue Entwurf zur Richtlinienumsetzung[129] stieß im Bundesrat nicht auf einhellige Zustimmung. So empfahlen der Rechtsausschuss, der Ausschuss für Innere Angelegenheiten, der Wirtschaftsausschuss und der Ausschuss für Städtebau, Wohnungswesen und Raumordnung zahlreiche Änderungen am Ent-

---

123 Siehe beispielsweise Rust, ZESAR 2005, 197ff; Busch, AiB 2006, 331ff; Schiek, NZA 2004, 873.

124 Zum Umsetzungsbedarf im deutschen Arbeitsrecht, Schiek, NZA 2004, 873ff.

125 Entwurf eines Gesetzes zur Umsetzung europäischer Antidiskriminierungsrichtlinien v. 19.12.2005, BT-Drs. 16/297.

126 Antrag vom 17.01.2006, BT-Drs. 16/370.

127 Antrag vom 15.03.2006, BT-Drs. 16/957.

128 Gesetzentwurf der Bundesregierung vom 18.05.06, BR-Drs. 329/06.

129 BT-Drs. 16/1780 v. 08.06.2006.

wurf vorzunehmen, der Ausschuss für Frauen und Jugend sowie der Ausschuss für Arbeit und Sozialpolitik hingegen empfahlen keine Einwendungen zu erheben, der Finanzausschuss sah von einer Empfehlung ab.[130]

Unmittelbar darauf beantragte zudem die Freie und Hansestadt Hamburg, der Bundesrat möge dahingehend Stellung nehmen, dass er eine 1:1 Umsetzung der Richtlinien erwarte.[131] Der Bundesrat vertrat eben diese Auffassung in seiner Stellungnahme und kritisierte den Entwurf als zu detailliert und bürokratisch.[132] Im Bundestag wurde das Gesetz wenige Tage später in erster Lesung beraten und auch hier stieß es nicht auf einhellige Zustimmung. Unter der Überschrift „Bürokratie schützt nicht vor Diskriminierung- Allgemeines Gleichbehandlungsgesetz ist der falsche Weg" beantragte die Fraktion der FDP ebenfalls eine 1:1Umsetzung der Richtlinien.[133]

Gleichwohl wurde das Allgemeine Gleichbehandlungsgesetz am 29. Juni 2006 vom Bundestag mit 443 zu 111 Stimmen bei 17 Enthaltungen beschlossen.[134] Noch zuletzt hatte der Entwurf verschiedene Änderungen erfahren, die ihn an einigen Stellen einschränkten, auch wenn es sich nach wie vor nicht um 1:1Umsetzung der Richtlinien handelt.[135]
Trotz Bedenken billigte auch der Bundesrat das Allgemeine Gleichbehandlungsgesetz und verzichtete damit darauf, nach Art. 77 III GG Einspruch zu erheben, oder nach Art. 77 II GG den Vermittlungsausschuss anzurufen.[136]

Im August 2006 trat das „Gesetz zur Umsetzung europäischer Richtlinien zur Verwirklichung des Grundsatzes der Gleichbehandlung" vom 14. August 2006 in Kraft, nach Art. 4 des Gesetzes einen Tag nach seiner Verkündung. Diese erfolgte am 17.08.2006,[137] das Allgemeine Gleichbehandlungsgesetz (Art. 1 des Umsetzungsgesetzes) trat damit genau am 18.8.2006 in Kraft.[138]

---

130 BR-Drs. 329/1/06 v. 06.06.2006, der Finanzausschuss sieht von einer Empfehlung ab.
131 BR-Drs. 329/02/06 v. 13.06.2006.
132 BR-Drs. 329/06 (Beschluss) v. 16.06.2006.
133 BT-Drs. 16/1861 v. 20.06.2006.
134 Siehe Bundestag Plenarprotokoll 16/43 v. 29.06.2006.
135 Vergl. hierzu BT-Drs. 16/1852 und 16/2022 v. 28.06.2006.
136 BR-Drs. 466/06 v. 30.06.2006, siehe auch Bundesrat Plenarprotokoll 824. Sitzung v. 07.07.2006.
137 BGBl. Jahrgang 2006 Teil I Nr. 39, ausgegeben zu Bonn am 17.8.2006, 1897ff.
138 Siehe Eggert-Weyand in Rust/Falke, AGG, Art. 4, Rn. 1ff.

IV. Die Veränderung des Belästigungsbegriffs in der deutschen Umsetzung

1. Der Belästigungsbegriff im BMJ-Entwurf von 2001

Im ersten Diskussionsentwurf zur Umsetzung der Antirassismusrichtlinie sollten die Begriffsbestimmungen der unmittelbaren und mittelbaren Diskriminierung sowie der Belästigung und der Anweisung zur Belästigung in einem neu eingeführten § 319b BGB verankert werden.

Nach § 319b III BGB handelte es sich bei Belästigungen um Verhaltensweisen, die im Zusammenhang mit einem der in § 319a bezeichneten Merkmale einer Person stehen und bezwecken oder bewirken, dass die Würde der betreffenden Person verletzt und ein von Einschüchterungen, Anfeindungen, Erniedrigungen, Entwürdigungen oder Beleidigungen gekennzeichnetes Umfeld geschaffen wird.

Diese Definition entspricht weitgehend derjenigen in der Richtlinie 2000/43/EG. Einziger Unterschied gegenüber dieser ist das Fehlen des Zusatzes „unerwünschte Verhaltensweisen". Ob durch den Verzicht auf die Opferperspektive mehr Fallkonstellationen erfasst worden wären, bleibt zu bezweifeln. Eine Verhaltensweise, die eine Würdeverletzung des Opfers bewirkt, kann für dieses im Ergebnis nur unerwünscht sein. Wird die Würdeverletzung „lediglich" bezweckt, kann auch diese Intention kaum die Zustimmung des Opfers finden, auch hier ist die Unerwünschtheit zu unterstellen.

2. Die Belästigungsdefinition im Entwurf von 2004

Die Definition des Belästigungsbegriffs wurde im ADG-E in § 3 Abs. 3 verortet und im Vergleich mit dem Entwurf von 2001 insbesondere an zwei Stellen geändert.[139]

Anders als bei seinem Vorgänger sollte mit dem Entwurf von 2004 insgesamt drei Richtlinien umgesetzt werden (zusätzlich zur RL 2000/43/EG auch die RLen 2000/78/EG und 2002/73/EG).

Der ADG-Entwurf orientierte sich weitgehend an den Definitionen der beiden 2000er Richtlinien, wich jedoch an einer Stelle entscheidend von diesen ab.

Nach § 3 Abs. 3 ADG-E ist eine Belästigung eine Benachteiligung, wenn unerwünschte Verhaltensweisen, die mit einem in § 1 genannten Grund in Zusammenhang stehen, bezwecken oder bewirken, dass die Würde der betreffenden

139 Siehe hierzu auch die vergleichende Übersicht von Rust/Eggert-Weyand in Loccumer Protokolle 79/04, S. 275ff.

Person verletzt wird, insbesondere wenn ein von Einschüchterungen, Anfeindungen, Erniedrigungen, Entwürdigungen oder Beleidigungen gekennzeichnetes Umfeld geschaffen wird.[140]

Anders als die Richtliniendefinitionen, in denen die Schaffung eines von Einschüchterungen, Anfeindungen, Erniedrigungen, Entwürdigungen und Beleidigungen gekennzeichneten Umfelds Tatbestandsvoraussetzung der Belästigung ist, wurde sie in § 3 Abs. 3 ADG durch die Verwendung von „insbesondere" zu einem bloßen Beispiel für das Vorliegen einer Belästigung. Für die Erfüllung des Tatbestands reichte damit die unerwünschte Verhaltensweise, die eine Würdeverletzung des Opfers herbeiführt oder herbeiführen soll. Vorbild für diese Formulierung war die Definition der sexuellen Belästigung in der RL 2002/73/EG. Dort wird an dieser Stelle eine identische Formulierung verwendet und so die Schaffung des feindlichen Umfeldes bereits in der Richtlinie als Beispiel vorgegeben.[141]

Europarechtlich war diese Übertragung auf die Belästigung und gleichzeitige von den Richtlinienvorgaben abweichende Form der Umsetzung aus zwei Gründen als unbedenklich zu bewerten. Zum einen eröffneten zwei der Richtlinien den Mitgliedstaaten die oben genannte Option einer angepassten Umsetzung. Zum anderen weisen alle drei Richtlinien ausdrücklich darauf hin, dass sie lediglich Mindestvorgaben für die Umsetzung enthalten und es den Mitgliedstaaten überlassen bleibt, Vorschriften zu erlassen, die im Hinblick auf die Wahrung des Gleichbehandlungsgrundsatzes günstigere Vorgaben enthalten.[142]

Mit dem Verzicht auf das Tatbestandsmerkmal der Schaffung eines feindlichen Umfeldes stellte die Belästigungsdefinition des § 3 Abs. 3 ADG-E eindeutig eine für das Opfer günstigere Vorschrift dar, da die Voraussetzungen für das Vorliegen einer Belästigung im Vergleich zu den Richtlinienvorgaben deutlich geringer waren. Eine weitere Änderung wurde in Form des Zusatzes „unerwünschte" Verhaltensweisen in die Definition eingefügt, wodurch sie an dieser Stelle den Richtlinienwortlaut übernahm.

Die Senkung der Anforderungen in der Belästigungsdefinition stießen auf heftige Kritik. Der Belästigungsbegriff sei zu weit und unbestimmt, und würde einer „uferlosen Ausdehnung Tür und Tor öffnen"[143] und weise eine „kaum zu über-

---

140 ADG-E, BT Drs. 15/4538 v. 16.12.2004, S. 5.

141 Art. 2 Abs. 2, 3. Variante, RL 2002/73/EG.

142 Vergl. Art. 6 Abs. 1 RL 2000/43/EG; Art. 8 Abs. 1 RL 2000/78/EG; Art. 8e Abs. 1 RL 2002/73/EG.

143 Nicolai, Stellungnahme zum Antidiskriminierungsgesetz, A.-Drs. 15 (12)440-D, S. 9; Thüsing, Stellungnahme zum Antidiskriminierungsgesetz, A-Drs. 15(12)440-C, S. 4.

treffende Unschärfe"[144] auf. Als Lösung wurde von dieser Seite generell eine 1:1 Umsetzung der Belästigungsdefinition gefordert.

3. Die Belästigungsdefinition im Allgemeinen Gleichbehandlungsgesetz

Die tatsächliche Umsetzung nunmehr aller vier Antidiskriminierungsrichtlinien ist in Form des Allgemeinen Gleichbehandlungsgesetzes erfolgt. Der Belästigungsbegriff befindet sich auch hier in § 3 Abs. 3 AGG. Inhaltlich entspricht diese Definition vollständig derjenigen in den beiden 2000er Richtlinien. Die von den Gegnern einer „Überumsetzung" vorgebrachte Kritik an Senkung der Anforderung wurde aufgenommen und die Schaffung eines feindlichen Umfeldes damit nicht mehr als Beispiel, sondern als unverzichtbare Tatbestandsvoraussetzung einer Belästigung ausgestaltet.

In Bezug auf den Begriff der Belästigung wurde damit eine 1:1 Umsetzung der Richtlinienvorgaben, jedenfalls bezüglich der Definition in den beiden 2000er Richtlinien erzielt. Bezüglich der beiden Geschlechtergleichbehandlungsrichtlinien besteht der Unterschied in der Verknüpfung von Handlung und Merkmal. Die beiden 2000er Richtlinien verlangen einen Zusammenhang mit dem geschützten Merkmal, die beiden Genderrichtlinien hingegen einen Bezug, dort ist die Verhaltensweise „geschlechtsbezogen" und steht nicht „in Zusammenhang mit dem Geschlecht". Der deutsche Gesetzgeber hat sich für die Variante des „Zusammenhangs" entschieden.
Die in den beiden 2000er Richtlinien enthaltene Öffnungsklausel, wonach den Mitgliedstaaten überlassen war, den Begriff Belästigung im Einklang mit den einzelstaatlichen Rechtsvorschriften und Gepflogenheiten zu definieren, hat Deutschland nicht wahrgenommen und damit alle Richtlinien in Form einer einheitlichen Belästigungsdefinition umgesetzt.

Die Legaldefinition der Belästigung nach § 3 Abs. 3 AGG lautet:

„Eine Belästigung ist eine Benachteiligung, wenn unerwünschte Verhaltensweisen, die mit einem in § 1 genannten Grund in Zusammenhang stehen, bezwecken oder bewirken, dass die Würde der betreffenden Person verletzt und ein von Einschüchterungen, Anfeindungen, Erniedrigungen, Entwürdigungen oder Beleidigungen gekennzeichnetes Umfeld geschaffen wird."

Bezüglich der sexuellen Belästigung wurden die Definitionen der Richtlinien 2002/73/EG und 2204/113/EG im wesentlichen übernommen, jedoch um einige Beispiele von Verhaltensweisen ergänzt. Eingeschränkt wurde jedoch gegenüber

144 Rieble, Stellungnahme zum Antidiskriminierungsgesetz, A.-Drs. 14(12)440, S. 2.

der Belästigung der Anwendungsbereich. Eine sexuelle Belästigung soll nur in den Bereichen des § 2 Abs. 1 Nr. 1 bis 4 AGG eine verbotene Benachteiligung darstellen, in den übrigen Rechtsbereichen des § 2 Abs. 1 jedoch nicht. Ausgenommen sollen damit der Sozialschutz, einschließlich der sozialen Sicherheit und der Gesundheitsdienste (§ 2 Abs. 1 Nr. 5), die sozialen Vergünstigungen (§ 2 Abs. 1 Nr. 6), die Bildung (§ 2 Abs. 1 Nr. 7) sowie der Zugang zu und die Versorgung mit Gütern und Dienstleistungen, die der Öffentlichkeit zur Verfügung stehen, einschließlich von Wohnraum (§ 2 Abs. 1 Nr. 8) sein. Durch diese Ausnahme wird das Verbot der sexuellen Belästigung und damit auch der Schutz vor sexueller Belästigung auf den arbeitsrechtlichen Bereich beschränkt, beinahe für das gesamte zivilrechtliche Benachteiligungsverbot hingegen, mit Ausnahme der Teilbereiche der Berufsbildung (§ 2 Abs. 1 Nr. 3) und der Mitgliedschaft und Mitwirkung in Beschäftigten- oder Arbeitgebervereinigungen und Berufsverbänden (§ 2 Abs. 1 Nr. 4), die auch den zivilrechtlichen Bereich betreffen, sollen ausschließlich die Tatbestände der unmittelbaren und mittelbaren Benachteiligung sowie der Belästigung verboten sein.

Die Umsetzung entspricht an dieser Stelle nicht den europäischen Vorgaben der Richtlinie 2004/113/EG. Dort wird eine Beschränkung des Geltungsbereiches für die sexuelle Belästigung nicht vorgenommen. Damit war auch für die sexuelle Belästigung zumindest für den in Art. 3 der Richtlinie vorgegebenen Geltungsbereich ein Verbot umzusetzen. Geltung entfaltet die Richtlinie nach Art. 3 Abs. 1 für alle Personen, die Güter und Dienstleistungen bereitstellen, die der Öffentlichkeit ohne Ansehen der Person zur Verfügung stehen, und zwar in öffentlichen und privaten Bereichen, einschließlich öffentlicher Stellen, und die außerhalb des Bereichs des Privat- und Familienlebens und der in diesem Kontext stattfindenden Transaktionen angeboten werden. Die Umsetzung in § 3 Abs. 4 AGG ist somit defizitär. Da die sexuelle Belästigung eine spezielle Form der Belästigung darstellt, besteht jedoch in einigen Konstellationen die Möglichkeit, dass durch ein Verhalten beide Tatbestände zugleich vorliegen. Die Belästigung kann in diesen Fällen als eine Art Auffangtatbestand fungieren, was jedoch nur dann möglich ist, wenn eine sexuelle Belästigung den vergleichsweise höheren Anforderungen des Tatbestandes der Belästigung in § 3 Abs. 3 AGG entspricht, in allen anderen Fällen bleiben Opfer einer sexuellen Belästigung durch die europarechtswidrige Umsetzung der sexuellen Belästigung zunächst schutzlos.

V. Ergebnis

Die Umsetzung der vier Antidiskriminierungsrichtlinien in das deutsche Recht bedurfte mehrerer Anläufe und erfolgte erst nach Ablauf der Umsetzungsfristen für drei der Richtlinien sowie zweier Urteile des EuGH wegen dieser Nichtumsetzung. Die Definition der Belästigung wurde letztlich in § 3 Abs. 3 AGG weitestgehend entsprechend der RLen 2000/43/EG und 2000/78/EG umgesetzt, wobei von der in beiden Richtlinien enthaltenen Öffnungsklausel kein Gebrauch gemacht wurde. Die Definition der sexuellen Belästigung wurde ebenfalls denjenigen in den RLen 2002/73/EG und 2004/113/EG nachgebildet, die hier indes nicht den europäischen Vorgaben entspricht, weswegen die Belästigung nach § 3 Abs. 3 AGG für diese Bereiche als Auffangtatbestand fungiert, wenn das beanstandete Verhalten den vergleichsweise höheren Voraussetzungen entspricht.

5. Kapitel: Belästigung als Begriff – Sprachliche Bedeutung und Einordnung in die Reihe der Diskriminierungstatbestände

Mit der Erweiterung der Gleichbehandlungsrichtlinie 76/207/EG durch die Änderungsrichtlinie 2002/73/EG,[145] den beiden arbeitsrechtlichen Richtlinien 2000/43/EG und 2000/78/EG sowie der Gleichbehandlungsrichtlinie bzgl. Zugang zu und Versorgung mit Gütern und Dienstleistungen 2004/113/EG, hat mit dem Verbot der Belästigung ein Begriff Eingang in das Recht der Mitgliedstaaten gefunden, der in dieser Form den meisten bislang unbekannt war. Eine Ausnahme stellt hier Großbritannien dar, dessen Antidiskriminierungsrecht stark vom US-amerikanischen Recht geprägt ist, weswegen der Begriff „harassement" für das britische Recht nicht neu war.[146]

Dabei ist belästigendes Verhalten gerade im Bereich Beschäftigung kein unbekanntes Phänomen. In seiner Ausprägung als Mobbing handelt es sich um ein weit verbreitetes Problem, wovon nach einer Umfrage aus dem Jahr 2000 bereits ca. 11,3 % der befragten Erwerbstätigen im Laufe ihres Arbeitslebens betroffen sind.[147]

Die zweite Erweiterung der Gleichbehandlungsrichtlinie um die Diskriminierungsform der sexuellen Belästigung stellt die Mitgliedstaaten vor weit geringere Herausforderungen, da diesbezüglich Regelungen bereits vor Inkrafttreten der Richtlinien sowohl Bestandteil des Gemeinschaftsrechts, als auch des nationalen Rechts der einzelnen Mitgliedstaaten war.

Welche Verhaltensweisen als belästigend einzustufen sind, welche weiteren Voraussetzungen vorliegen müssen, um den Tatbestand zu erfüllen und wie Belästigung zu den bekannten Begriffen der sexuellen Belästigung und Mobbing abzugrenzen ist, sind Fragen, die sich auch dem deutschen Recht spätestens ab der Umsetzung der Antidiskriminierungsrichtlinien durch das Allgemeine Gleichbehandlungsgesetz (AGG) stellen.

I. Der sprachliche Begriff Belästigung - Von „harassment" zu „Belästigung"

Belästigung ist nicht nur ein Tatbestand, sondern auch ein sprachlicher Begriff, der außer in Form der sexuellen Belästigung im deutschen Recht bislang wenig verwendet wurde. Belästigung ist der Begriff, für den man sich als deutsche

145 Nunmehr zusammengefasst in der RL 2006/54/EG.

146 Siehe beispielsweise Protection from Harassment Act 1997.

147 Meschkutat u.a., Der Mobbingreport, S. 23.

Übersetzung des englischen „harassment" entschieden hat. Im französischen Recht wurde dafür das sprachlich eng verwandte „harcèlement" gewählt. Belästigung ist nicht die einzige Übersetzungsmöglichkeit, die in den gängigen englisch-deutschen Wörterbüchern für „harassment" angeboten wird, wenngleich die häufigste. Allerdings stellt man dabei fest, dass Belästigung nicht immer ohne Zusatz zu finden ist,[148] sondern häufig näher beschrieben wird, beispielsweise als „ständige Belästigung".[149]

Bei der Übertragung von harassment in die deutsche Sprache werden eine ganze Reihe weiterer Möglichkeiten angeboten, dazu gehören „Schikanierung", „Kleinkrieg",[150] aber auch „Mobbing" und „Zermürbung".[151] Für das zugehörige Verb „to harass" finden sich darüber hinaus die Begriffe „aufreiben", „zermürben", „stören",[152] aber auch „beunruhigen", „besorgt machen", „mitnehmen", „quälen" und „nicht zur Ruhe kommen lassen".[153] Schließlich wird in den Übersetzungen auch ergänzend die „sexuelle Belästigung" für „sexual harassment" aufgeführt.[154]

In der französischen Version der Richtlinien hat man sich der Übersetzung „harcèlement" für harassment bedient. Die Alternativen sind hier weit überschaubarer. Harcèlement wird mit „stören", „bedrängen" übersetzt, jedoch auch mit (sexueller) „Belästigung". Als weitere Variante wird der militärisch besetzte Begriff „Störfeuer" genannt, und in diesem Zusammenhang (mit dem Zusatz „guerre de" harcèlement) wird auch hier der „Kleinkrieg" aufgeführt.[155] Weitere Möglichkeiten werden für „harceler" angegeben, hier reicht die Palette von „jemanden bedrängen", „jemandem zusetzen" oder „jemanden belästigen" bis hin zu dem im militärischen Kontext stehenden „jemanden dauernd angreifen".[156]

1. Übersetzungsmöglichkeiten und Bedeutungsunterschiede

Die Bedeutungen dieser verschiedenen Übersetzungsvarianten sind sowohl in ihrer Schwere und Heftigkeit als auch in ihrer zeitlichen Dimension sehr unterschiedlich. So reicht die Palette von der begrifflich eher harmlos einzustufenden „Störung", über verschiedene begriffliche Zwischenstufen wie dem „Beunruhi-

148 Duden Oxford, S. 337.
149 Langenscheidt/Murek-Sanders, S. 523.
150 Duden Oxford, S. 337.
151 Langenscheidt/Muret-Sanders, S. 523.
152 Langenscheidt/Murek-Sanders, S. 523.
153 Schöffler/Weis, S. 451.
154 Langenscheidt/Muret-Sanders S. 523; Duden Oxford, S. 337.
155 Langenscheidt Französisch, S. 358; Pons Großwörterbuch Französisch, S. 372.
156 Langenscheidt Französisch, S. 358; Pons Großwörterbuch Französisch, S. 372.

gen“, dem „Beeinträchtigen“ oder „Bedrängen“ bis hin zu einer Situation die mit den Begriffen „Kleinkrieg“ oder „Qual“ einen Zustand beschreiben, der weit schwerwiegendere Auswirkungen auf die betroffene Person hat und in eindeutig feindseligem Kontext steht.

Interessant ist in diesem Zusammenhang auch, dass die deutschen Übersetzungen überwiegend Bezeichnungen für „harassment“ aufführen, die einen länger andauernden Zustand beschreiben. Sowohl der Kleinkrieg als auch das Zermürben oder das Aufgeriebenwerden, ist von gewisser Dauer. Erforderlich ist eine gewisse Nachhaltigkeit und Stetigkeit, die in gleicher Weise für das Schikanieren gilt. Beim „nicht-zur-Ruhe-kommen-lassen“ beinhaltet bereits der Ausdruck an sich, dass die Situation länger anhält und auch das Mobbing setzt voraus, dass die entsprechenden Handlungen systematisch und über einen längeren Zeitraum hinweg begangen werden.[157] Demgegenüber kann eine Beunruhigung oder Störung zwar andauernden Charakter haben, ist jedoch auch als einmaliges Vorkommnis möglich. Das gleiche gilt auch für die Übersetzungsvarianten Beeinträchtigung oder Belästigung. Beide können sowohl für eine fortgesetzte oder länger andauernde Situation stehen, als auch ein einmaliges Ereignis beschreiben.

Die gleiche Bandbreite hinsichtlich der Schwere und zeitlichen Dimension zeigt sich bei der Übersetzung des französischen „harcèlement“. Hier wird von dem eher harmlosen Ausdruck des „Störens“ bis wiederum hin zum „Kleinkrieg“ ein weites Spektrum aufgeführt, das sowohl einmalig stattfindende, als auch länger andauernde oder mehrfach auftretende Begebenheiten umfassen. Die verschiedenen Übersetzungsmöglichkeiten deuten zwar darauf hin, dass mit „harassment“ und „harcèlement“ überwiegend Situationen beschrieben werden, die länger andauern, oder in mehreren, aufeinanderfolgenden Einzelakten bestehen, gleichwohl werden daneben auch Übersetzungsvarianten angeboten, die (zumindest auch) einmalig stattfindende Ereignisse beschreiben.

Vergleicht man die verschiedenen zur Verfügung stehenden Übersetzungsmöglichkeiten des Begriffes harassment (und des französischen harcelement) wird deutlich, dass man mit „Belästigung“ eine deutsche Übersetzung gewählt hat, die verschiedene Bedeutungen aufweist und bezüglich der oben genannten Übersetzungspalette eine eher im unteren Bereich angesiedelte Schwere von Verhaltensweisen beschreibt.
Unter einer Belästigung wird gemeinhin eine Situation verstanden, die als lästig empfunden wird und insofern eine Störung darstellt.[158] In diesem Kontext be-

157 Wolmerath, Mobbing im Betrieb, S. 23.
158 Brockhaus Wahrig, Bd. 1, S. 592.

deutet „jemanden belästigen“, ihn zu stören, ihm zur Last fallen, ihm unbequem sein“,[159] und ist sinnverwandt mit „jemanden anpöbeln, anrempeln, ansprechen oder in irgendeiner Form behelligen“.[160] Darüber hinaus hat Belästigung auch ohne den Zusatz „sexuell“ eine in diese Richtung gehende Bedeutung, man versteht darunter auch eine (sexuell gemeinte) „Zudringlichkeit“, ein „jemanden bedrängen“ oder „in sittlicher Hinsicht belästigen“.[161] Allen genannten Varianten ist jedoch eines gemeinsam, sie stehen nicht in einem Kontext nennenswerter Erheblichkeit und befinden sich damit in einigem Widerspruch zu den Begriffen, mit denen in der Richtliniendefinition die Auswirkungen auf das Umfeld beschrieben werden. Dort ist von Einschüchterungen, Anfeindungen, Erniedrigungen, Entwürdigungen und Beleidigungen die Rede. Weiteres Element der Definition ist die Verletzung der Würde. Allen diesen Tatbestandsmerkmalen ist bereits in sprachlicher Hinsicht gemeinsam, dass sie keinesfalls harmlose Auswirkungen beschreiben. Damit stehen sie in einem erheblichen Missverhältnis zu dem der gewählten Übersetzung „Belästigung“, der insoweit verharmlosende Wirkung hervorruft und daher durchaus als irreführend bezeichnet werden kann.[162]

Die Gefahr, dass aufgrund der missglückten Wahl der Übersetzung von „harassment“ der Eindruck entsteht, es handele sich hier um eine bloße Bagatelle, ist groß. Eine Situation, die in dem Kontext einer bloßen „Lästigkeit“ steht, und somit letztlich nur unbequem ist, wird schwerlich als ernstzunehmendes Problem wahrgenommen. Für das Opfer, welches sich gegen eine Belästigung zur Wehr setzt, entsteht dadurch das Problem, dass ein Vorgehen gegen eine Situation, die überwiegend als Bagatelle angesehen wird, gesellschaftlich und möglicherweise auch innerhalb des beruflichen Umfelds auf wenig Akzeptanz und Verständnis stoßen wird. Davon können sowohl das Verhalten des Arbeitgebers als auch der Kollegen betroffen sein.

Zwar konnte mit der Wahl von Belästigung zumindest die Einführung eines vollständig unbekannten Rechtsbegriffs vermieden werden, da der Begriff der sexuellen Belästigung im deutschen Recht bereits bekannt war, jedoch wird hierdurch bereits ein Folgeproblem aufgeworfen. Wie bereits erwähnt, ist eine der Bedeutungen von Belästigung die sittliche Belästigung. Es bedarf also nicht des Zusatzes sexuell, um gleichwohl genau diesen Kontext gleichwohl herzustellen. Die Gefahr einer Verwechslung oder Vermengung beider Begriffe aufgrund dieser Überschneidungen liegt nahe. Dies könnte insbesondere bei der

159 Duden, Bd. 2, S. 520; Brockhaus Wahrig, Bd. 1, S. 592.
160 Duden, Bedeutungswörterbuch, S. 128.
161 Duden, Bedeutungswörterbuch, S. 128; Duden Bd. 2 S. 520; Brockhaus Wahrig, Bd. 1, S. 592.
162 So auch Wank, NZA Sonderbeil. 2004, 16, 19f.

Belästigung aufgrund des Merkmals Geschlecht zum Problem werden, da sich hier neben den sprachlichen auch inhaltliche Abgrenzungsschwierigkeiten ergeben.

2. Sprachliche Alternativen

2.1 Mobbing

Im Verlaufe des Verfahrens zum Erlass der RL 2002/73/EG wurde von einem der beratenden Ausschüsse auch die Verwendung des Begriffes „Mobbing" für Belästigung vorgeschlagen. [163] Dies hätte vorausgesetzt, dass es sich beim Mobbing und der Belästigung um einen identischen Tatbestand handelt, was trotz einiger Überschneidungen und Parallelen nicht der Fall ist.
Letztlich konnte sich der Vorschlag nicht durchsetzen.[164] Bemerkenswert ist, dass zum Zeitpunkt dieses Vorschlags bereits die 2000er Richtlinien erlassen waren, und damit auch das Verbot der Belästigung aufgrund der dort geschützten Merkmale. Der Begriff „Mobbing" wurde in diesem Zusammenhang jedoch nicht diskutiert. Offenbar war man mit dem Vorschlag um eine sprachliche Abgrenzung zur sexuellen Belästigung bemüht, die nur in den Geschlechtergleichbehandlungsrichtlinien enthalten ist. Eine solche Abgrenzung wäre zwar generell wünschenswert gewesen, hierfür hätte jedoch eine Übersetzung gefunden werden müssen, die nicht für ein bereits bekanntes Rechtsproblem steht.

2.2 Beeinträchtigung

Anstelle von „Belästigung" wurde im Zusammenhang mit der sexuellen Belästigung der Begriff der „Beeinträchtigung" im Betrieb vorgeschlagen.[165] Auch dieser erfasst von seiner sprachlichen Bedeutung her einen Zustand, der sowohl eine einmalige Verhaltensweise, als auch länger andauernde oder fortgesetzte Situationen erfasst. Gegenüber der „Belästigung" ist der Begriff der „Beeinträchtigung" vorzugswürdig, da er in einem weit weniger harmlosen Kontext steht als diese. Jemanden beeinträchtigen bedeutet, ihn in seinem Handlungsspielraum oder seiner Freiheit hemmen, behindern oder einschränken.[166] Durch eine Beeinträchtigung wird etwas geschmälert, vermindert, verringert oder ge-

---

163 In der englischen Version wurde anstatt mobbing, ein in der englischen Sprache nicht geläufiger Begriff, die Formulierung moral harassment anstatt harassment verwendet.

164 Auch in der englischen Version der Richtlinie wurde letztlich nicht die Formulierung moral harassment, sondern harassment verwendet.

165 Pfarr/Bertelsmann, Diskriminierung, S. 421.

166 Duden, Das große Wörterbuch der deutschen Sprache, S. 482

schädigt.[167] Anders als die "Belästigung" steht die "Beeinträchtigung" in einem sprachlichen Kontext von einiger Schwere. Alle genannten Begriffe charakterisieren einen Zustand der gegenüber dem vorherigen eine erhebliche Verschlechterung darstellt. Eine Bagatellisierung, wie sie durch die Wahl der Übersetzungsvariante "Belästigung" eingetreten ist, hätte damit vermieden werden können.

2.3 Sonstige Alternativen

Abzulehnen ist der Begriff der „Anmache", der eher umgangssprachlicher Natur ist, jedoch nicht allein aus diesem Grund, sondern auch wegen seines doppelten Bedeutungsgehalts. Unter Anmache wird grundsätzlich ein Kontakt zwischen zwei Personen verstanden, der sowohl negativer als auch positiver Natur sein kann. Es handelt sich dabei um „den flapsigen Versuch einer persönlichen Kontaktaufnahme, jenseits von anerkannten Regeln der Etikette der Mittelschicht"[168]. Der Begriff der „Anmache" kann eine sexuelle Absicht beinhalten, jedoch auch anderer Natur sein.

Der für die sexuelle Belästigung diskutierte Begriff der „sexuellen Diskriminierung"[169] kommt bereits deswegen nicht in Betracht, da er bei der Belästigung zu einer Begriffsgleichheit mit den beiden „klassischen" Diskriminierungsbegriffen führen würde. Unter Geschlechtsdiskriminierung werden bereits die unmittelbare und mittelbare Diskriminierung aufgrund des Geschlechts verstanden, nicht hingegen die Belästigung. Der Begriff ist insoweit bereits belegt und käme lediglich für die sexuelle Belästigung, bei der eine solche Verwechslungsgefahr nicht besteht, in Betracht.

Vorgeschlagen wird darüber hinaus der Begriff „Schikane".[170] Anders als „Belästigung" wird hierdurch der Unrechtsgehalt des Verhaltens deutlich. Eine Bagatellisierung des Problems, wie es durch die Wahl des Begriffes „Belästigung" realisiert wurde, hätte hierdurch vermieden werden können. Zumal mit dem Begriff der „Schikane" auch die Begriffe „harassment" und „harcèlement" übersetzt werden.

167 Brockhaus Wahrig, S. 522.

168 Buhr/Klein-Schonnefeld in Schiek u.a., Frauengleichstellungsgesetze, BeschSchG Vorbemerkungen, Rn. 2518.

169 Wurde beispielsweise verwendet in der „Dienstanweisung zum Verbot sexueller Diskriminierung und Gewalt" der Freien Hansestadt Bremen, BremABl. 34/93, S. 223f.

170 Schiek/Schiek, Allgemeines Gleichbehandlungsgesetz, § 3, Rn. 56.

II. Belästigung als Diskriminierung

1. Vorgabe des Gemeinschaftsrechts

Nach Art. 2 Abs. 3 S. 1 gelten Belästigungen (und sexuelle Belästigungen) im Sinne der Richtlinie 2002/73/EG Diskriminierungen aufgrund des Geschlechts. In gleicher Weise wird dies in den Richtlinien 2000/43/EG, 2000/78/EG[171], und in der Richtlinie 2004/113/EG[172], jeweils bezogen auf die dort geschützten Merkmale, vorgegeben.[173]

Diese Einordnung der Belästigung als Form der Diskriminierung kommt nicht unerwartet. Wie dargestellt, haben die Organe der europäischen Gemeinschaft diesen Aspekt bereits verschiedentlich bezogen auf die sexuelle Belästigung herausgestellt. Und auch das amerikanische Recht, welches deutlichen Vorbildcharakter für das europäische Antidiskriminierungsrecht hat, behandelt „harassment" ganz selbstverständlich als Diskriminierungstatbestand. Warum sich die Gemeinschaft letztendlich dazu entschlossen hat, Belästigungen in den Katalog der Diskriminierungstatbestände aufzunehmen beantworten weder die Richtlinien selbst noch ihre zugehörigen Dokumente. Der Kommissionsvorschlag zur Richtlinie 2000/43/EG stellt schlicht fest, dass Belästigungen als Diskriminierung anzusehen sind,[174] im Vorschlag zur Richtlinie 2000/78EG verweist die Kommission zusätzlich auf Antidiskriminierungsgesetze aus Irland und Schweden, denen die Auffassung zugrunde liegt, dass Belästigungen am Arbeitsplatz die Integrität des Beschäftigten verletzt und eine Diskriminierung darstellt.[175] Auch die Dokumente zur Richtlinie 2002/73/EG enthalten keine darüber hinausgehenden Erläuterungen.

2. Diskriminierung und/oder Würdeverletzung ?

Wo die Belästigung nach den europäischen Vorgaben als Diskriminierung *gilt*, geht der deutsche Gesetzgeber darüber hinaus indem er in § 3 Abs. 3 AGG klarstellt, dass sie eine Benachteiligung *ist*.

Dabei scheint die Einordnung der Belästigung als Diskriminierungstatbestand zunächst eher ungewöhnlich. Nach der in § 3 Abs. 1 und Art. 2 Abs. 2 der RL 2002/73/EG enthaltenen Definition der unmittelbaren Diskriminierung setzt diese voraus dass eine Person aufgrund des jeweils geschützten Merkmals in einer

171 Jeweils Art. 2 Abs. 3 S. 1.

172 Art. 4 Abs. 3.

173 RL 2006/54/EG ist eine Neuordnung bereits bestehender Richtlinien.

174 KOM (1999) 566 endg., S. 7, v. 25.11.1999.

175 KOM (1999) 565 endg., S. 10, v. 25.11.1999.

vergleichbaren Situation eine weniger günstige Behandlung erfährt, erfahren hat oder erfahren würde.[176] Auch die Definition der mittelbaren Diskriminierung stellt auf die Ungleichbehandlung ab, die vorliegt, wenn dem Anschein nach neutrale Vorschriften, Kriterien oder Verfahren, Personen, die dem einen Geschlecht angehören in besonderer Weise gegenüber Personen des anderen Geschlechts benachteiligen können.[177] Diskriminierung ist somit in erster Linie Ungleichbehandlung. Ausgangspunkt ist ein Verhalten, welches für sich genommen möglicherweise nicht zu beanstanden ist, und dessen diskriminierender Charakter erst im direkten Vergleich zu Tage tritt.

Eine Diskriminierung festzustellen erfordert also die Bildung von Vergleichsgruppen. Die Belästigung hingegen wird in den Richtlinien definiert als unerwünschte (...) Verhaltensweise, die im Ergebnis die Würde des Opfers verletzt und ein entsprechend geartetes, feindliches Umfeld erzeugt.

Im Mittelpunkt der Belästigung stehen die Würdeverletzung des Opfers und die Erzeugung des feindlichen Umfeldes. Für deren Feststellung bedarf es jedoch keines Vergleichs mit anderen Gruppen. Die Rechtswidrigkeit liegt hier bereits in der Handlung selbst, und nicht in der Tatsache, dass sie nur dem Opfer gegenüber begangen wird.[178] Wegen ihrer würdeverletzenden und damit das Persönlichkeitsrecht des Opfers betreffenden Auswirkung wird die Belästigung teilweise dem Deliktsrecht und nicht dem Diskriminierungsrecht zugeordnet.[179] Die Kritik an der Einordnung als Diskriminierung wird insbesondere damit begründet, dass die belästigende Handlung ihren Unrechtsgehalt auch dann nicht verliert, wenn sie sich anstatt gegen einen auch gegen alle übrigen Arbeitnehmern richtet. Zwar erfahren dann unterschiedslos alle Arbeitnehmer dieselbe Behandlung, jedoch wird diese dadurch nicht rechtmäßig, sondern verletzt lediglich die Würde nicht nur eines Einzelnen sondern aller Beschäftigten.[180] Die Einordnung der Belästigung als Diskriminierung ist daher auch dem Vorwurf der Systemwidrigkeit ausgesetzt.[181]

---

176 Art. 2 Abs. 2, 1. Spiegelstrich der Richtlinie 2002/73/EG, entsprechende Definitionen sind auch in den Richtlinien 2000/43/ EG und 2000/78/EG, dort jeweils in Art. 2 Abs. 2 a) enthalten.

177 § 3 Abs. 2 AGG, Art. 2 Abs. 2, 2. Spiegelstrich der Richtlinie 2002/73/EG, entsprechend geregelt in Art. 2 Abs. 2 b) der Richtlinien 2000/43/EG und 2000/78/EG.

178 Wendeling-Schröder in FS für Peter Schwerdtner, S. 269, 279.

179 Kummer, Umsetzungsanforderungen, S. 17.

180 Thüsing, NZA 2001, 1061, 1064; Thüsing, ZfA 2001, 397, 411, Wiedemann/Thüsing, DB 2002, 463, 466.

181 Bauer/Göpfert/Krieger, AGG, § 3, Rn. 39; Thüsing, Arbeitsrechtlicher Diskriminierungsschutz, S. 113, Rn. 277.

Dagegen wird vorgebracht, dass der Belästiger sein Opfer im Vergleich zu allen übrigen, nicht belästigten Arbeitnehmern, schlechter und damit ebenfalls ungleich behandelt.[182] Das darf im Ergebnis nicht zur Folge haben, dass auch alle übrigen Arbeitnehmer gleich „schlecht“ zu behandeln sind, sondern dass die zur Ungleichbehandlung führende, belästigende Verhaltensweise zu unterlassen ist.[183]

Der Konflikt, der sich hier zeigt, dreht sich um die Frage, ob sich Würdeverletzung und Diskriminierung gegenseitig ausschließen. Damit angesprochen ist letztendlich das verfassungsrechtliche Verhältnis von Freiheits- und Gleichheitsrechten.[184] Unbestritten ist, dass es zwischen den beiden Grundrechtstypen zu Überschneidungen kommen kann.[185] Ganz deutlich zeigt sich das bei Art. 3 Abs. 3 GG, dessen Merkmale jeweils auch zugleich Inhalt eines Freiheitsgrundrechts sind, eine Benachteiligung in Form eines Eingriffs also immer beide Grundrechte verletzt.[186] Insofern schützen die Gleichheitsrechte den Menschen in seiner personalen Würde und Freiheit.[187]

Diskriminierung bedeutet folglich nicht nur die Verletzung des Gleichbehandlungsgebots, sondern vielmehr auch den Angriff auf die persönliche Freiheit und Würde des Opfers. Dieser Aspekt von Diskriminierung zeigt sich bei Merkmalen, die der betroffenen Person naturgemäß gegeben sind und die es nicht verändern kann weniger deutlich, als bei solchen, die ohne weiteres beeinflusst werden können, wie beispielsweise der Religion. Wird eine Person aufgrund der Zugehörigkeit zu einer bestimmten Religion diskriminiert, erfährt sie nicht nur eine Ungleichbehandlung gegenüber anderen Personen, die dieser Religion nicht angehören, sondern wird darüber hinaus auch deswegen benachteiligt, weil sie von ihrer persönlichen Freiheit Gebrauch gemacht hat, ihre Religion selbst zu wählen, beziehungsweise diese nicht zu wechseln. An diesem Beispiel wird offenkundig, dass Diskriminierung nicht allein eine Frage der Gleichbehandlung ist, sondern dass diese auch ein freiheitsbeschränkendes Element enthält. Würdeverletzung und Diskriminierung schließen sich folglich nicht gegenseitig

182 So ebenfalls Thüsing, ZfA 2001, 397, 412; ders., Arbeitsrechtlicher Diskriminierungsschutz, S. 114, Rn. 280.

183 Kummer, Umsetzungsanforderungen, S. 17.

184 Zu diesbezüglichen Detailfragen wird auf die Kommentierungen zu Art. 1, 2 und 3 GG verwiesen, siehe hierzu auch ausführlich: Baer, Würde oder Gleichheit?.

185 Vergl. Dreier-Heun Art. 3, Rn. 139; Jarass/Pieroth-Jarass Art. 3, Rn. 3 u. 21; Kannengießer in Schmidt/Bleibtreu/Klein, Art. 3, Rn. 11.

186 v. Mangold/Klein/Starck-Starck Art. 3 Abs. 3, Rn. 423.

187 Isensee/Kirchhof-Kirchhof, § 124, Rn. 168ff.

aus,[188] vielmehr wird mit jeder Diskriminierung auch gleichzeitig die Würde der betroffenen Person verletzt.

Auch wenn darüber hinaus keine enge Konnexität zwischen Belästigung und Diskriminierung vorliegt, haben diese ihren gemeinsamen Bezugspunkt in der beiden immanenten Würdeverletzung.[189] Die Verankerung der Belästigung im Diskriminierungsrecht erscheint dogmatisch somit nur dann bedenklich, wenn man Diskriminierung ausschließlich aus dem Blickwinkel der Gleichbehandlung betrachtet. Sieht man Diskriminierung darüber hinaus auch in ihrer Würde und Freiheit schützenden Funktion, so ist die Eingruppierung des Belästigungsschutzes in das Diskriminierungsrecht nicht systemwidrig,[190] sondern vielmehr geboten.

3. Unmittelbare oder mittelbare Diskriminierung bzw. Benachteiligung

Eine Einordnung der Belästigung (und der sexuellen Belästigung) unter die Diskriminierungstatbestände zieht die Frage nach sich, in welcher Form sich diese verwirklicht, ob also als unmittelbare oder mittelbare Diskriminierung oder ob sie auch in beiden Formen möglich ist.

Belästigung richtet sich in erster Linie an einen konkreten Adressaten, der vom Belästiger aufgrund eines diesem immanenten, geschützten Merkmals ausgewählt und mit dem unerwünschten Verhalten konfrontiert wird. Aufgrund dieser zumeist vorliegenden konkret-individuellen Dimension des belästigenden Verhaltens, handelt es sich bei diesen überwiegend um Fälle der unmittelbaren Diskriminierung.[191]

Denkbar, wenngleich auch in der Praxis von wenig relevantem Vorkommen, sind jedoch auch Belästigungen, die in Form mittelbarer Diskriminierung erfolgen. Diese richten sich dann nicht an eine individuelle Person, sondern an einen Personenkreis. Dem Anschein nach neutrale Kriterien werden dabei herangezogen, die Personen wegen eines geschützten Grundes (nach § 1 AGG) in besonderer Weise gegenüber anderen Personen benachteiligen können. Eine solche mittelbare Belästigung läge beispielsweise vor, wenn Teilzeitbeschäftigte als „eine faule Bande“ beschimpft werden würden, verbunden mit dem Hinweise, sie gehörten ohnehin nach Hause zu Kind und Mann. Hierin läge dann eine mit-

188 So auch Kuras, RdA 2003, 11, 14.
189 Wendeling-Schröder in FS für Peter Schwerdtner, S. 269, 279.
190 So jedoch Meinel/Heyn/Herms, AGG, § 3, Rn. 32.
191 Husmann, ZESAR 2005, 107, 113.

telbare Belästigung, da die Belästigung an das dem Anschein nach neutrale Kriterium „Teilzeit“ anknüpft, dabei aber in besonderer Weise Frauen betrifft.[192]

Eine Belästigung in Form der mittelbaren Diskriminierung ist theoretisch also denkbar, wenngleich sich die Belästigung in der Praxis weitestgehend in Form der unmittelbaren Belästigung zeigen wird, da sie sich ihrem Tatbestandsaufbau nach in erster Linie gegen konkret-individuell ausgewählte Personen richtet.

4. Diskriminierung oder Benachteiligung - Die Entscheidung des deutschen Gesetzgebers

Der Deutsche Gesetzgeber verwendet anders als die Richtlinien den Begriff „Benachteiligung“ anstelle von „Diskriminierung“. Impliziert der Begriff „Diskriminierung“ im allgemeinen Verständnis stets die Rechtswidrigkeit, stellt sich der Sachverhalt bei der „Benachteiligung“ anders dar. Ausgehend vom in § 1 AGG verankerten Gesetzesziel sollen Benachteiligungen verhindert oder beseitigt werden, die an eines der geschützten Merkmale anknüpfen. Zuvor ist jedoch festzustellen, ob die jeweilige Benachteiligung entweder von diesem Verbot ausgenommen ist, oder ob sie sich als gerechtfertigt erweist.[193] Der Begriff der „Benachteiligung“ ist damit nicht per se verknüpft mit einem rechtswidrigen Verhalten. Ob es sich um eine verbotene, rechtswidrige Benachteiligung handelt, muss stets gesondert festgestellt werden. Damit hat der Gesetzgeber einen Begriff gewählt, der auf das Prüfschema des Gesetzes bereits sprachlich hindeutet.

Für die beiden Belästigungsformen ist eine solche sprachliche Differenzierung hingegen nicht erforderlich. Weder gibt es einen Ausnahmekatalog für bestimmte Merkmale oder Anwendungsbereiche, noch sind sie einer Rechtfertigung zugänglich. Belästigung und sexuelle Belästigung sind grundsätzlich rechtswidrig und damit diskriminierend. Im Sinne einer einheitlichen Begriffsverwendung ist die Entscheidung des nationalen Gesetzgebers, alle vier Tatbestände in gleicher Weise zu benennen, konsequent und für die Belästigungsformen nicht nachteilig.

5. Weitere betroffene Rechtsgüter

Neben der Würdeverletzung des Opfers, die im Belästigungstatbestand explizit aufgeführt ist und zwingende Folge einer Belästigungshandlung zu sein hat,

192 Eggert-Weyand in Rust/Falke, AGG, § 3, Rn. 43.
193 Vergl. ErfK/Schlachter, AGG, § 1, Rn. 2.

können weitere Rechtsgüter des Opfers betroffen sein. In Betracht kommen dabei die Verletzung des allgemeinen Persönlichkeitsrechts sowie die Verletzung der Gesundheit und die Verletzung der sexuellen Selbstbestimmung, die in der Gesetzesbegründung ausdrücklich aufgeführt sind.

5.1 Verletzung des allgemeinen Persönlichkeitsrechts

Als weiteres Rechtsgut des Opfers ist das allgemeine Persönlichkeitsrecht des Opfers durch die Belästigung betroffen.[194] Gestützt auf die Art. 2 Abs. 1 und 1 Abs. 1 GG umfasst dieses das Recht des Einzelnen auf Achtung seiner Menschenwürde und Entfaltung der individuellen Persönlichkeit. Beide Aspekte sind bei einer Diskriminierung betroffen, daher liegt nach der Rechtsprechung des BAG hierin regelmäßig auch eine Verletzung des allgemeinen Persönlichkeitsrechts des Opfers.[195]

In der arbeitsrechtlichen Rechtsprechung wird auf die Möglichkeit einer Persönlichkeitsrechtsverletzung in Fällen des der Belästigung ähnlichen Mobbing regelmäßig Bezug genommen.[196]

Insoweit kommt neben den Ansprüchen aus dem AGG auch Ansprüche des Belästigungsopfers beispielsweise aus § 823 Abs. 1 BGB oder auch aus § 1004 BGB in Betracht, da das AGG Ansprüche, die sich aus anderen Rechtsvorschriften ergeben, unberührt lässt.[197] Für den Bereich Beschäftigung ergibt sich dies aus § 15 Abs. 2, für das zivilrechtliche Benachteiligungsverbot aus § 21 Abs. 3 AGG, letzterer bezieht sich dabei ausschließlich auf Ansprüche aus unerlaubter Handlung. Anders als § 3 Abs. 3 (und 4) AGG setzen deliktische Ansprüche das Vorliegen einer schweren, rechtswidrigen und schuldhaften Beeinträchtigung voraus. Ob eine solche Beeinträchtigung anzunehmen ist, hängt insbesondere von der Schwere des Eingriffs, dem Grad des Verschuldens sowie der Nachhaltigkeit und Fortdauer der Interessenschädigung und dem Anlass und Beweggrund des Handelns ab.[198]

Für Belästigungen hat dies zur Folge, dass nur bei Vorliegen einer verschuldeten Belästigung eine gleichzeitige Verletzung des allgemeinen Persönlichkeitsrechts

194 Vergl. Ring/Siebeck/Woitz in Flohr/Ring, Gleichbehandlungsgesetz, Rn. 124.
195 BAG v. 14.3.1989, NJW 1990, 65ff.
196 So u.a. LAG-Thüringen, Urteil v. 15.02.2001, NZA-RR 2001, 577ff; LAG-Schleswig-Holstein, Urteil v. 1.4.2004, NZA-RR 2005, 15ff; LAG-Niedersachsen Urteil v. 3.5.2000, LAGE § 273 BGB Nr. 2 = NZA-RR 2000, 517ff.
197 Vergl. hierzu die Gesetzesbegründung, BR-Drs. 329/06, S. 41.
198 BGH-NJW 1985, 1617, 1619; BAG v. 14.3.1989, AP Nr. 5 und 6 zu § 611a BGB; BAG v. 21.2.1979, AP Nr. 13 zu § 847 BGB; hierzu auch Benecke, NZA-RR 2003, 225ff.

in Betracht kommt.[199] Bei Belästigungen, die im Wege des „Bewirkens“ stattfinden, ohne dass ein Verschulden des Belästigers nachgewiesen werden kann, ist dies folglich nicht der Fall. Ebenso scheitert eine Verletzung des allgemeinen Persönlichkeitsrechts mangels Rechtsgutverletzung in den Fällen, in denen eine Belästigung (lediglich) bezweckt wurde, aber nicht eingetreten ist.

Liegen die Voraussetzungen für eine Verletzung des allgemeinen Persönlichkeitsrechtes vor, so kann neben Ansprüchen aus dem AGG auch ein Anspruch auf Schadensersatz nach § 823 Abs. 1 BGB bzw. Schmerzensgeld nach § 253 Abs. 2 BGB gegeben sein.

5.2 Gesundheitsverletzung

Die Gesundheit findet, wie auch das allgemeine Persönlichkeitsrecht, keine Erwähnung in § 3 Abs. 3 AGG als durch die Belästigung betroffenes Rechtsgut. Gleichwohl kann sie als weitere Folge der Belästigungssituation neben der Würde des Opfers beeinträchtigt sein.[200]

Darauf weist bereits die europäische Kommission in ihrer Empfehlung aus 1992 ausdrücklich hin. Als Folge eines durch die (sexuelle) Belästigung verschlechterten Arbeitsklimas wird dort die Möglichkeit einer katastrophalen Auswirkung auf Gesundheit, Vertrauen, Moral und Leistung der betroffenen Personen benannt. „Die von (sexueller) Belästigung verursachten Angst- und Stressgefühle führen bei den betroffenen Personen häufig dazu, dass sie wegen Krankheit vom Arbeitsplatz fernbleiben, dass sie weniger leistungsfähig sind oder dass sie kündigen und einen anderen Arbeitsplatz suchen“.[201]

Für das der Belästigung stark ähnelnde Phänomen des Mobbing hat das Europäische Parlament unter Bezugnahme auf Untersuchungen der Dublin Stiftung[202] und der Europäischen Agentur für Sicherheit und Gesundheitsschutz am Arbeitsplatz in seiner Entschließung von 2001 auf die verheerenden Auswirkungen des Mobbing auf die körperliche und psychische Gesundheit der Betroffenen hingewiesen, die häufig eine ärztliche und psychotherapeutische Behandlung dieser Personen erforderlich machen und im Allgemeinen dazu führen, dass diese ihrem Arbeitsplatz krankheitsbedingt fern bleiben. Als Ursache wird dort der

199 Hierzu auch Baer, Würde oder Gleichheit ?, S. 101f.
200 Vergl. Ring/Siebeck/Woitz in Flohr/Ring, Gleichbehandlungsgesetz, Rn. 124
201 Anhang zur Empfehlung der Kommission zum Schutz der Würde von Frauen und Männern am Arbeitsplatz, ABl. EG Nr. L 49 v. 24. 2.1992, S. 1, 3.
202 Europäische Stiftung zur Verbesserung der Lebens- und Arbeitsbedingungen.

im Vergleich zu nicht betroffenen Beschäftigten um ein Erhebliches höhere Stress derjenigen Personen genannt, die Mobbing ausgesetzt sind.[203]

Auch die nationale arbeitsrechtliche Rechtsprechung hat sich verschiedentlich mit der Frage von Gesundheitsverletzungen infolge von Mobbing, (sexueller) Belästigung bzw. Diskriminierungen auseinandergesetzt. Dass derartige Handlungen generell geeignet sind, die Gesundheit der Opfer zu verletzen, wird dabei zugrunde gelegt. So hat das LAG Niedersachsen in einem (Teil-) Urteil ausdrücklich festgestellt, dass der Arbeitgeber im Rahmen seiner Fürsorgepflicht auf das Wohl und die berechtigten Interessen seiner Arbeitnehmer Rücksicht zu nehmen und diese auch vor Gesundheitsgefahren psychischer Art zu schützen hat. Bestätigt wurde in diesem Zusammenhang auch ein Anspruch auf Schutz vor systematischen Anfeindungen und vor schikanösem oder diskriminierendem Verhalten.[204]

Darüber hinaus hat das LAG Thüringen festgestellt, dass unabhängig von den geltend gemachten Ansprüchen (Kündigung, Abwehr- oder Schadensersatzansprüche) das Vorliegen eines „mobbingtypischen" medizinischen Befundes bzw. einer ebenfalls als „mobbingtypisch" bezeichneten Suizidreaktion des Opfers erheblichen Einfluss auf die Beweislage haben kann. Für den Fall der Feststellbarkeit eines Zusammenhangs zu der behaupteten Mobbinghandlung ist danach das Vorliegen eines entsprechenden Befundes als wichtiges Indiz für die Richtigkeit der Behauptung anzusehen und lässt zudem Rückschlüsse auf die Intensität der Mobbinghandlung, wie sie durch den Mobber ausgeübt wurde, zu. Das Gericht nimmt in diesen Fällen eine von der verantwortlichen Person zu widerlegende Vermutung zugunsten des Opfers an, dass die behauptete Mobbinghandlung die attestierten Schäden, mithin die Gesundheitsverletzung oder die Suizidreaktion des Opfers verursacht hat.[205]

Im Rahmen von Studien durchgeführte Umfragen haben ergeben, dass negative gesundheitliche Folgen von (sexueller) Belästigung und Mobbing in der betrieblichen Praxis häufig zu verzeichnen sind. Die Mehrheit der Betroffenen (hier von sexueller Belästigung) gab an, zumindest zeitweilig unter Beeinträchtigungen sowohl psychischer als auch physischer Natur zu leiden. Als konkrete Folgen wurden unter anderem Depressionen, Konzentrationsschwäche, zunehmende Teilnahmslosigkeit, aber auch Kopf- oder Magenschmerzen, Schweißausbrüche, Allergien oder Schlafstörungen genannt.[206]

---

203 Bericht über Mobbing am Arbeitsplatz v. 16.7.2001, A5-0283/2001, S. 5, 14.

204 LAG-Niedersachsen Urteil v. 3.5.2000, LAGE § 273 BGB Nr. 2 = NZA-RR 2000, 517, 519.

205 LAG-Thüringen Urteil v. 15.02.2001, NZA-RR 2001, 577, 580.

206 Holzbecher u.a., Sexuelle Belästigung am Arbeitsplatz, S. 196f.

Ähnliche Folgen beschreiben von Mobbing betroffene Beschäftigte. Beinahe 90 % der Befragten gaben an, infolge des Mobbing zumindest zeitweilig erkrankt gewesen zu sein. Benannt wurde ein breites Spektrum an Krankheitsbildern, welches die Betroffenen auf die Mobbingsituation zurückführten. Darunter befanden sich sogenannte typische Stresssymptome wie Schlafstörungen, Kopfschmerzen und Migräneanfälle, Atemnot, Lähmungserscheinungen und Neurodermitis aber auch schwerwiegende und chronisch verlaufende Krankheiten wie Depressionen, Erkrankungen im Magen- und Darmbereich sowie Herz-/Kreislauferkrankungen und sogar Krebserkrankungen.[207]

Ähnliche Ergebnisse wie sie die Studien zur sexuellen Belästigung und zum Mobbing zeigen, sind aufgrund der vorhandenen Nähe der Tatbestände auch für die Belästigung zu erwarten. Insofern können im Falle der durch Belästigungshandlungen eingetretenen negativen Folgen für die Gesundheit des Opfers neben Ansprüchen aus dem AGG auch beispielsweise Ansprüche aus § 823 Abs. 1 BGB, § 1004 BGB oder auch aus § 253 Abs. 2 BGB bestehen.[208] Auch hier gilt jedoch wie für das allgemeine Persönlichkeitsrecht einschränkend, dass dies nicht für diejenigen Konstellationen angenommen werden kann, in denen die Belästigung „bewirkt" wird oder in Fällen des „Bezweckens" der angestrebte Belästigungserfolg nicht eintritt. Scheitern die Ansprüche in der ersten Variante am Verschulden des Belästigers, fehlt es bei der zweiten an der Rechtsgutverletzung, wenn sich das Opfer entgegen der Absicht des Belästigers unverändert bester Gesundheit erfreut.

6. Zwischenergebnis

Die Einordnung der Belästigung unter die Diskriminierungstatbestände ist nicht systemwidrig, auch wenn sie gleichzeitig eine Würdeverletzung des Opfers bedeutet. Beide Rechtsgüter schließen sich nicht gegenseitig aus, vielmehr wird mit jeder Diskriminierung auch gleichzeitig die Würde der diskriminierten Person verletzt, so dass diese Einordnung daher geboten ist. Überwiegend wird die Belästigung in Form der unmittelbaren Diskriminierung vorkommen, da sie sich in erster Linie an einen bestimmten Adressaten wendet, somit eine konkret-individuelle Dimension aufweist. Jedoch sind Fälle von mittelbar diskriminierender Belästigung dann denkbar, wenn sich das unerwünschte Verhalten an einen Personenkreis richtet und nur dem Anschein nach neutrale Kriterien herangezogen werden, um diese Personen in besonderer Weise gegenüber anderen zu benachteiligen. Neben der Würde können auch das allgemeine Persönlichkeitsrecht und die Gesundheit des Belästigungsopfers betroffene Rechtsgüter sein.

207 Meschkutat u.a., Der Mobbingreport, S. 79.
208 Vergl. hierzu auch BR-Drs. 329/06, S. 41.

Insbesondere für die Gesundheitsverletzung liegen Untersuchungen zur sexuellen Belästigung und zum Mobbing vor, die einen direkten Zusammenhang zwischen diesen Verhaltensweisen und gesundheitlichen Beeinträchtigungen beim Opfer aufzeigen. Für die Belästigung sind ähnliche Ergebnisse zu erwarten. Insofern können weitere Ansprüche aus § 823 Abs. 1, 1004 und 253 Abs. 2 BGB in Betracht kommen, jedoch stellt sich diese Überlegung nur für Fälle des Bezweckens, da die Ansprüche sonst am fehlenden Verschulden scheitern würden, und auch nur in den Konstellationen, in denen der Belästigungserfolg auch tatsächlich eintritt, da es ansonsten an der Rechtsgutverletzung fehlt.

6. Kapitel: Belästigung am Arbeitsplatz : Legaldefinition im Allgemeinen Gleichbehandlungsgesetz

I. Text der Richtlinienvorgabe

Nach der Richtliniendefinition der Richtlinie 2002/73/EG liegt eine Belästigung vor: „wenn unerwünschte geschlechtsbezogene Verhaltensweisen gegenüber einer Person erfolgen, die bezwecken oder bewirken, dass die Würde der betreffenden Person verletzt und ein von Einschüchterungen, Anfeindungen, Erniedrigungen, Entwürdigungen oder Beleidigungen gekennzeichnetes Umfeld geschaffen wird[209]. Wie bereits ausgeführt, definieren die beiden 2000er Richtlinien den Belästigungsbegriff in ähnlicher Weise. Abgesehen von der Öffnung für die Mitgliedstaaten, den Begriff „Belästigung" im Einklang mit ihren einzelstaatlichen Rechtsvorschriften und Gepflogenheiten zu definieren, weichen sie von der Definition der RL 2002/73/EG dadurch ab, dass sie keine „Merkmalsbezogenheit" (in Form der Geschlechtsbezogenheit) des Verhaltens, sondern einen Zusammenhang mit dem geschützten Merkmal fordern.[210]

II. Umsetzung in § 3 Abs. 3 AGG

Die deutsche Richtlinienumsetzung orientiert sich diesbezüglich nicht am Wortlaut der RL 2002/73/EG, sondern an dem der Richtlinien aus 2000 und verlangt einen Zusammenhang mit dem geschützten Merkmal. Nach der Definition des § 3 Abs. 3 AGG ist eine Belästigung eine Benachteiligung, wenn unerwünschte Verhaltensweisen, die mit einem in § 1 genannten Grund in Zusammenhang stehen, bezwecken oder bewirken, dass die Würde der betreffenden Person verletzt und ein von Einschüchterungen, Anfeindungen, Erniedrigungen, Entwürdigungen oder Beleidigungen gekennzeichnetes Umfeld geschaffen wird.

Damit eine Belästigung bejaht werden kann, müssen demnach zwei Komponenten vorliegen. Die erste betrifft die Belästigungshandlung, in Form der unerwünschten Verhaltensweisen, die im Zusammenhang mit einem in § 1 genannten Grund stehen bzw. der in Zusammenhang mit dem Geschlecht stehenden Verhaltensweisen. Die zweite betrifft die Auswirkungen der Verhaltensweisen. Damit diese zu einer verbotenen Belästigung werden, ist erforderlich, dass sie im Ergebnis bestimmte negative Auswirkungen auf das Opfer haben. Hierzu ist eine Verletzung der Würde des Opfers und ein von Einschüchterungen, Anfeindungen, Erniedrigungen, Entwürdigungen oder Beleidigungen gekennzeichnetes Umfeld erforderlich. Die einzelnen Merkmale der sowohl der Richtliniendefini-

209 Art. 2 Abs. 2 S. 3 RL 2002/73/EG.

210 Art. 2 Abs. 3 der Richtlinien 2000/43/EG und 2000/78/EG.

tionen als auch derjenigen in § 3 Abs. 3 AGG sind wenig konkret und werfen verschiedene Fragen auf, die es zu klären gilt, damit der Begriff der Belästigung an Kontur gewinnt. In diesem Zusammenhang wird auch die Rechtsprechung künftig gefordert sein, konkretisierend tätig zu werden.

1. Unerwünschte geschlechtsbezogene/in Zusammenhang mit dem Geschlecht stehende Verhaltensweisen

Die Belästigungsdefinition von Richtlinie und AGG gibt wenig Aufschluss über die Anforderungen, die an die Verhaltensweisen zu stellen sind. Sie müssen danach unerwünscht und geschlechtsbezogen (Art. 2 Abs. 2 RL 2002/73/EG) bzw. in Zusammenhang mit dem Geschlecht stehend (§ 3 Abs. 3 AGG) sein. Weitere Zusätze hinsichtlich Art, Umfang oder Häufigkeit enthält die Definition der einfachen im Gegensatz zur sexuellen Belästigung nicht.

1.1 Verhaltensweisen

Die Frage, welche Verhaltensweisen von ihrer Art her geeignet sind, eine Belästigung herbeizuführen, lässt sich aufgrund der fehlenden Einschränkungen denkbar einfach beantworten: prinzipiell jede, die alle Richtlinienanforderungen eintreten lassen kann. Die Richtlinie enthält diesbezüglich weder Beispiele noch einen Katalog in Betracht kommender Verhaltensweisen oder Kategorien von Verhaltensweisen. Im Gegensatz zur sexuellen Belästigung existieren für die Belästigung auch keine empirischen Untersuchungen, denen sich für diese Problematik typische Verhaltensweisen entnehmen lassen und die als Anhaltspunkt für die Auslegung des Begriffs der belästigenden Verhaltensweise dienen können. Die fehlende Vorgeschichte erschwert es, den Begriff der Verhaltensweise auch für die Praxis zugänglicher zu machen. Von diesem Problem betroffen sind nicht nur die (potentiellen) Belästigungsopfer, sondern auch die Arbeitgeber, die durch Richtlinien und AGG verpflichtet werden, für ein diskriminierungs- und damit auch für ein belästigungsfreies Umfeld zu sorgen.

1.1.1 Europäische Vorgaben

Weder die Richtlinie 2002/73/EG noch die drei anderen Antidiskriminierungsrichtlinien geben Anhalt über die bezüglich einer Belästigung in Betracht kommenden Verhaltensweisen oder Verhaltenskategorien, wie sie die Definitionen der sexuellen Belästigung nach den Richtlinien 2002/73/EG und 2004/113/EG enthalten.[211]

Ein Hinweis zu den Verhaltensweisen einer „einfachen" Belästigung findet sich hingegen im Bericht des Europäischen Parlaments zum Kommissionsvorschlag der RL 2002/73/EG. Dort wird in der Stellungnahme des Ausschusses für Industrie, Außenhandel, Forschung und Energie die Einfügung einer Definition von „Mobbing" gefordert.[212] Einschränkend ist hierzu festzustellen, dass dieser Begriff nur in der deutschen Übersetzung des Dokuments verwendet wird. Mobbing ist weder Übersetzung noch Synonym für Belästigung, die englische Version der Stellungnahme verwendet hierfür den Begriff „moral harassment".[213]

Die vom Ausschuss vorgeschlagene Definition versteht unter „Mobbing" jedes unredliche Verhalten, das insbesondere durch Verhaltensweisen, Worte, Handlungen, Gesten, schriftliche Äußerungen zum Ausdruck kommt, die die körperliche oder geistige Unversehrtheit einer Person beeinträchtigen können.[214]
Diese Änderungen haben zwar keine Aufnahme in die Richtlinie gefunden, geben jedoch Anhaltspunkte für in Betracht kommende Verhaltenskategorien. Erläuterungen zu den in Betracht kommenden Verhaltensweisen finden sich auch im Kommissionsvorschlag für die Richtlinie 2000/43/EG. Dort werden hinsichtlich der in Betracht kommenden Formen von belästigendem Verhalten beispielhaft sprachliche Äußerungen und Gesten, das Verfassen, Zeigen oder Verbreiten von schriftlichen Äußerungen, Bildern oder sonstigem Material aufgeführt.[215]

---

211 Art. 2 Abs. 2, 4. Spiegelstrich der RL 2002/73/EG und Art. 2, 4. Spiegelstrich der RL 2004/113/EG.

212 Im ursprünglichen Richtlinienvorschlag war weder die Definition von Belästigung enthalten, noch deren Einordnung als Diskriminierung, der Ausschuss fordert die Einfügung des Mobbingbegriffs in Ergänzung der bereits vorhandenen Definition der sexuellen Belästigung, vergl. Stellungnahme des Ausschusses für Industrie, Außenhandel, Forschung und Energie im Bericht des Europäischen Parlaments vom 16.05.2001, A5-0173/2001 endg. S. 44.

213 Vergl. Report on the proposal for a directive of the European Parliament and of the council amending Council Directive 76/207/EEC on the implementation of the principle of equal treatment for men and women as regards access to employment, vocational training and promotion and working conditions, Committee on women´s rights and equal opportunities, A5-0173/2001, S. 38.

214 Bericht des Europäischen Parlaments, S. 44.

215 Vorschlag für eine Richtlinie des Rates zur Anwendung des Gleichbehandlungsgrundsatzes ohne Unterschied der Rasse oder der ethnischen Herkunft, KOM (1999) 566 v. 25.11.1999, S. 7.

Zieht man die zweite Belästigungsform heran, erhält man zusätzliche Auslegungshilfen. Zwar ist die sexuelle Belästigung eine eigenständige Diskriminierungsform und steht insofern gleichberechtigt neben der Belästigung, gleichwohl erlaubt das Näheverhältnis beider Tatbestände das Heranziehen der für die sexuelle Belästigung, anders als für die Belästigung vorhandenen Standards. Die Nähe beider Belästigungsformen wird auch in mehreren Dokumenten zur Richtlinienentstehung ausdrücklich bestätigt, die davon ausgehen, dass die sexuelle Belästigung eine spezifische Form der Belästigung darstellt,[216] auch wenn dieser Zusatz letztlich ebenfalls keinen Eingang in die Richtlinie gefunden hat.

Bereits die Richtliniendefinition der sexuellen Belästigung selbst konkretisiert im Gegensatz zu derjenigen der Belästigung den Begriff der Verhaltensweisen als jedes Verhalten, welches sich in verbaler, nicht-verbaler oder physischer Form äußert.[217] Dieselbe Formulierung findet sich auch in einer entsprechenden Empfehlung der Kommission zum Schutz der Würde von Frauen und Männern am Arbeitsplatz aus dem Jahr 1991, die im Anhang „Praktische Verhaltensregeln und Maßnahmen zur Bekämpfung sexueller Belästigung" enthält. Zwar sind Empfehlungen gemäß Art. 249 EGV rechtlich nicht verbindlich, gleichwohl haben sie nach der Rechtsprechung des Europäischen Gerichtshofs eine wichtige Bedeutung bei der Auslegung von Gemeinschaftsrecht. Insbesondere sind sie dann zu berücksichtigen, wenn sie Aufschluss über die Auslegung von Gemeinschaftsrecht, aber auch vom Recht der Mitgliedstaaten geben können.[218] Die Empfehlung enthält ihrerseits in ihrem Anhang eine Begriffsbestimmung der sexuellen Belästigung, die ausdrücklich auch jedes sonstige Verhalten aufgrund der Geschlechtszugehörigkeit umfasst, welches die Würde von Frauen und Männern am Arbeitsplatz beeinträchtigt. Insofern kann die Empfehlung zur Auslegung der Begriffe Belästigung und sexuelle Belästigung herangezogen werden, insbesondere, wenn die Richtlinien selbst keine näheren Angaben enthalten. Nach der Empfehlung können Verhaltensweisen in körperlicher, verbaler oder nichtverbaler Form stattfinden.[219] Diese Begriffsbestimmung ist um so mehr auch auf die Belästigung übertragbar, da sie als würdeverletzendes Verhalten

---

216 Bericht über den Vorschlag für eine Richtlinie des Europ. Parlaments und des Rates zur Änderung der Richtlinie 76/207/EWG, Ausschuss für die Rechte der Frau und Chancengleichheit vom 16.05.2001, A5-0173/2001, Änderungsantrag 5, S. 8; Legislative Entschließung des Europ. Parlaments zu dem Vorschlag für eine Richtlinie des Europäischen Parlaments und des Rates zur Änderung der Richtlinie 76/207/EG, ABl. EG Nr. C 47E/158 v. 21.02.2002, S. 158ff, 159; Gemeinsamer Standpunkt (EG) Nr. 32/2001, ABl. EG Nr. C 307 v.. 31.10.2001, S. 5ff, 7.

217 Vergl. Art. 3 Abs. 2, 4. Spiegelstrich.

218 EuGH v. 13.12.1989, Rs. C-322/88 (Grimaldi), NZA 1991, 283ff..

219 Anhang zur Empfehlung der Kommission vom 27.11.1991 zum Schutz der Würde von Frauen und Männern am Arbeitsplatz, ABl. EG Nr. L 49, S. 1, 3.

aufgrund der Geschlechtszugehörigkeit nach der Empfehlung eine Untergruppe der sexuellen Belästigung darstellt.

Detailliertere Beschreibungen dieser Verhaltensweisen oder Beispiele sucht man allerdings in Empfehlung und Anhang vergeblich. Diese findet man jedoch in den Änderungsanträgen des Parlaments zum Kommissionsentwurf für die Empfehlung. Dort schlägt das Parlament vor, die Empfehlung um einige Beispiele für sexuell belästigende Verhaltensweisen zu erweitern. Nach (nicht abschließender) Aufzählung des Parlamentes kommen hierfür Anspielungen, unsittliche Anträge, unerwünschte Berührungen, sowie das Zeigen pornographischer Abbildungen in Betracht.[220]

1.1.2 Verhaltensweisen nach dem AGG

Der deutsche Gesetzgeber hat mit § 3 Abs. 3 AGG den Richtlinienwortlaut weitgehend übernommen und auf zusätzliche Erläuterungen zu belästigenden Verhaltensweisen in Form eines Beispielkatalogs oder der Aufzählung von Verhaltenskategorien verzichtet. Die Gesetzesbegründung enthält hierzu jedoch einige Ausführungen. Belästigendes Verhalten kann danach verbal oder nonverbaler Art sein. Als konkrete Beispiele werden Verleumdungen, Beleidigungen und abwertende Äußerungen, Anfeindungen, Drohungen und körperliche Übergriffe genannt.[221]

1.1.3 Verhaltenskategorien

Die in den Dokumenten der Gemeinschaft sowie in der Gesetzesbegründung genannten Beispiele weichen nur wenig voneinander ab. Sie lassen sich zunächst unterteilen in verbale und non-verbale Verhaltensweisen. Nach ihrer jeweils konkreten Ausprägung können sie weiter untergliedert werden in die folgenden drei Verhaltenskategorien der körperlichen Verhaltensweisen, der verbalen Verhaltensweisen sowie der schriftlichen bzw. bildlichen Verhaltensweisen, eine Kategorisierung, die den praktischen Zugang zum Begriff des belästigenden Verhaltens erheblich erleichtert.

---

220 Legislative Entschließung mit der Stellungnahme des Europäischen Parlaments zu dem Entwurf einer Empfehlung der Kommission über den Schutz der Würde von Frauen und Männern am Arbeitsplatz v. 22.10.1991, ABl. EG Nr. C 305 v. 25.11.1991, S. 30, 31.

221 BR-Drs. 329/06, S. 34.

1.1.3.1 Körperliche Verhaltensweisen

Eine Kategorie stellen die körperlichen Verhaltensweisen dar. Diese können sowohl gänzlich non-verbal, lediglich als physische Handlung, oder aber in Kombination mit verbalen Elementen, in Form von begleitenden Äußerungen, erfolgen. Körperliche Verhaltensweisen können sich in unterschiedlicher Weise äußern. Zunächst gehören hierzu generell Berührungen und physische Angriffe jeglicher Art. Dabei ist zu berücksichtigen, dass es sich vorliegend nicht um sexuelle Belästigung, sondern um geschlechtsbezogene bzw. in Zusammenhang mit dem Geschlecht stehende Belästigung handelt. Die Unterscheidung kann gerade bei körperlichen Verhaltensweisen zu Abgrenzungsschwierigkeiten führen.

So ist das herablassende Tätscheln der Schulter oder des Kopfes der Kollegin zur Demonstration ihrer Unterlegenheit oder mangelnden Kompetenz, möglicherweise (aber nicht notwendigerweise) verbunden mit einer Bemerkung über ihre geschlechtsbedingte Unfähigkeit, bestimmte beruflichen Anforderungen zu erfüllen, in den Bereich der geschlechtsbezogenen bzw. in Zusammenhang mit dem Geschlecht stehenden Belästigung einzuordnen. Grobes Schubsen, Schläge oder ähnliche Angriffe, die ihren Ursprung (zumindest auch) im Geschlecht der betroffenen Person haben, gehören ebenfalls in diese Kategorie.

Richten sich die körperlichen Übergriffe hingegen gezielt auf sexuell, erotisch definierte Körperzonen wie den Mund, die Brust, die Genitalien, oder das Gesäß,[222] ist das ein klares Anzeichen für die Betroffenheit des Sexualbereichs und somit eine sexuelle Belästigung.

Ein direkter körperlicher Kontakt zwischen Belästiger und Belästigungsopfer in Form einer Berührung ist nicht grundsätzlich erforderlich. Als ausreichend ist auch eine enge räumliche Annäherung zu erachten, ohne dass es dabei zu einer Berührung kommt. Liegt beispielsweise die Intention des Belästigers darin, das Opfer der Aufzählung in der Definition entsprechend zu bedrohen oder einzuschüchtern, kann auch ein „zu nahe an das Opfer Herantreten“ eine körperliche Verhaltensweise darstellen, wenn sie in entsprechend feindseliger Weise erfolgt.

In die Kategorie der körperlichen Verhaltensweisen, die ohne direkten Kontakt stattfinden, gehört auch entsprechende Gestik oder Mimik. Dies betrifft alle denkbaren Gebärden mit eindeutiger Aussage bzw. in entsprechendem Kontext. Insbesondere gehören hierzu Parodien oder Imitationen bestimmter Verhaltensweisen des Opfers, die in klarem Zusammenhang mit ihrem Geschlecht stehen.

---

222 Buhr/Klein-Schonnefeld in Schiek u.a., Frauengleichstellungsgesetze, § 2 BeschSchG, Rn. 2659.

Dies ist beispielsweise anzunehmen, wenn der Gang der einzigen weiblichen Beschäftigten auf einer Baustelle von ihren männlichen Kollegen mit übertriebenem Hüftschwung imitiert wird.

1.1.3.2 Verbale Verhaltensweisen

Eine zweite Kategorie sind die verbalen Verhaltensweisen. Es ist davon auszugehen, dass die verbale Belästigung die in der Praxis am häufigsten auftretende Form der Belästigung wegen des Merkmals Geschlecht sein dürfte.
Der verbale Bereich ist denkbar weit zu verstehen, hierzu gehören alle Arten von Äußerungen. Unerheblich ist, ob die Äußerungen sprachlicher Art sind, oder ob es sich um bloße Geräusche handelt, die in entsprechendem Kontext stehen. Entsprechend kann eine verbale Verhaltensweise auch in Liedform erfolgen.

Verbale Verhaltensweisen müssen nicht notwendigerweise in direkter räumlicher Konfrontation stattfinden. Möglich ist auch eine verbale Belästigung in Form eines Telefonats, des Hinterlassens von Nachrichten auf Anrufbeantworter, mailbox oder Diktiergerät etc..

In Betracht kommen das Erzählen von entsprechenden Witzen (das Erzählen von Blondinenwitzen), das Verwenden abfälliger Bezeichnungen für Angehörige eines Geschlechts (die Anrede „Mutti" für die weibliche Kollegin, vielleicht noch verbunden mit der Aufforderung, an den Herd zurückzukehren, wo sie hingehöre), das Äußern von abfälligen Bemerkungen oder Anspielungen mit beleidigendem Inhalt oder in entsprechendem Kontext (der hämische Hinweis an den männlichen Kollegen, dass Männer nur eine Gehirnhälfte zur Zeit nutzen können, was an ihm ganz deutlich werde, da er nur eine Sache gleichzeitig erledigen könne), das Singen von Liedern, die sich in beleidigender oder verächtlicher Weise auf das Geschlechts der betroffenen Person beziehen („Männer sind Schweine"). Ebenso gehören in den verbalen Bereich das Imitieren/Nachäffen des Opfers.

1.1.3.3 Schriftliche Äußerungen/Abbildungen

Die dritte Kategorie betrifft Verhaltensweisen, die in Schriftform beziehungsweise in Form von Abbildungen erfolgen und sich daher in zwei Unterkategorien unterscheiden lassen. Belästigende Verhaltensweisen, die in Textform erfolgen, sind mittels der verschiedensten Medien denkbar. In Betracht kommen dabei zunächst handschriftliche Mitteilungen auf Papier. Erfasst werden darüber hinaus aber auch ausgedruckte Texte, Kopien, Ausdrucke, Faxnachrichten oder auch jede Form der elektronischen Mitteilung, beispielsweise SMS oder e-mails.

Unerheblich ist dabei der Urheber des Textes. Abzustellen ist nicht darauf, ob der Text vom Belästiger selbst verfasst wurde, oder ob sich dieser eines fremden Textes bedient. Entscheidend ist allein die Aussage der schriftlichen Äußerung. So kann beispielsweise auch eine lediglich weitergeleitete e-mail mit entsprechendem Inhalt eine belästigende Verhaltensweise darstellen.

Auch die Unterkategorie der bildlichen Darstellung umfasst die verschiedensten Varianten. Dazu gehören Abbildungen auf Papier oder ähnlichem, auf Wänden, Tischen oder anderen körperlichen Gegenständen. Darüber hinaus sind, wie auch bei der schriftlichen Äußerung, alle Arten von elektronischer Übermittlung denkbar wie beispielsweise in Form von e-mails, sms oder Faxnachrichten.

Als bildliche Darstellungen kommen unter anderem Zeichnungen, Karikaturen, Comics oder Fotografien in Betracht. Unerheblich ist auch hier, ob sie vom Belästiger selbst stammen oder von einer anderen Person erstellt wurden.

1.1.3.4 Mischformen

Zwischen den genannten Verhaltensgruppen sind Überschneidungen jeglicher Art möglich, die Aufzählung ist daher lediglich beispielhaft.[223] Auch sind Kombinationen der oben aufgeführten Kategorien, beispielsweise in Form einer belästigenden Videobotschaft möglich, in welcher verbale Äußerungen mit bildlichen Darstellungen verknüpft werden.

Eine Kategorisierung ist nicht notwendigerweise nach den Verhaltensweisen selbst vorzunehmen. Diese könnte auch nach den Auswirkungen der Handlungen auf das Opfer erfolgen, wie sie Leymann für die verschiedenen Erscheinungsformen von Mobbing erstellt hat.[224] Leymann unterteilte die im Wege einer Umfrage ermittelten Mobbinghandlungen in insgesamt fünf verschiedene Kategorien. Dabei handelt es sich beispielsweise um Handlungen, die Angriffe auf die Gesundheit des Opfers darstellen. Ausgehend von der oben vorgenommenen Untergliederung, kommt dafür jede der genannten Handlungen in Betracht, die geeignet ist, physische Störungen herbeizuführen.

Eine Unterscheidung nach den Auswirkungen der Belästigung ist hier jedoch abzulehnen, zumal diese in Form der Würdeverletzung und der feindlichen

223 Vergl. hierzu auch die Aufzählung bei Coen, AuR 2000, 11.
224 Leymann, Mobbing, S. 33f.

Kennzeichnung des Umfeldes in der Definition selbst beschrieben werden. Darüber hinaus ist es für das Verständnis des Belästigungsbegriffs hilfreicher, mögliche Belästigungshandlungen zumindest beispielhaft zu erfassen. Für eine Unterteilung nach verschiedenen Verhaltenskategorien hatte sich auch der deutsche Gesetzgeber im Beschäftigtenschutzgesetz entschieden. Dort wurde hinsichtlich sexuell belästigender Verhaltensweisen unterteilt in die Kategorien der körperlichen Berührungen, der Bemerkungen, des Zeigens und Anbringens von (pornographischen) Darstellungen, und darüber hinaus auch in die aufgrund ihres eindeutigen Sexualbezugs hier nicht aufgeführten Bereiche der sexuellen Handlungen und Aufforderungen zu diesen.[225]

1.1.4 Einmaliges oder fortgesetztes Verhalten

Es stellt sich generell die Frage, ob ein einmaliges Verhalten den Tatbestand der Belästigung erfüllen kann, oder ob man hiervon nur bei einem fortgesetzten bzw. sich wiederholenden Verhalten ausgehen kann.

1.1.4.1 Wortlaut der Richtliniendefinitionen

Die Richtliniendefinition der Belästigung verlangt „unerwünschte, geschlechtsbezogene Verhaltensweisen" gegenüber einer Person. Auch die anderen Antidiskriminierungsrichtlinien verwenden an dieser Stelle den Plural.[226]

Damit erscheint der Wortlaut der Definition eindeutig, verlangt wird danach ein fortgesetztes beziehungsweise mehrfaches Handeln des Belästigers. Ein einmal stattfindendes Verhalten wäre danach, unabhängig von seiner Qualität und Erheblichkeit, nicht tatbestandsmäßig und keine Belästigung nach den Richtlinien.

Mit dem Argument des eindeutigen Wortlauts wurde bereits die Kritik an der Belästigungsdefinition aus dem ADG-Entwurf von 2004 begründet. Zwar wird dort in § 3 Abs. 3 ADG ebenso wie in den Richtlinien der Plural „Verhaltensweisen" verwendet, die Entwurfsbegründung führt jedoch aus, dass der Betroffene auch bei einmalig bleibenden Handlungen nicht schutzlos bleibt.[227]

Die Kritik an dieser Festlegung des Gesetzgebers wurde vorwiegend begründet mit dem Wortlaut der Richtliniendefinitionen. Diese zeigten durch das Erforder-

225 § 2 II Nr. 2 BeSchuG.
226 Vergl. Art. 2 Abs. 3 der RL 2000/43/EG, Art. 2 Abs. 3 der RL 2000/78/EG und Art. 2 c) der RL 2004/113/EG.
227 Gesetzentwurf ADG v. 16.12.2004, BT-Drs. 15/4538, S. 30.

nis eines feindlichen Umfeldes[228] und die konsequente Verwendung des Plurals[229], dass eine einzelne Handlung gerade noch keine Belästigung darstelle.

Insbesondere der letztgenannten Schlussfolgerung, die Bezug auf den in den Richtlinientexten verwendeten Plural „Verhaltensweisen" nimmt, liegt ganz offensichtlich einzig die deutsche Sprachfassung der Richtlinien zugrunde. Vergleicht man diese mit der englischen und der französischen Version, so stellt man fest, dass keine von beiden den Plural, sondern vielmehr den Singular verwendet. Die englische Fassung der Belästigungsdefinition lautet an dieser Stelle: „Where an unwanted conduct related to the sex of a person occurs".[230] Auch die französische Fassung verwendet mit der Formulierung: „la situation dans laquelle un comportement non désiré à connotation sexuelle"[231] eindeutig den Singular. Bei der Verwendung des Plurals in der deutschen Richtlinienversion handelt es sich also um eine von den anderen Sprachfassungen abweichende Übersetzung, möglicherweise auch um einen Übersetzungsfehler.

Bestätigt wird dies auch durch den sprachlichen Vergleich der Belästigungsdefinitionen der drei übrigen Richtlinien. Die Belästigungsdefinition in der Richtlinie 2000/43/EG enthält sowohl in der englischen[232] (an unwanted conduct) als auch der französischen[233] Fassung (lorsqu'un comportement indésirable) den Singular.

Das gleiche gilt auch für die Richtliniendefinition in den Richtlinien 2000/78/EG[234] und 2004/113/EG[235]. Alle vier Richtlinien sind hinsichtlich der Belästigungsdefinition in englischer und französischer Sprache identisch, sie verwenden den Singular, genau wie alle vier Richtlinien in der deutschen Sprachfassung den Plural und damit eine abweichende Übersetzung benutzen.

Hinweis auf die Erforderlichkeit wiederholten Verhaltens könnte auch die Verwendung des Plurals bei den Begriffen zur Beschreibung des feindlichen Umfeldes sein. Nach dem Wortlaut der deutschen Richtlinienfassung handelt es sich

---

228 Steinau-Steinrück/Schneider/Wagner, NZA 2005, 28, 30; Thüsing, Stellungnahme zum ADG-E, 4;Thüsing, NZA Sonderbeil. 2004, 1, 7

229 Rieble, Stellungnahme zum Entwurf eines Antidiskriminierungsgesetzes (ADG-E), A.-Drs. 15 (12)440-B), S. 2 zu § 3.

230 Vergl. Official Journal of the European Community, L 269, p. 15, 17.

231 Vergl. Journal officiel de Communautés européennes, L 269, p. 15, 17.

232 Vergl. Official Journal of the European Community, L 180, p. 22, 24, 19.07.2000.

233 Vergl. Journal officiel de Communautés européennes, L 180, p. 22, 24, 19.07.2000.

234 Vergl. Official Journal of the European Community, L 303, p. 16, 19, 02.12.2000; Journal officiel de Communautés européennes, L 303, p. 16, 19, 02.12.2000.

235 Vergl. Official Journal of the European Community, L 373, p. 37, 40, 21.12.2004; Journal officiel de Communautés européennes, L 303, p. 37, 40, 21.12.2004.

dabei um die Schaffung eines von Einschüchterungen, Anfeindungen, Erniedrigungen, Entwürdigungen oder Beleidigungen gekennzeichneten Umfelds.

Ein Vergleich mit der englischen und der französischen Sprachfassung zeigt hingegen, dass diese eine neutrale Formulierung verwenden. So lautet die englischsprachige Definition „..creating an intimidating, hostile, degrading, humiliating or offensive environment", gleichbedeutend mit einem einschüchternden, feindseligen, erniedrigenden, entwürdigenden oder beleidigenden Umfeld.[236] Entsprechend wird auch in der französischen Fassung formuliert „..créer un environnement intimidant, hostile, dégradant, humiliant ou offensant".[237] Die Gründe für die Verwendung des Plurals in der deutschen Richtliniendefinition erschließen sich nicht. Jedoch weicht diese damit von den anderen Sprachfassungen ab, weswegen der an dieser Stelle vorhandene Plural auch nicht als Auslegungsmittel herangezogen werden darf.

Unzulässig ist daher in beiden Fällen der auf einer abweichenden Übersetzung oder sogar einem Übersetzungsfehler basierende Schluss, der Wille des Richtliniengebers gehe dahin, nur ein mehrfach stattfindendes Handeln erfassen zu wollen. Vielmehr ist basierend auf dem Wortlaut der englischen und französischen Sprachfassung davon auszugehen, dass gerade keine Festlegung auf ein mehrfaches Handeln stattfinden soll, so dass auch einmalige Handlungen von der Richtliniendefinition grundsätzlich mit erfasst werden und damit als geeignet angesehen werden können, den Belästigungstatbestand zu erfüllen.

1.1.4.2 Geeignetheit einmaliger Verhaltensweisen

Gegen die Tatbestandsmäßigkeit eines einmalig stattfindenden Verhaltens spricht auch nicht das in der Belästigungsdefinition enthaltene Erfordernis des feindlichen Umfeldes, welches als Folge des belästigenden Verhaltens einzutreten hat. Auch einmalige Verhaltensweisen können, je nach Schwere und Intensität das Umfeld des Opfers feindlich gestalten. In diesem Zusammenhang sei hier nur die Einschüchterung genannt, die als eine das Umfeld kennzeichnende Variante in der Definition genannt wird. Bedroht der Belästiger beispielsweise das

236 Directive 2002/73/EC of the European Parliament and of the council of 23 September 2002 amending Concil Directive 76/207/EEC on the implementation of the principle of equal treatment for men and women as regards access to employment, vocational training and promotion, and working conditions, OJ L 269, 5.10.2002, p. 15, 17.

237 Directive 2002/73/CE du Parlament Européen et du Conseil du 23 septembre 2002 modifiant la directive 76/207/CEE du Conseil relative à la mise en œuvre du principe de l'égalité de traitement entre hommes et femmes en ce qui concerne l' accès à l'emploi, à la formation et à la promotion professionnelles, et les conditions de travail, JO L 269, 5.10.2002, 15, 17.

Belästigungsopfer mit der Fortsetzung seines Verhaltens, muss er seiner Ankündigung keine tatsächlichen Wiederholungshandlungen folgen lassen, um ein für das Opfer einschüchterndes und feindliches Umfeld zu schaffen, wenn das erstmalige Verhalten von entsprechender Erheblichkeit war. Auch ein körperlicher Angriff muss nicht mehrmals stattfinden, um das Belästigungsopfer einzuschüchtern, ein einmaliger Vorfall kann das Umfeld des Opfers für die Zukunft negativ gestalten.

Diesen Aspekt greift auch die Empfehlung der Kommission zum Schutz der Würde von Frauen und Männern am Arbeitsplatz auf, die anders als die Richtliniendokumente eine Aussage zur Häufigkeitsanforderung an (sexuell[238]) belästigendes Verhalten enthält. Danach wird ein (sexuelles) Verhalten zu einer (sexuellen) Belästigung, wenn es fortgesetzt wird, nachdem die betroffene Person deutlich gemacht hat, dass sie es als beleidigend empfindet, obwohl auch ein einmaliger Zwischenfall den Tatbestand der (sexuellen) Belästigung erfüllen kann, wenn er entsprechend schwerwiegend ist.[239]

Da die in der Empfehlung enthaltene Definition der (sexuellen) Belästigung, wie die Richtliniendefinitionen, das Eintreten eines feindlichen Umfeldes als Folge des (sexuell) belästigenden Verhaltens voraussetzt, lässt dies nur die Folgerung zu, dass auch die Kommission ein einmaliges Verhalten als grundsätzlich geeignet erachtet, dieses zu erzeugen.

Die europäischen Vorgaben der Richtliniendefinitionen schließen ein einmaliges Verhalten jedenfalls dem Wortlaut nach nicht aus, die Kommissionsempfehlung erfasst es sogar ausdrücklich, sofern es von entsprechender Schwere ist. Die mit dem Wortlaut der Richtlinien sowie dem Tatbestandsmerkmal des „feindlichen Umfelds“ argumentierende Kritik, die sich gegen die Erfassung auch einmalig stattfindender Handlungen richtet, überzeugt daher nicht.

1.1.4.3 Umsetzung in § 3 Abs. 3 AGG

Mit seiner beinahe wortidentischen Umsetzung hat der deutsche Gesetzgeber in § 3 Abs. 3 AGG auch den Plural „Verhaltensweisen“ aus den Richtlinienvorgaben übernommen. Anders als die Richtlinien, äußert sich der deutsche Gesetzgeber jedoch in der Gesetzesbegründung zu der Anforderung an die Häufigkeit

238 Die Empfehlung bezieht sich nicht nur auf sexuelles Verhalten, sondern ausdrücklich auch auf sonstiges Verhalten aufgrund der Geschlechtszugehörigkeit.

239 Empfehlung der Kommission zum Schutz der Würde von Frauen und Männern am Arbeitsplatz v. 27. 11. 1991 mit Praktischen Verhaltensregeln und Maßnahmen zur Bekämpfung sexueller Belästigung, ABl. EG Nr. L 49, S. 1, 4 v. 24.02.1992.

belästigenden Verhaltens. Trotz der Verwendung des Plurals wird hierzu explizit ausgeführt, dass der Betroffene auch bei einmalig bleibenden Handlungen nicht schutzlos bleiben soll.[240] Damit ist, entgegen der oben bereits zum Vorgängerentwurf geäußerten Kritik, ein Wiederholen der belästigenden Verhaltensweise nicht grundsätzlich erforderlich, um den Belästigungstatbestand zu erfüllen.[241]

Hierbei ist jedoch zu berücksichtigen, dass nicht jedes Verhalten geeignet ist, bei einmaligem Vorkommen die weiteren Voraussetzungen des Belästigungstatbestands eintreten zu lassen. Das Verhalten muss von seiner Art und Schwere her geeignet sein, nicht nur die Würde des Opfers zu verletzen, sondern auch dessen Umfeld in feindlicher Weise zu kennzeichnen.

Daher ist hier zu differenzieren. Zwar kann generell auch ein einzelner Vorfall den Tatbestand der Belästigung erfüllen, dies setzt jedoch voraus, dass er von solcher Erheblichkeit ist, die Belästigungsfolgen eintreten zu lassen. Insbesondere ist dies dann anzunehmen, wenn das Opfer jederzeit mit einer Wiederholung des Verhaltens rechnen muss,[242] unabhängig davon, ob dies vom Belästiger ausdrücklich in Aussicht gestellt wurde, oder ob es sich aus den Umständen ergibt.

Bei einem einzelnen Vorfall von geringer Schwere hingegen, kann eine derartige Beeinträchtigung des Umfeldes grundsätzlich nicht angenommen werden. Bei weniger erheblichen Verhaltensweisen ist von einer feindlichen Gestaltung des Umfeldes erst dann auszugehen, wenn sie wiederholt auftreten, oder die Gefahr eines wiederholten Auftretens besteht.[243] Ist dies der Fall, muss auch bei weniger erheblichen Verhaltensweisen von negativen Auswirkungen auf das Umfeld ausgegangen werden.

Kann beispielsweise bei einem körperlichen Angriff bereits bei erstmaligem Stattfinden von einem von Einschüchterungen oder Anfeindungen gekennzeichneten Umfeld ausgegangen werden, wird die einmalige Scherzbemerkung über angebliche geschlechtsspezifische Defizite einer Person, die sich in ihren beruflichen Fähigkeiten wiederspiegele, bei einmaligem Vorkommen kaum geeignet

---

240 Gesetzentwurf AGG v. 18.05.2006, BR-Drs. 329/06, S. 34.

241 A.A. Biester, Juris PR-ArbR 35/2006, Anm. 6, trotz der deutlichen Klarstellung in der Gesetzesbegründung.

242 So auch Nollert-Borasio/Perreng, AGG, § 3, Rn. 28.

243 So auch HK-AGG/Schrader/Schubert, § 3, Rn. 74; A.A. Worzalla, AGG, S. 62, der gegen das Ausreichen eines einmaligen Verhaltens den Wortlaut der Richtlinie anführt; Einschränkend Bauer/Göpfert/Krieger, AGG, § 3, Rn. 45, Meinel/Heyn/Herms, Allgemeines Gleichbehandlungsgesetz, § 3, Rn. 33 und Schleusener in Schleusener/Suckow/Voigt, AGG, § 3, Rn. 80, die in der Regel einmalige Handlungen als nicht tatbestandsmäßig ausschließen.

sein, das Umfeld entsprechend zu beeinträchtigen. Eine negative Veränderung kann hingegen dann eintreten, wenn das Verhalten häufiger stattfindet und das Opfer mehrfach mit diesem konfrontiert wird.

Generell wird man voraussetzen müssen, dass je weniger schwerwiegend ein Verhalten ist es umso häufiger auftreten muss, um die geforderten Folgen hervorzurufen. Demgegenüber kann bei einer schwerwiegenden Verhaltensweise auch ein einzelner Vorfall ausreichen.

1.1.5 Adressat des Verhaltens

Anders als die Richtlinie 2002/73/EG, in welcher belästigende Verhaltensweisen „gegenüber einer Person“ erfolgen, wird in § 3 Abs. 3 AGG auf die Formulierung in den beiden 2000er Richtlinien zurückgegriffen, wonach die Verhaltensweisen keinen weiteren personenbezogenen Zusatz beinhalten. Europarechtliche Bedenken gegen diese Umsetzung bestehen nicht, da sich im Vergleich mit dem Wortlaut der RL 2002/73/EG kein „Minus“ ergibt.

Einziger Hinweis der Definition hinsichtlich des in Betracht kommenden Adressatenkreises ist, dass die Folgen (Würdeverletzung und feindliches Umfeld) für die „betreffende“ Person eintreten müssen. Als die „betreffende“ Person ist ohne weiteres jede Person anzusehen, die direkter Adressat des Belästigers ist, wenn das Verhalten für sie bestimmt ist, immer vorausgesetzt, das jeweilige Verhalten ist für sie unerwünscht. Da aufgrund der Alternative des „Bewirkens“ auch ein nicht zielgerichtetes Verhalten, welches sich gerade nicht auf eine bestimmte Person richtet, tatbestandsmäßig sein kann, gehört zu den „betreffenden Personen“ auch jede andere, bei der aufgrund des jeweiligen Merkmales eine Belästigung eintritt.

Potentiell zum Kreis der belästigten Personen sind damit auch alle Angehörigen desjenigen Geschlechts (oder des jeweils betroffenen Merkmals) zu zählen, gegen welches sich das Verhalten richtet, da gerade dieses Merkmal einen direkten Bezug herstellt. Da weder die Definition in § 3 Abs. 3 AGG noch die Richtlinien eine dahingehende Einschränkung vornehmen, dass allein Angehörige des verunglimpften Merkmals Belästigte sein können, müssen auch „Nichtmerkmalsträger“ grundsätzlich zum Kreis der belästigten Personen gezählt werden.[244] So können zum Kreis der Adressaten auch solche Personen gehören, die durch die

244 Kummer, Umsetzungsanforderungen, S. 26.

Verunglimpfung des Merkmales indirekt betroffen sind.[245] Beispielsweise könnte sich der Ehemann einer Frau, die als Gleichstellungsbeauftragte beschäftigt ist, dann belästigt fühlen, wenn in entsprechender Weise über „Kampfemanzen" hergezogen wird. Ähnlich könnte sich eine Belästigung für die Frau eines Mannes ergeben, der sich in Elternzeit befindet, wenn in ihrer Gegenwart Männer, die diese wahrnehmen als „Waschlappen oder Weicheier" bezeichnet werden. In beiden Fällen sind hier die Partner und nicht die Anwesenden selbst Merkmalsträger, gleichwohl kann eine Betroffenheit hier nicht abgesprochen werden.

Ausgehend vom Wortlaut der Definitionen in § 3 Abs. 3 AGG und den Richtlinien, die insoweit keine Einschränkungen, beispielsweise auf Merkmalsträger vornehmen, kommen als potentiell Belästigte somit alle diejenigen Personen in Betracht, die ein in Zusammenhang mit einem geschützten Merkmal stehendes Verhalten als unerwünscht einstufen, sofern sie zum Kreis der „Betroffenen" gehören.

1.2 Unerwünschtheit

Mit der Unerwünschtheit des belästigenden Verhaltens enthält die Belästigungsdefinition ein Tatbestandsmerkmal, welches aufgrund seiner subjektiven Perspektive schwer zu erfassen ist.

Wann eine Handlung erwünscht oder nicht erwünscht ist, bemisst sich zunächst jeweils danach, wie sie von der mit ihr konfrontierten Person bewertet wird. Ob ein bestimmtes Verhalten jedoch beanstandet wird oder nicht, hängt einzig von der persönlichen Wahrnehmung und Empfindung des jeweiligen Adressaten ab. Im Ergebnis kann daher die identische Handlung, wenn sie gegenüber verschiedenen Personen vorgenommen wird, höchst unterschiedlich beurteilt werden.

1.2.1 Beeinflussende Faktoren

Die Bewertung eines Verhaltens hängt von verschiedenen Faktoren, ausgehend von der Persönlichkeit des Opfers, ab. Ein wesentlicher Aspekt ist dabei die unterschiedliche Sensibilität der jeweiligen Person. Beeinflusst wird die Bewertung darüber hinaus von Umständen wie der Erziehung, der allgemeinen bzw. beruflichen Bildung und Ausbildung eines Menschen, seinen Umgangsformen und Lebensgewohnheiten sowie den gesellschaftlichen und sozialen Kontakten,

---

245 So auch HK-AGG/Schrader/Schubert, § 3, Rn. 36, mit dem Beispiel der Mutter eines behinderten Kindes, bei dem Merkmalsträger (Kind) und Adressatin der Benachteiligung (Mutter) auseinanderfallen.

die sich in verschiedener Weise auf die Wahrnehmung und Empfindung auswirken.

Eine nicht unwesentliche Bedeutung ist zudem der Art der Tätigkeit beizumessen, die von den betroffenen Beschäftigten ausgeübt wird und, nicht zuletzt, auch dem konkreten Arbeitsplatz mit seinen spezifischen Gepflogenheiten und Umgangsformen. So wird beispielsweise der von Beschäftigten auf einer Großbaustelle als durchaus „normal" empfundene Umgangston von einer Museumsangestellten vermutlich beanstandet und als unerwünscht bezeichnet werden. Diese Einschätzung wurde in einer Befragung zum Problembereich der sexuellen Belästigung bestätigt. Diese ergab, dass Frauen, die in sogenannten klassischen Männerberufen beschäftigt waren, eine weit höhere Toleranzschwelle zeigten, als Frauen aus anderen Berufssparten.[246]

Nicht unerheblich ist darüber hinaus auch, von wem die belästigende Handlung ausgeübt wird. Besteht zwischen dem Belästiger und dem Opfer ein hierarchisches Gefälle, in dem der Belästiger oberhalb des Opfers angesiedelt ist, wird zumeist ein eher distanziertes Verhältnis vorliegen, welches von einem solchen Über- Unterordnungsverhältnis geprägt ist. Eine entsprechende Handlung wird auf dieser Basis eher als unerwünscht bewertet werden, als wäre sie von einer dem Kollegenkreis angehörenden Person ausgeübt worden. Da das Verhältnis zwischen Beschäftigten auf gleicher hierarchischer Ebene üblicherweise von einer wesentlich geringeren persönlichen Distanz geprägt ist, ist die „Erträglichkeitsschwelle" häufig höher als gegenüber Vorgesetzten. So wird eine „Scherzbemerkung" von einem anderen Beschäftigten, mit dem sich die betroffene Person auf gleicher hierarchischer Ebene befindet, weniger unangenehm empfunden werden, als ginge diese von ihrem Vorgesetzten aus.

Ein weiteres Kriterium bei der Bewertung eines möglichen belästigenden Verhaltens ist die persönliche Sympathie zwischen den Beteiligten Personen. Geht das Verhalten von einem Kollegen aus, der vom Opfer als unsympathisch empfunden wird, liegt die Toleranzschwelle niedriger als bei einem von ihm geschätzten Kollegen.

Schließlich kann auch die persönliche Betroffenheit von einiger Bedeutung sein, ob das Verhalten des Handelnden als persönlich oder unpersönlich wahrgenommen wird. Eine (geschlechtsbezogene) Scherzbemerkung beispielsweise (Blondinenwitz etc.), die vor einer größeren Anzahl von Personen geäußert wird, und ganz offen erkennbar an die Allgemeinheit gerichtet ist, wird mög-

---

246 Holzbecher u.a. Sexuelle Belästigung am Arbeitsplatz, S. 271ff; dazu auch Buhr/Klein-Schonnefeld in Schiek u.a., Frauengleichstellungsgesetze, § 2 BeschSchG, Rn. 2707ff.

licherweise von den weiblichen Anwesenden noch nicht als belästigend empfunden. Dieselbe Bemerkung, zielgerichtet auf eine bestimmte Person bezogen, wird demgegenüber von ihr mit hoher Wahrscheinlichkeit als unerwünscht bewertet werden.

Der Unterschied liegt hier in der persönlichen Betroffenheit. Die an die Allgemeinheit gerichtete Bemerkung schließt das Opfer als Angehörige der herabgesetzten Gruppierung zwar mit ein, spricht sie aber nicht direkt an. Diese Art der Verhaltensweise wird aufgrund der fehlenden persönlichen Komponente anders wahrgenommen, als eine an eine bestimmte Person gerichtete Ansprache. Eine entsprechende Wirkung kann demgegenüber jedoch auch erzielt werden, wenn sich in der anwesenden Personengruppe nur eine Angehörige des verunglimpften Geschlechts befindet und aus diesem Grund eine persönliche Betroffenheit eintritt, die wiederum eher zum Ergebnis der Unerwünschtheit führt.

Ob ein Verhalten also das Prädikat der Unerwünschtheit erhält oder nicht, hängt von verschiedenen Faktoren ab, und bestimmt sich aus der subjektiven Warte der betreffenden Person. Da diese, abhängig von den genannten Faktoren stark variieren kann, birgt sie die Gefahr der Rechtsunsicherheit. Mögliche Folge ist ein absichtsloses aber gleichwohl tatbestandsmäßiges Verhalten (auch diese Variante ist aufgrund der Verschuldensunabhängigkeit von der Definition grundsätzlich erfasst) einer Person, dessen belästigende Folgen sie wegen der geringen Erheblichkeit des Verhaltens nicht vorhergesehen hatte, das von der betroffenen Person jedoch als unerwünscht empfunden wird.

In diesem Zusammenhang ist zu betonen, dass sich derartige Schwierigkeiten mit der Einordnung nur bei Verhaltensweisen von geringer Schwere ergeben. Handlungen von größerer Erheblichkeit stellen keine Zweifelsfälle dar und führen auch nicht zu Unsicherheiten bei den Beteiligten, da die Unerwünschtheit hier generell vorausgesetzt werden kann. Diese Einschätzung wird bestätigt für den bereits bekannten Bereich der sexuellen Belästigung. Rechtstatsächliche Untersuchungen[247] ergaben für die Frage nach der Bewertung verschiedener Verhaltensweisen als sexuell belästigend, dass bei der Einschätzung objektiv schwerwiegenden Verhaltens weitgehende Einigkeit unter den befragten Personen vorlag.[248] Bei den weniger erheblichen Verhaltensweisen ergab die Befragung hingegen keine entsprechend klare Bewertung. Zwar ging hier die Tendenz

247 Holzbecher u.a., Sexuelle Belästigung am Arbeitsplatz, S. 253 ff.

248 Die Frage nach folgenden Verhaltenweisen ergab eine Übereinstimmung von 99 %: Aufforderung zu sexuellem Verkehr, Aufgedrängten Küssen, Zurschaustellung des Genitals und Erzwingen sexueller Handlungen/tätlicher Bedrohung.

sogar eher dahin, diese nicht als sexuell belästigend zu bewerten, die abweichende Ansicht stellte jedoch keine zu vernachlässigende Größe dar.[249]

Für diese weniger erheblichen Verhaltensweisen ergeben sich insbesondere in größeren Unternehmen mit zahlreichen Beschäftigten erhebliche Schwierigkeiten. Stellte man diesbezüglich ausschließlich auf die subjektive Wahrnehmung jedes einzelnen Beschäftigten ab, hätte das zur Folge, dass jeder Arbeitnehmer sein Verhalten im Kontakt mit anderen Arbeitnehmern jeweils dergestalt zu überprüfen hätte, ob es im Hinblick auf den von ihm vermuteten (jeweils unterschiedlichen) Empfängerhorizont hin als erwünscht einzustufen sei. Dass eine solche Prognose umso mehr die Gefahr von Fehleinschätzungen birgt, je größer der potentiell betroffene Personenkreis ist, ist unausweichlich. Das Entstehen einer Belästigungssituation bliebe daher, abhängig von persönlichen Konstellationen, jedenfalls bei weniger erheblichen Verhaltensweisen oftmals dem Zufall überlassen.[250]

Diese Unsicherheit betrifft nicht nur das Verhalten potentieller Belästiger. Auch Arbeitgeber, die ihre Beschäftigten vor Belästigungen zu schützen und ihre diesbezüglichen Beschwerden aufzuklären haben, sehen sich der Frage ausgesetzt, welchen Maßstab sie bei der Beurteilung einer Handlung anzusetzen haben, wenn sie eine Feststellung über das Vorliegen einer Belästigung zu treffen haben. Ebenso betroffen ist nicht zuletzt das Belästigungsopfer selbst, das sich in der unsicheren Position befindet, beurteilen zu müssen, welche Verhaltensweisen es möglicherweise hinzunehmen hat und welche nicht.[251] Diese Frage ist auch im Hinblick auf die weiteren Möglichkeiten, die das AGG insbesondere in Form des Leistungsverweigerungsrechtes nach § 14 AGG vorsieht, für das Belästigungsopfer von nicht unerheblicher Bedeutung. Denn bei unzutreffender Bewertung der Situation geht eine die zu Unrecht ausgeübte Leistungsverweigerung zu Lasten des Arbeitnehmers. Nicht zuletzt führt diese Unsicherheit auch zu einer Erschwernis für die Gerichte, da diese bei der Feststellung, ob ein bestimmtes Verhalten eine Belästigung darstellt oder nicht, allein mit den subjektiven Empfindungen des Opfers konfrontiert sind.[252]

---

249 So bewerteten 59 % der Befragten Anzügliche Witze, 62 % das hinterher Pfeifen, Anstarren oder taxierende Blicke und 63 % „zufällige" Körperberührungen als nicht sexuell belästigend.

250 So auch mit ähnlichen Befürchtungen für sexuelle Belästigungen, Hadeler, NZA 2003, 77, 78.

251 Kummer, Umsetzungsanforderungen, S. 18 mit ähnlichen Bedenken.

252 Bauer, NJW 2001, 2672, 2676 zur Definition der sexuellen Belästigung.

1.2.2 Lösung im Beschäftigtenschutzgesetz: „Erkennbare Ablehnung" durch das Opfer

Dem Risiko der durch alleiniges Abstellen auf die subjektive Opfersicht entstehenden Rechtsunsicherheit begegnete das Beschäftigtenschutzgesetz für die sexuelle Belästigung mittels dem in der Definition des § 2 Abs. 2 Nr. 2 BeschSchG enthaltenen Erfordernis der erkennbaren Ablehnung durch das Opfer.

Diese setzte eine nach Außen in Erscheinung getretene Reaktion der belästigten Person voraus, anhand derer das entsprechende Verhalten als unwillkommen eingestuft werden konnte.[253] Nicht grundsätzlich gefordert wurde eine ausdrückliche Formulierung der Ablehnung. Je nach Sachlage wurde es auch als ausreichend erachtet, wenn sich die Ablehnung aus den Umständen ergab. Ob eine sich aus den Umständen ergebende Ablehnung wiederum als nach außen erkennbar zu bewerten war, wurde anhand des Maßstabes eines neutralen Beobachters festgestellt.[254] Diesbezüglich wurde auf ein durchschnittlich entwickeltes Erkennungsvermögen abgestellt, wodurch verhindert wurde, dass sich der Belästiger auf seine besonders unterentwickelte Sensibilität berufen konnte.[255]

Hinsichtlich der Nachdrücklichkeit der Zurückweisung wurde einerseits abgestellt auf die Art des Verhaltens. Bei solchen Verhaltensweisen, die am Arbeitsplatz üblicherweise nicht gebräuchlich sind wie körperlichen Berührungen, wurde ein weit geringerer Ablehnungsaufwand gefordert, als beispielsweise bei dem Erzählen von Witzen.[256] In besonderer Weise berücksichtigt wurde, wenn das Verhalten von Vorgesetzten ausgeübt wurde, da die Zurückweisung in solchen Fällen aufgrund des Über-/Unterordnungsverhältnisses generell mit besonderen Erschwernissen, insbesondere der Sorge um den Bestand des Arbeitsplatzes verbunden ist. Hier wurde unter Umständen sogar ein rein passives, zögerliches „Geschehenlassen" gegenüber einem drängenden Belästiger als ausreichend erachtet.[257] In ähnlicher Weise wurde auch hinsichtlich verbaler Verhaltensweisen differenziert zwischen Äußerungen von Kollegen und von Vorgesetzten. Letztere mussten weit weniger nachdrücklich zurückgewiesen werden, als solche, die im Kollegenkreis erfolgten, wobei auch bei diesen die jeweiligen Umstände des Einzelfalles berücksichtigt wurden.

253 Worzalla, NZA 1994, 1016,1018; Schlachter, AR-Blattei, Beschäftigtenschutzgesetz, Rn. 37.

254 BAG v. 25.3.2004, NZA 2004, 1214, 1215.

255 ErfK/Schlachter, BeschSchG § 2, Rn. 13.

256 Schlachter in AR-Blattei, Beschäftigtenschutzgesetz, Rn. 39.

257 BAG v. 25.3.2004, NZA 2004, 1214, 1215.

Der Verankerung des Tatbestandsmerkmals der erkennbaren Ablehnung in der Definition des § 2 Abs. 2 Nr. 2 BeschSchG wurden von der Literatur Bedenken entgegengebracht.[258] Insbesondere wurde kritisiert, dass durch die Erforderlichkeit der erkennbaren Ablehnung alle diejenigen Belästigungsopfer schutzlos bleiben, die aus Furcht vor arbeitsrechtlichen oder sonstigen Konsequenzen oder aufgrund persönlicher Unsicherheit der sexuellen Belästigung damit begegnen, dass sie versuchen entsprechenden Situationen auszuweichen, oder diese zu ignorieren.[259] Als vorzugswürdig wurde demgegenüber die aus dem amerikanischen Recht bekannte opferbezogene Sichtweise betrachtet, die auf die Unerwünschtheit und nicht auf die (täterbezogene) erkennbare Ablehnung des Verhaltens abstellt.[260]

Anzumerken ist schließlich, dass die im Beschäftigtenschutzgesetz enthaltene Definition auf eine europäische Vorgabe zurückgeht, die das Erfordernis der erkennbaren Ablehnung nicht enthält.[261] Die insoweit aufgrund des zusätzlichen Kriteriums engere Definition des § 2 Abs. 2 Nr. 2 BeschSchG war jedoch insofern unproblematisch, da es sich bei der europäischen Vorgabe um die bereits erwähnte Kommissionsempfehlung handelt, die rechtlich nicht verbindlich ist.

Anders stellt sich die Situation hingegen nach Erlass der RL 2002/73/EG dar. Auch die im dortigen Art. 2 Abs. 2 enthaltene Definition der sexuellen Belästigung beinhaltet nicht das Erfordernis der erkennbaren Ablehnung durch das Opfer.
Anders als die Kommissionsempfehlung sind Richtlinienvorgaben von den Mitgliedstaaten umzusetzen. Richtlinien geben generell einen Mindeststandard vor, der von den Mitgliedstaaten bei der Umsetzung nicht unterschritten werden darf. Jegliche Absenkung des Schutzniveaus, Nichtgewähren von Ansprüchen oder das Erschweren ihrer Geltendmachung im Vergleich zu den vorgegebenen Richtlinieninhalten, ist daher ein Verstoß gegen europäisches Recht.

Fordert man von den Belästigungsopfern die nicht in der Definition enthaltene erkennbare Ablehnung, erhöht man dadurch die Anforderungen an das Vorliegen einer sexuellen Belästigung (entsprechend auch einer Belästigung, setzte man sie auch für diese voraus) erheblich.[262] Das Opfer wäre zu einer aktiven

---

258 Vergl. hierzu auch Baer, Würde oder Gleichheit ?, S. 254ff.

259 Schiek, Zweites Gleichberechtigungsgesetz, § 2 BeschSchG, Rn. 18ff; Baer, Würde oder Gleichheit ?, S. 254ff.

260 Mästle, Sexuelle Belästigung, S. 94.

261 Empfehlung der Kommission zum Schutz der Würde von Frauen und Männern am Arbeitsplatz v. 27.11.1991, ABl. EG Nr. L 49 v. 24.02.1992, S. 1.

262 A. A. Herzog, Sexuelle Belästigung, der meint, das Kriterium der erkennbaren Ablehnung entspreche der Unerwünschtheit des Verhaltens.

Handlung gezwungen, die vom Richtliniengeber nicht verlangt wird. Käme es dieser Anforderung nicht nach und ließe seine Ablehnung nicht oder nicht hinreichend erkennen, würde man den Tatbestand verneinen und folglich auch die weitergehenden Ansprüche des Opfers. Entsprechende Maßnahmen zu seinem Schutz würden darüber hinaus nicht ergriffen werden. Die belästigte Person stünde daher schlechter, als es die Richtliniendefinition vorsieht.

Zudem verbietet Art. 2 Abs. 3 der Änderungsrichtlinie ausdrücklich, dass die Zurückweisung oder Duldung belästigender oder sexuell belästigender Verhaltensweisen durch die betreffende Person als Grundlage für eine Entscheidung herangezogen werden darf, die diese Person berührt. Diese Regelung verbietet mithin auch, den Belästigungstatbestand selbst an die Zurückweisung oder Duldung zu knüpfen, da das Vorliegen einer Belästigung bzw. sexuellen Belästigung wiederum Voraussetzung für alle weiteren Ansprüche des Opfers sowie die Gewährung sonstiger Schutzmechanismen wie beispielsweise Maßnahmen des Arbeitgebers gem. § 12 Abs. 3 AGG ist.

Verlangte man von der durch das unerwünschte Verhalten betroffenen Person daher deren erkennbare Ablehnung, entspräche dies dem nach Art. 2 Abs. 3 der Richtlinie verbotenen Anknüpfungsmerkmal der Zurückweisung.
Damit verstieße das Erfordernis der erkennbaren Ablehnung gegen die ausdrückliche Regelung des Art. 2 Abs. 3 S. 2 der Änderungsrichtlinie, da nach dieser die Hinnahme des unerwünschten Verhaltens das Vorliegen einer Belästigung oder sexuellen Belästigung nicht ausschließt.[263]
Die erkennbare Ablehnung wäre damit aufgrund ihrer Unvereinbarkeit mit den Richtlinienvorgaben kein geeignetes Korrektiv des subjektiven Merkmals der Unerwünschtheit.

1.2.3 Keine „Erkennbare Ablehnung" durch das Opfer in der Legaldefinition des § 3 Abs. 3 AGG

Der deutsche Gesetzgeber hat sich mit der Übernahme der Richtliniendefinitionen in § 3 Abs. 3 und 4 AGG gegen eine ausdrückliche Verankerung der erkennbaren Ablehnung in der Legaldefinition entschieden. Obgleich dies auch nach Erlass der Richtlinien vereinzelt gefordert wurde.[264] Die Erforderlichkeit einer Objektivierung wurde jedoch auch vom deutschen Gesetzgeber gesehen. In der Gesetzesbegründung wird zum Merkmal der Unerwünschtheit ausgeführt, dass diese nicht bereits vorher ausdrücklich gegenüber den Belästigenden zum Ausdruck gebracht worden sein muss. Vielmehr ist es danach ausreichend, dass

263 So auch Lingscheidt, Antidiskriminierung im Arbeitsrecht, S. 65.
264 Hadeler, NZA 2003, 77, 78.

die Handelnden aus der Sicht eines objektiven Beobachters davon ausgehen können, dass ihr Verhalten unter den gegebenen Umständen von den Betroffenen nicht erwünscht ist oder auch nicht akzeptiert wird.[265] Damit wird ausdrücklich klargestellt, dass es für die Bewertung eines Verhaltens als unerwünscht gerade nicht darauf ankommt, dass das Belästigungsopfer dies durch aktives Verhalten nach außen kundtut.[266] Für eine Objektivierung des Merkmals „unerwünscht" soll demgegenüber die fiktive Person des objektiven Beobachters sorgen.

1.2.4 Fiktive Person des Objektiven Beobachters

Mit dem objektiven Beobachter wird die aus dem amerikanischen Antidiskriminierungsrecht bekannte Figur der „reasonable person" aufgegriffen, mit deren Hilfe eine Objektivierung des Tatbestandes „harassment" herbeigeführt werden soll. Die Figur des objektiven Beobachters wird in ähnlicher Weise in Form der „billig und gerecht Denkenden" im deutschen Zivilrecht verwendet. Auch hier dient sie der Objektivierung und soll verhindern, dass bei der Konkretisierung des Begriffes der „guten Sitten" weder besonders lockere noch besonders strenge Maßstäbe angesetzt werden.[267]

Bei der Person des objektiven Beobachters handelt es sich um das Konstrukt einer vernünftigen Person, die in jeglicher Hinsicht einen durchschnittlichen Standpunkt einnimmt. Im Vergleich mit der konkret betroffenen Person, bewertet sie den Sachverhalt unabhängig von persönlichen Komponenten, und nimmt diesbezüglich eine eher distanzierte Haltung ein.[268]

Nach der Gesetzesbegründung ist ein ausdrückliches „darauf Hinweisen" des Opfers, eine bestimmte Handlung als belästigend zu empfinden, nicht erforderlich, es soll vielmehr ausreichen, wenn die Unerwünschtheit aus Sicht des objektiven Beobachters für die Handelnden erkennbar sei.[269]

In der Belästigungssituation ist diese objektive Haltung unter verschiedenen Aspekten von Vorteil. Außer Acht gelassen werden einerseits nicht nur besondere Sensibilitäten oder Unempfindlichkeiten, sowie sonstige Faktoren wie Animosi-

---

265 Gesetzesbegründung BR-Drs. 329/06, S. 34.

266 A. A. Schiek/Schiek, Allgemeines Gleichbehandlungsgesetz, § 3, Rn. 72, die eine Ablehnung in Grenzfällen voraussetzt.

267 Vergl. MünchKomm/Mayer-Maly/Armbrüster, § 138 BGB, Rn. 14f.

268 Buhr/Klein-Schonnefeld in Schiek u.a., Frauengleichstellungsgesetze, § 2 BeschSchG, Rn. 2657.

269 Gesetzesbegründung BR-Drs. 329/06, S. 34.

täten oder andere Umstände, welche geeignet sind, die subjektive Opfersicht in nicht unerheblicher Weise zu beeinflussen. Andererseits wird auch auf Belästigerseite ein neutraler Maßstab angesetzt, so dass dieser sich nicht darauf zurückziehen kann, er habe aufgrund seiner persönlichen Unempfindlichkeit nicht erkennen können, dass ein bestimmtes Verhalten als unerwünscht bewertet werden würde.

Das Abstellen auf eine objektive Person mit durchschnittlicher Sensibilität hat zur Folge, dass Verhaltensweisen von geringerer Erheblichkeit, die aus Sicht dieses Durchschnittsbeobachters nicht als unerwünscht eingestuft werden, den Tatbestand der Belästigung zunächst nicht erfüllen. Die Unerwünschtheit muss in diesen Fällen vom Opfer tatsächlich kenntlich gemacht werden. Ein Verhalten, welches aus objektiver Perspektive daher als nicht tatbestandsmäßig bewertet wird, kann gleichwohl eine Belästigung im Sinne des § 3 Abs. 3 AGG sein, wenn das Opfer die Unwillkommenheit zum Ausdruck bringt.

1.2.5 Unterschiede zur „Erkennbaren Ablehnung"

Dem Erfordernis der erkennbaren Ablehnung in § 2 Abs. 2 Nr. 2 BeschSchG sowie auch der objektiven Beobachterperspektive liegt die gleiche Überlegung des Gesetzgebers zu Grunde. [270] Sinn und Zweck beider Anforderungen ist die Objektivierung des Tatbestandes, die ihn an dieser Stelle nachprüfbarer und damit weniger unsicher für die Beteiligten macht.

In beiden Konstellationen wird letztlich auf die Konstruktion des objektiven Beobachters zurückgegriffen. Bei der erkennbaren Ablehnung wird sie verwendet um festzustellen, ob die Zurückweisung des Verhaltens wahrnehmbar und damit auch für den Belästiger selbst ersichtlich war. Die Perspektive ist hier diejenige des Täters, wenngleich nicht seine höchstpersönliche. Vielmehr ist der Maßstab für die Erkennbarkeit, der einer an Stelle des Täters befindlichen Durchschnittsperson.

Bei der Unerwünschtheit wird demgegenüber das Verhalten selbst bewertet, nicht die Reaktion des Opfers. Ist die Unerwünschtheit des Verhaltens aus Sicht eines neutralen Beobachters ersichtlich, dann ist das Verhalten belästigend und somit tatbestandsmäßig. Die Sichtweise ist hier im Gegensatz zur erkennbaren Ablehnung diejenige des Opfers.

---

270 Vergl. hierzu auch die Gesetzesbegründung zum Beschäftigtenschutzgesetz, BT-Drs. 12/5468, S. 46, 47.

Wird bei der erkennbaren Ablehnung eine Reaktion des Opfers auf die Verhaltensweise verlangt, so ist diese für die Feststellung der Unerwünschtheit nicht notwendigerweise erforderlich. Für die Belästigungsopfer hat dies eine Erleichterung zur Folge. Auch solche Personen, die aus Furcht vor arbeitsrechtlichen Konsequenzen oder persönlicher Unsicherheit keine nennenswerte Reaktion zeigen und eher versuchen, der Konfrontation mit dem Belästiger auszuweichen oder dessen Verhalten über sich ergehen lassen, bleiben hier nicht schutzlos, sofern das Verhalten eine Qualität aufweist, die es für eine Durchschnittsperson als unerwünscht einstuft.[271]

1.2.6 Europarechtliche Vereinbarkeit

Im Gegensatz zu der erkennbaren Ablehnung verstößt die Figur des objektiven Beobachters nicht gegen Art. 2 Abs. 3 der Änderungsrichtlinie, wonach die Zurückweisung oder Duldung solcher (belästigender/sexuell belästigender) Verhaltensweisen durch die betreffende Person nicht als Grundlage für eine Entscheidung herangezogen werden darf, die diese Person berührt. Vom Belästigungsopfer wird weder eine Zurückweisung noch eine Duldung des unerwünschten Verhaltens verlangt. Auch die Hinnahme einer Verhaltensweise durch eine Person schließt nicht aus, dass sich dieses für einen objektiven Beobachter aufgrund der konkreten Situation als unerwünscht darstellt. Die Bewertung einer Handlung als unerwünscht und damit als belästigend wird vielmehr unabhängig von der Reaktion des Opfers vorgenommen und widerspricht nicht dem Verbot des Art. 2 Abs. 3.

Auch wird der durch die Richtlinie vorgegebene Mindeststandard der Richtlinie nicht unterschritten. Anders als bei der erkennbaren Ablehnung durch das Belästigungsopfer, wird mit dem der Figur des objektiven Beobachters keine zusätzliche Anforderung in Form eines ungeschriebenen Tatbestandsmerkmales in die Belästigungsdefinition eingefügt, die vom Richtliniengeber nicht vorgesehen war. Vielmehr wird hierdurch das Merkmal der Unerwünschtheit konkretisiert, und damit einer objektiven Feststellung zugänglich gemacht. Dem Belästigungsopfer erwächst keine Erschwernis in Form einer Mitwirkungspflicht, da das Vorliegen des Belästigungstatbestandes nicht von der Reaktion auf das unerwünschte Verhalten abhängig gemacht wird. Dadurch entfällt für das Opfer auch das Risiko eines Verlustes möglicher Ansprüche oder Schutzmechanismen für den Fall dass seine Reaktion den Anforderungen an eine erkennbare Ablehnung des unerwünschten Verhaltens nicht entspricht.
Eine Absenkung des durch die Richtlinie vorgegebenen Schutzniveaus ist damit nicht erfolgt.

---

271 ErfK/Schlachter, AGG, § 3, Rn. 12.

Auch verstößt die Figur des objektiven Beobachters nicht gegen die Vorgabe des Art. 2 Abs. 3 S. 2 der Richtlinie, wonach die Duldung oder Zurückweisung solcher Verhaltensweisen durch die betreffende Person nicht als Grundlage für eine Entscheidung herangezogen werden darf, die diese Person berührt. Durch den Verzicht auf eine erkennbare Reaktion des Opfers wird die Entscheidung über das Vorliegen oder Nichtvorliegen des Tatbestands und damit einhergehend auch über weitergehende Ansprüche oder das Gewähren von Schutzmaßnahmen gerade nicht von der Duldung oder Zurückweisung der unerwünschten Verhaltensweisen abhängig gemacht.

Da weder eine Absenkung des durch die Richtlinien vorgegebenen Schutzniveaus noch ein Verstoß gegen das Verbot des Art. 2 Abs. 3 S. 2 der Richtlinie vorliegt, ist die Figur des objektiven Beobachters als Maßstab für die Feststellung der Unerwünschtheit europarechtlich nicht zu beanstanden.

1.2.7 Geschlechtsneutrale oder geschlechtsspezifische Perspektive

Wie im amerikanischen Recht stellt sich auch hier die Frage, ob man den Maßstab einer geschlechtsneutralen Person zugrunde legen sollte, oder ob von der Perspektive einer Person desselben Geschlechts wie des Opfers auszugehen ist. Für eine geschlechtsneutrale Perspektive spricht, dass die Figur des objektiven Beobachters gerade zu dem Zwecke eingeführt wird, um alle beeinflussenden Faktoren zu relativieren. Eine Trennung nach dem Merkmal Geschlecht würde diesen Faktor jedoch in besonderer Weise berücksichtigen.
Dem ist entgegenzuhalten, dass die Wahrnehmung (sexuell) belästigenden Verhaltens häufig nicht geschlechtsunabhängig erfolgt.[272] Männer und Frauen beurteilen diskriminierendes, belästigendes Verhalten zum Teil unterschiedlich.

Von diesem Umstand ausgehend hatte sich der deutsche Gesetzgeber bei Erlass des Beschäftigtenschutzgesetz entschieden, der Bewertung der in § 2 Abs. 2 definierten wesentlichen und nachprüfbaren Sachverhalte gerade keine geschlechtsneutrale Perspektive, sondern ausdrücklich die Sichtweise von Frauen und der von ihnen als typisch erlebten Formen sexueller Belästigung zugrunde zu legen.[273]

Eine Übertragung dieser Wertung wäre auch für die Belästigung aufgrund des Merkmals Geschlecht denkbar. Konsequenterweise wäre dann weder von einer

---

272 Vergl. hierzu die Ergebnisse der Untersuchung von Holzbecher u.a., Sexuelle Belästigung am Arbeitsplatz, S. 210f und die weiteren Nachweise bei Buhr/Klein-Schonnefeld in Schiek u.a., Frauengleichstellungsgesetze, § 2 BeschSchG, Rn. 2658.
273 BT-Drs. 12/5468, S. 46.

geschlechtsneutralen noch von einer geschlechtsspezifischen Perspektive auszugehen, das Geschlecht des objektiven Betrachters wäre somit stets weiblich, unabhängig vom tatsächlichen Geschlecht des Opfers.

Diese überwiegend weibliche Sichtweise mag für die sexuelle Belästigung angebracht sein, deren Opfer zu überwiegenden Teilen Frauen sind. Für die Belästigung, auch wenn sie aufgrund des Merkmals Geschlecht erfolgt, ist sie jedoch abzulehnen. Eine einseitig geschlechtsbezogene Perspektive für eine Problematik, die beide Geschlechter betrifft, ist nicht sachdienlich. Auch konnte bislang mangels empirischer Untersuchungen nicht festgestellt werden, ob die Belästigung aufgrund des Geschlechts überwiegend eines der beiden Geschlechter betrifft.

Zu berücksichtigen ist vielmehr der für die sexuelle Belästigung festgestellte Umstand, dass die Wahrnehmung der Geschlechter hinsichtlich der Einschätzung belästigender Verhaltensweisen nicht identisch ist. Ähnliche Ergebnisse sind auch für die Belästigung, insbesondere derjenigen aufgrund des Merkmals Geschlecht zu erwarten. Diese Einschätzung liegt nahe, wenn man die Ergebnisse der Studie zur sexuellen Belästigung vergleicht. Dort wird offenkundig, dass die Bewertung durch Männer und Frauen nicht nur bei besonders schwerwiegenden Verhaltensweisen uneinheitlich ist, sondern insbesondere auch bei Verhaltensweisen, die weniger erheblich sind wie bei taxierenden Blicken oder anzüglichen Bemerkungen.[274] Um diesen geschlechtsspezifischen Unterschieden gerecht zu werden, sollte die Bewertung eines belästigenden Verhaltens auf seine Unerwünschtheit hin am Maßstab einer objektiven Person desjenigen Geschlechts erfolgen, dem auch das Opfer angehört.

1.3 Zusammenhang mit dem Geschlecht

Nach der Definition der Belästigung in § 3 Abs. 3 AGG muss das unerwünschte Verhalten in Zusammenhang mit einem in § 1 genannten Grund stehen. Mithin hat bei der Belästigung aufgrund des Merkmals Geschlecht ein Zusammenhang mit dem Geschlecht des Opfers vorzuliegen.

---

274 In diesen Kategorien kommen deutlich mehr Frauen zum Ergebnis einer sexuellen Belästigung als Männer, mit Ausnahme der Kategorie „anzügliche Witze", bei der die Einschätzung fast identisch ist, vergl. Holzbecher u.a. Sexuelle Belästigung am Arbeitsplatz, S. 210f.

1.3.1 Das geschützte Merkmal Geschlecht

Geschlecht bedeutet zunächst den sogenannten „Normalfall“, mithin Angehörige oder Angehöriger eines der beiden Geschlechter zu sein, und somit als weiblich oder männlich zu gelten. Damit erschöpft sich das Merkmal Geschlecht hingegen keinesfalls. Es erfasst über die beiden üblichen Erscheinungsformen des weiblichen oder männlichen biologischen Geschlechts hinaus, die sich durch die „Normalverteilung“ der Chromosomen bestimmt, auch davon abweichende Geschlechterformen.

Zu nennen ist dabei einerseits die sogenannte Intersexualität.[275] Betroffen sind Personen, deren körperliche Geschlechtsmerkmale aufgrund biologischer Faktoren insoweit vom sogenannten Normalfall abweichen, als sie teils weiblich, teils männlich sind, weswegen eine eindeutige biologische Zuordnung zu einem der beiden Geschlechter schwer möglich ist.[276]

Ebenfalls vom Merkmal Geschlecht erfasst wird die Gruppe der Transsexuellen.[277] Dabei handelt es sich um Personen, bei denen das medizinische/biologische Geschlecht nicht mit dem psychischen Geschlecht übereinstimmt, ein anatomisch männlicher Mensch sich seelisch als dem weiblichen Geschlecht zugehörig fühlt. Medizinisch kann das anatomische Geschlecht mittels operativer Eingriffe sowie der Einnahme von Hormonen verändert werden, um eine körperliche Angleichung zum psychischen Geschlecht zu erzielen.[278]

Beide genannten Erscheinungsformen ordnet der deutsche Gesetzgeber nicht dem Merkmal Geschlecht, sondern vielmehr dem Merkmal sexuelle Identität zu. Die Gesetzesbegründung äußert sich zum Merkmal Geschlecht in keiner Weise, führt jedoch zur sexuellen Identität aus, dass hiervon homosexuelle Männer und Frauen ebenso wie bisexuelle, transsexuelle oder zwischengeschlechtliche Menschen erfasst werden.[279]

---

275 Ausführlich hierzu siehe Plett in Rust/Falke, AGG, § 1, Rn. 48; Plett, Zeitschrift für Sexualforschung 2007, 162.

276 Gleichwohl muss das Geschlecht des Kindes gemäß § 21 Abs. 1 Nr. 3 in das Geburtenbuch eingetragen werden, bislang wird dabei nach wie vor eine kategorische Zuordnung zum männlichen oder weiblichen Geschlecht vorgenommen.

277 Hierzu siehe Rust in Rust/Falke, AGG, § 1, Rn. 43.

278 Nach dem Transsexuellengesetz von 1980 können betroffene Personen, wenn sie keine operative Veränderung vornehmen, gemäß § 1 ihre Vornamen, oder unter den Voraussetzungen des § 8 den Geschlechtseintrag im Personenstandsregister ändern lassen (sogenannte kleine und große Lösung).

279 Gesetzesbegründung BR-Drs. 329/06, S. 32.

Damit befindet sich der deutsche Gesetzgeber in klarem Widerspruch zum europäischen Recht. Der EuGH hat für die Transsexuellen in bislang drei Urteilen eine eindeutige Zuweisung zum Merkmal Geschlecht vorgenommen.[280] Diskriminierung wegen des Geschlechts erfasst danach nicht nur diejenigen, die aufgrund der Zugehörigkeit zum einen oder anderen Geschlecht erfolgen, sondern auch solche, die ihre Ursache in der Geschlechtsumwandlung der betroffenen Person haben. Solche Diskriminierungen, so der EuGH beruhen hauptsächlich, wenn nicht ausschließlich, auf dem Geschlecht des Betroffenen.[281]
Auch die Neufassung der Gleichbehandlungsrichtlinie 2006/54/EG ist zu dieser Frage klar. Ausdrücklich wird im dortigen Erwägungsgrund (3) Bezug genommen auf die Rechtsprechung des EuGH und dessen Feststellung, dass die Tragweite des Grundsatzes der Gleichbehandlung von Männern und Frauen nicht auf das Verbot der Diskriminierung aufgrund des natürlichen Geschlechts einer Person beschränkt werden kann, sondern angesichts seiner Zielsetzung und der Art der Rechte, die damit geschützt werden sollen, auch für Diskriminierungen aufgrund einer Geschlechtsumwandlung gelten.[282]

Zur Frage der Intersexualität hat der EuGH bislang nicht entschieden. Gleichwohl muss die Wertung hinsichtlich der Transsexuellen auch auf diese übertragen werden. Intersexualität ist ein Merkmal, das sich auf das Geschlecht einer Person bezieht, in welcher Form auch immer dieses im konkreten Falle ausgestaltet ist.[283] Wenn der deutsche Gesetzgeber diese Fallgruppen unter das Merkmal der sexuellen Identität subsumiert, stellt er sich nicht nur gegen die eindeutige Wertung des EuGH, sondern nimmt auch inhaltlich eine unzutreffende Einordnung vor.

Das Merkmal der sexuellen Identität ist neben dem Merkmal Geschlecht enthalten in § 1 AGG. Damit wurde der Schutz vor Benachteiligung aufgrund der sexuellen Ausrichtung aus der Richtlinie 2000/78/EG umgesetzt. Der Gesetzgeber ist damit vom Richtlinienbegriff abgewichen. Aus welchem Grund er sich dafür entschieden hat, wird in der Gesetzesbegründung nicht erläutert, daher ist auch nicht davon auszugehen, dass durch die begriffliche Abweichung auch eine in-

280 EuGH v. 30.4.1996, Rs. C-13/94, P gegen S und Cornwall County Council, Slg. 1996, I-2143; EuGH v. 7.1.2004,. Rs. C-117/01, KB gegen National Health Service Pensions Agency und Secretary of State for Health, Slg. 2004, I-541 = ZESAR 2004, 301f mit ausführlicher Urteilsbesprechung Plett, 303ff ; EuGH v. 27.4.2006, Rs. C-423/06, Richards gegen Secretary of State for Work and Pensions.

281 EuGH v. 30.4.1996, Rs. C-13/94, P gegen S und Cornwall County Council, Slg. 1996, I-2143, Rn. 20f= NZA 1996, 695, 696.

282 Richtlinie 2006/54/EG v. 5. 7.2006, ABl. EG Nr. L 204 v. 26.7.2006, S. 23.

283 Im Ergebnis zustimmend, Thüsing NZA Sonderbeil. 2004, 1, 3, 10; Thüsing, Arbeitsrechtlicher Diskriminierungsschutz, Rn. 214.

haltliche erfolgt ist. Sexuelle Identität meint daher sexuelle Ausrichtung oder auch Orientierung. Unter dieser wird die „Präferenz bei der sexuellen Objektwahl" verstanden.[284] Die Perspektive richtet sich bei der sexuellen Identität also nicht darauf, welchem Geschlecht eine Person angehört, sondern welchem Geschlecht diejenige Person angehört, auf die sich das sexuelle Interesse richtet. Geschützt werden hierdurch im Ergebnis homosexuelle, bisexuelle aber auch heterosexuelle Personen.[285]

Weder der Begriff der Transsexualität noch derjenige der Intersexualität macht eine Aussage zur Orientierung auf den Sexualpartner. Beide beschreiben demgegenüber den Zustand des eigenen Geschlechts. Die Perspektive ist hier gleichsam nach innen gerichtet, während sie bei der sexuellen Identität bzgl. der Wahl des Sexualpartners (auch) nach außen gerichtet ist. Mit dem EuGH und entgegen der Gesetzesbegründung erfasst das Merkmal Geschlecht daher nicht nur den Normalfall des biologisch eindeutigen männlichen oder weiblichen Geschlechts, sondern auch die Intersexualität und die Transsexualität.[286] Eine Belästigung wegen der Intersexualität oder Transsexualität einer Person ist damit als Belästigung aufgrund des Merkmals Geschlecht einzustufen.

1.3.1.1 Nur gleiches Geschlecht erfasst?

Unerheblich für das Vorliegen eines Zusammenhangs mit dem Geschlecht ist, ob Belästiger und Adressat der Belästigung Personen des selben Geschlechts sind. Es kann sich dabei sowohl um Personen unterschiedlichen als auch gleichen Geschlechts handeln. Eine Frau kann gleichsam eine Frau aufgrund ihres Geschlechts belästigen, indem sie ihr beispielsweise angeblich ganz typisch weibliche Nachteile attestiert (von denen die Belästigerin selbstverständlich nicht betroffen ist, da sie beispielsweise keine „Blondine" ist), als auch einen Mann, den sie aufgrund seines Geschlechts für unfähig erklärt, bestimmte Aufgaben zu bewältigen.

Nicht vom Tatbestand der Belästigung erfasst wird hingegen die Konstellation, in der eine Person Bemerkungen ablehnt, die sich auf dasjenige Geschlecht beziehen, dem sie gerade nicht angehört. In dieser Konstellation liegt zwar eine unerwünschte Verhaltensweise vor, die in Zusammenhang mit dem Geschlecht

---

284 Thüsing, NZA Sonderbeil. 2004, 1, 3, 10; Thüsing, Arbeitsrechtlicher Diskriminierungsschutz, Rn. 214.

285 Insoweit auch die Gesetzesbegründung BR-Drs. 329/06, S. 32.

286 A. a. Bauer/Göpfert/Krieger, AGG, § 1, Rn. 49, die beide Formen der sexuellen Identität zuweisen, ohne sich dabei jedoch mit der Rechtsprechung des EuGH auseinander zu setzen.

steht, die Person, die diese ablehnt, ist jedoch von der Verhaltensweise nicht betroffen.

Verdeutlicht wird dies durch die Formulierung der Belästigungsdefinition in der Richtlinie 2000/32/EG. Nach deren Art. 2 Abs. 3 müssen unerwünschte Verhaltensweisen in Zusammenhang mit der Rasse oder der ethnischen Herkunft einer Person stehen. Nicht ausreichend ist der Zusammenhang mit Rasse oder ethnischer Herkunft, es muss sich vielmehr konkret um diejenige der betreffenden Person handeln. Zwar nicht die deutsche, jedoch die englische Sprachfassung der Richtlinie 2002/73/EG formuliert in gleicher Weise: „..where an unwanted conduct related to the sex of a person occurs with the purpose or effect of violating the dignity of a person etc.[287] Bekräftigt wird dies auch durch Erwägungsgrund 8 der RL 2002/73/EG. Dort wird erläutert, dass die Belästigung einer Person aufgrund *ihres* Geschlechts (und die sexuelle Belästigung) einen Verstoß gegen den Grundsatz der Gleichbehandlung darstellt.[288]

Das Ziel der Richtlinien bezüglich der beiden Belästigungsformen geht aus diesem Erwägungsgrund klar hervor. Beschäftigte sollen vor Belästigungen geschützt werden, die sie aufgrund ihres Geschlechtes erleiden. Ziel der Richtlinie ist es hingegen nicht, Personen vor in Zusammenhang mit dem (anderen) Geschlecht stehenden Verhaltensweisen zu schützen, welche diese zwar ablehnen, von welchen sie persönlich jedoch (aufgrund abweichender Geschlechtszugehörigkeit) nicht betroffen sind.

Schutzzweck des AGG und der ihm zugrunde liegenden vier Richtlinien ist es, Personen vor Benachteiligungen zu bewahren, welche diese deswegen erleiden, weil sie Träger eines bestimmten Merkmales sind. In der Gesetzesbegründung heißt es diesbezüglich: „Rechtlicher Schutz vor Benachteiligung zielt nicht auf den Schutz besonderer Gruppen, sondern auf den Schutz vor Benachteiligungen, die an die in den Richtlinien genannten Merkmale anknüpfen. Diese Merkmale werden von jedem Menschen in der einen oder anderen Form verwirklicht, denn alle Menschen weisen eine bestimmte ethnische Herkunft auf, haben ein bestimmtes Lebensalter und eine sexuelle Orientierung. Nicht alle Menschen aber sind in gleicher Weise von Benachteiligungen betroffen.“[289]

---

287 Directive 2002/73/EC of the European Parliament and of the council of 23 September 2002 amending Council Directive 76/207/EEC on the implementation of the principle of equal treatment for men and women as regards access to employment, vocational training and promotion, and working conditions, OJ L 269, 5.10.2002, p. 15, 17.

288 Erwägungsgrund 8, RL 2002/73/EG, ABl. EG Nr. L 269 v. 5.10.2002, S. 15.

289 Gesetzesbegründung BR-Drs. 329/06, S. 31.

Personen, welche sich solidarisieren, so wünschenswert diese Haltung generell ist, werden nicht vom Schutzzweck des Gesetzes und der Richtlinien erfasst, denn geschützt wird nicht die Gesinnung. Die Person, der gegenüber eine unerwünschte, geschlechtsbezogene Verhaltensweise ausgeübt wird, muss daher demselben Geschlecht angehören, auf welches diese Verhaltensweise bezogen ist. Nur dann ist von einer persönlichen Betroffenheit auszugehen.[290]

Diese Frage wird sich generell nur in Situationen stellen, in denen die Verhaltensweise nicht ausdrücklich an einen bestimmten Adressaten gerichtet ist, mithin also in Fällen der Bewirkens-Alternative und nicht bei bezweckten Belästigungen. Denn es ist eher unwahrscheinlich, dass der Täter ganz bewusst die Belästigung einer Person bezweckt, indem er sie mit einem Verhalten konfrontiert, welches sich auf das Geschlecht bezieht, welchem diese gerade nicht angehört.

1.3.1.2 Geschlecht und Geschlechterrolle

Belästigung aufgrund des Geschlechts reduziert die Betroffenen, zumindest in der konkreten Belästigungssituation, auf ihre Zugehörigkeit zu eben diesem Geschlecht. Sie ist Ausdruck einer bestimmten Einschätzung, die der Belästiger Angehörigen dieses Geschlechts entgegenbringt. Die Belästigung erfolgt daher nicht aus Gründen der Antipathie einer bestimmten Person gegenüber, sondern einzig aufgrund der Differenzierung oder Herabwürdigung wegen ihres Geschlechts, welches als solches gemeint ist.[291]

Im Mittelpunkt einer solchen Einschätzung können Eigenschaften oder Fähigkeiten stehen, die einem Geschlecht als ihm immanent unterstellt werden oder hingegen als keinesfalls vorhanden.

Beispielsweise wird dem männlichen Kollegen, dem ein Missgeschick unterläuft erklärt, männliche Gehirne seien so angelegt, dass Männer keinesfalls zwei Dinge gleichzeitig erledigen können, oder der weiblichen Kollegin, die von einem Verkehrsunfall erzählt wird unterstellt, sie habe diesen sicherlich verursacht, da Frauen generell nicht Auto fahren können.

---

290 Anders hingegen Kummer, Umsetzungsanforderungen, S. 26 für die Richtlinie 2000/43/EG, der die Ansicht vertritt, nach den Richtlinienvorgaben sei es auch vorstellbar, dass sich ein Dritter belästigt fühlt, der nicht Träger des Merkmals ist, dies jedoch nicht weiter begründet.

291 Rebhahn Gleichbehandlungsgesetz, § 6-7, Rn. 12.

In Betracht kommen aber auch Belästigungen, die mit der Geschlechterrolle als solcher zu tun haben. Weicht eine Person von dieser als „typisch“ empfundenen Rolle ab, kann dies Anlass für eine Konfrontation sein.

Beispielsweise wird die weibliche Kollegin, die aus dem Mutterschutz zurückkehrt aufgefordert, zurück zu Kind, Mann und Haushalt zu gehen, wo sie hingehöre, der männliche Kollege hingegen, der ankündigt, einen Teil des Elternurlaubs zu absolvieren wird dafür belächelt und verspottet, dass er vorhabe die „Mutter“ zu spielen.

Belästigungen aufgrund des Geschlechts einer Person greifen dabei häufig Klischees auf, die in unzutreffender Weise mit einem Geschlecht verbunden sind. Oftmals handelt es sich dabei um Vorurteile oder längst revidierte gesellschaftliche Rollenverteilungen.

1.3.2 Der erforderliche Zusammenhang

1.3.2.1 Europarechtliche Vorgaben

Mit der Definition in § 3 Abs. 3 AGG weicht der Gesetzgeber vom Wortlaut der Definition in Art. 2 Abs. 2 der RL 2002/73/EG ab (der an dieser Stelle identisch ist mit demjenigen in Art. 2 lit. c) der RL 2004/113/EG) wonach das unerwünschte Verhalten geschlechtsbezogen zu sein hat. Übernommen wird demgegenüber der Wortlaut der Art. 2 Abs. 3 der Richtlinien 2000/43/EG und 2000/78/EG. Europarechtlich ist diese Entscheidung nicht zu beanstanden, zumal sprachlich gesehen die Geschlechtsbezogenheit allenfalls eine engere Verbindung von Merkmal und Verhalten voraussetzt, als der Zusammenhang mit dem Geschlecht.

1.3.2.2 Art des Zusammenhangs

Für den Zusammenhang des belästigenden Verhaltens mit dem Merkmal Geschlecht stellt sich die Frage, welcher Art der Zusammenhang zu sein hat. Insbesondere von Bedeutung ist, ob das Geschlecht der alleinige Grund für das betreffende Verhalten sein muss, oder ob andere Gründe eine Rolle spielen können, solange nur einer davon auch das Geschlecht betrifft, mithin wenn eine Mitursächlichkeit vorliegt. Eine klare Aussage hierzu findet man weder in § 3 Abs. 3 AGG, noch in der Gesetzesbegründung.

Nach der Richtlinie 2002/73/EG gelten Belästigung und sexuelle Belästigung als Diskriminierung aufgrund des Geschlechts (Art. 2 Abs. 3 S. 1). Dies würde für einen engen Zusammenhang sprechen und darauf hindeuten, dass das Geschlecht die zentrale Ursache, wenn möglicherweise auch nicht die einzige, für die Belästigung zu sein hat.

Eine entsprechende Formulierung fehlt sowohl in den beiden Richtlinien 2000/43/EG und 2000/78/EG, als auch in der Richtlinie 2004/113/EG. In das AGG wurde diese ebenfalls nicht übernommen, was jedoch angesichts der leicht abweichenden Formulierung der Belästigungsdefinition in § 3 Abs. 3, wonach Belästigung eine Benachteiligung ist, wenn die entsprechenden Voraussetzungen vorliegen, auch nicht erforderlich ist.

Aus dieser letztlich gewählten Formulierung in § 3 Abs. 3 AGG lässt sich eine monokausale Konzentration auf das geschützte Merkmal (hier Geschlecht) nicht konstruieren. Ausreichend ist vielmehr, dass dieses mitursächlich für die belästigende Verhaltensweise ist. Dabei muss das Geschlecht der belästigten Person auch nicht Hauptmotiv für das Verhalten sein, es genügt, dass dieses mitursächlich ist.[292] Diese Mitursächlichkeit hat das BAG, dem BVerfG folgend,[293] bereits für die Benachteiligung aufgrund des Geschlechts bei der Begründung eines Arbeitsverhältnisses genügen lassen, da es dem Arbeitgeber verwehrt sein muss, das Geschlecht eines Bewerbers zu dessen Lasten überhaupt zu berücksichtigen. Dies wäre aber bereits der Fall, wenn das Geschlecht in einem die Entscheidung beeinflussenden „Motivbündel" als negatives Kriterium zum Tragen kommt.[294] Diese Wertung ist auch auf die Belästigung zu übertragen. Entscheidendes Kriterium kann auch hier nicht sein, ob neben dem Geschlecht der belästigten Person auch ein weiteres Motiv für das unerwünschte Verhalten ersichtlich ist. Verboten ist generell jedes Verhalten, welches in irgendeiner Form an das geschützte Merkmal Geschlecht anknüpft. Als ausreichend ist daher jeder, auch noch so weite Zusammenhang von Verhalten und Merkmal anzusehen.[295]

Wird die unerwünschte Verhaltensweise also beispielsweise gegenüber einer übergewichtigen und kleinwüchsigen Frau begangen, weil der Belästiger generell eine schlechte Meinung von Frauen, Übergewichtigen sowie Kleinwüchsigen hat, liegt obwohl hier verschiedene Ursachen für die Belästigung zusammenkommen, ein Zusammenhang mit dem Geschlecht vor.

Unerheblich für den Zusammenhang mit dem Geschlecht ist auch, ob die Vorstellung des Belästigers den tatsächlichen Umständen entspricht, denn die be-

292 So auch Nicolai, Gleichbehandlungsgesetz, Rn. 78.
293 BVerfG v. 16.11.1993, NJW 1994, 647, 648.
294 BAG v. 16.11.1993, NZA 1994, 746.
295 So auch Schleusener in Schleusener/Suckow/Voigt, AGG, § 3, Rn. 122; dagegen jedoch Meinel/Heyn/Herms, Allgemeines Gleichbehandlungsgesetz, § 3, Rn. 37.

troffene Person muss nicht der Gruppe angehören, deretwegen sie belästigt wird.[296] Nimmt der Belästiger beispielsweise nur an, die von ihm belästigte Person sei Trägerin eines Merkmals, was jedoch nicht den Tatsachen entspricht, so handelt er gleichwohl tatbestandsmäßig. Dieser Irrtum des Belästigers wird beim geschützten Merkmal Geschlecht eher selten vorliegen, da die Zugehörigkeit zumeist offensichtlich ist.

Als Beispiel ist jedoch ein Fall der „indirekten" Belästigung denkbar, wenn der Belästiger lediglich annimmt, der Ehemann einer Kollegin befinde sich im Elternurlaub und aus diesem Grund in ihrer Gegenwart ständig beleidigende Äußerungen über Männer macht, die er als „Waschlappen" bezeichnet, er sich bezüglich des Elternurlaubs jedoch im Irrtum befindet. Dieser Irrtum im Motiv des Belästigers ist unerheblich, da das Verhalten gerade darauf abzielt zu belästigen. Im Zusammenhang mit anderen Merkmalen sind beispielsweise Irrtümer denkbar, wenn der Belästiger davon ausgeht, die Türkin sei Muslima (Religion), der Kollege mit einer Vorliebe für rosa Hemden sei homosexuell (sexuelle Orientierung), die jugendlich aussehende Kollegin sei minderjährig (Alter), und diese aufgrund der angenommenen Merkmale belästigt.

Für den erforderlichen Zusammenhang ist es ebenso wenig erforderlich, dass die belästigte Person selbst Trägerin des Merkmales ist. So sind auch Sachverhalte tatbestandsmäßig, in denen das Belästigungsopfer aufgrund einer engen Verbindung zu einem Merkmalsträger belästigt wird.[297]

1.4 Zwischenergebnis

Belästigendes Verhalten kann in verschiedenen Formen auftreten. Es kann sich um körperliches oder verbales Verhalten handeln, aber auch in Schrift- oder Bildform stattfinden, denkbar sind darüber hinaus auch Mischformen. Um den Tatbestand der Belästigung zu erfüllen, muss ein Verhalten sich nicht notwendigerweise wiederholen, jedoch kann ein einmaliges Verhalten von geringer Schwere nicht die für den Tatbestand erforderlichen Folgen herbeiführen, so dass man vereinfacht feststellen kann, dass je weniger schwerwiegend ein Verhalten ist es umso häufiger auftreten muss, um eine Belästigung im Sinne des § 3 Abs. 3 AGG hervorzurufen. Adressat des Verhaltens sind grundsätzlich

---

296 So auch HK-AGG/Schrader/Schubert, § 3, Rn. 35.

297 So hat der EuGH für das Merkmal Behinderung entschieden, dass sich das Verbot der Benachteiligung nicht auf Personen beschränkt, die selbst behindert sind. In dem zugrunde liegenden Fall wurde ein Arbeitnehmer durch seinen Arbeitgeber deswegen benachteiligt, weil er ein behindertes Kind hatte, für welches er die erforderlichen Pflegeleistungen erbrachte. EuGH v. 17.07.2008, „Coleman", Rs. C 308/06.

nicht nur Merkmalsträger sondern alle, denen das Verhalten unerwünscht ist. Davon zu unterscheiden ist die Frage, ob man bei ihnen auch das feindliche Umfeld und die Würdeverletzung bejahen kann. Wann eine Handlung unerwünscht ist, bestimmt sich zunächst nach der subjektiven Bewertung der betroffenen Person. Da diese, beeinflusst von verschiedenen Faktoren sehr unterschiedlich ausfallen kann, ist sie anhand der fiktiven Person eines objektiven Beobachters zu korrigieren. Für den objektiven Beobachter ist ein in jeglicher Hinsicht durchschnittlicher Standpunkt anzusetzen, der jedoch geschlechtsspezifisch ausgerichtet ist, so dass er sich an der Perspektive einer Person desjenigen Geschlechts zu bemessen hat, dem auch das Opfer angehört. Das Merkmal Geschlecht umfasst nicht nur den sogenannten „Normalfall", dem weiblichen oder dem männlichen Geschlecht anzugehören, sondern darüber hinaus auch alle weiteren Erscheinungsformen wie die Intersexualität und die Transsexualität. Dabei ist auch unerheblich, ob Belästiger und Adressat der Belästigung demselben Geschlecht angehören. Schließlich muss das Geschlecht einer Person nicht der alleinige Grund für die Belästigung sein, es reicht vielmehr aus, dass diese mitursächlich für das unerwünschte Verhalten ist.

2. Folgen des unerwünschten geschlechtsbezogenen Verhaltens

Die Definition der Belästigung lässt sich in zwei Komponenten aufteilen. Die eine betrifft die Belästigungshandlung, die andere die Auswirkungen des belästigenden Verhaltens. Eintreten muss sowohl eine Würdeverletzung beim Opfer, als auch ein von Einschüchterungen, Anfeindungen, Erniedrigungen, Entwürdigungen oder Beleidigungen gekennzeichnetes Umfeld. Beide Tatbestandsmerkmale müssen dabei kumulativ und nicht alternativ vorliegen.

2.1 Würdeverletzung

Folge des belästigenden Verhaltens ist zunächst eine Verletzung der Würde des Opfers. In der Gesetzesbegründung wird hierzu ausgeführt, dass durch das Erfordernis der Würdeverletzung geringfügige Eingriffe als Verhaltensweisen ausscheiden, das Verhalten jedoch auch nicht die Qualität einer Verletzung der Menschenwürde im Sinne des Artikels 1 GG erreichen muss.[298] Damit wird noch keine Klärung herbeigeführt, welcher Maßstab anstelle dessen anzusetzen ist.

298 Gesetzesbegründung BR-Drs. 329/06, S. 31.

2.1.1 Europäische Vorgaben

Die Richtlinien selbst geben zur Würdeverletzung keine Erläuterungen. Bezugnahmen auf die Grundrechte und Grundfreiheiten, wie sie in der EMRK und der Grundrechtecharta der Europäischen Union verankert sind, verweisen nicht auf die Belästigungstatbestände und deren Anforderungen, sondern generell auf das Verbot der Diskriminierung und die Gewährleistung der Gleichheitsrechte in der Europäischen Union.[299]

Der EuGH hat sich bislang nicht zur Frage geäußert, wie der Würdebegriff in den Belästigungsdefinitionen zu verstehen ist. Nicht herangezogen werden kann die Rechtsprechung zur Biopatentrichtlinie (98/44/EG), in welcher zwar das Recht auf Menschenwürde als Bestandteil der Grundsätze des Gemeinschaftsrechts anerkannt wird, jedoch lediglich die Unverfügbarkeit und Unveräußerlichkeit des menschlichen Körpers als deren Bestandteile benannt werden, darüber hinausgehende Inhalte der Menschenwürde hingegen nicht erläutert sind.[300]

Eine Klärung bringt auch die Empfehlung zum Schutz der Würde von Frauen und Männern am Arbeitsplatz[301] nicht. Zwar verortet sie bereits 1992, vor Erlass der Richtlinien, die sexuelle Belästigung (und sonstiges Verhalten aufgrund der Geschlechtszugehörigkeit) in den Bereich des Würdeschutzes, konkretisiert die diesbezüglichen Anforderungen jedoch nicht. Insbesondere werden keine Beispiele hinsichtlich des Schweregrads, den ein Verhalten aufzuweisen hat, um eine Verletzung der Würde im Sinne der Empfehlung herbeizuführen, genannt.

2.1.2 Die Anforderungen an die Würdeverletzung nach § 3 Abs. 3 AGG

Nach der ausdrücklichen Erläuterung in der Gesetzesbegründung ist an die Würdeverletzung in § 3 Abs. 3 AGG nicht derjenige Maßstab anzulegen wie an die Verletzung der Würde nach Art. 1 GG. Andernfalls würde man angesichts der Verletzungshandlungen, welche die Rechtsprechung für eine Würdeverletzung nach Art. 1 GG anerkennt, den Tatbestand der Belästigung am Arbeitsplatz auf ein solches Minimum reduzieren, dass er gleichsam nicht mehr zur Anwendung käme.

Mit der Umsetzung der oben genannten Kommissionsempfehlung wurde auch die Definition der sexuellen Belästigung in § 2 Beschäftigtenschutzgesetz auf-

---

299 Vergl. Insbes., Erwägungsgründe (1) und (3) der RL 2002/73/EG, Erwägungsgrund (1) RL 2000/78/EG, Erwägungsgrund (2) RL 2000/43/EG und Erwägungsgründe (1) und (4) RL 2004/113/EG.

300 EuGH v. 9.10.2001, Rs. C-377/98, Slg. 2002, I 7079, 714ff..

301 ABl. EG Nr. L 49 v. 24.02.1992, S. 1ff.

genommen. Anders als die Definition in Richtlinie und § 3 Abs. 3 AGG werden in der Vorschrift selbst Beispiele für sexuell belästigendes Verhalten, welches nach § 2 Abs. 2 S. 1 BeschSchG die Würde von Beschäftigten am Arbeitsplatz verletzt, genannt. Gemäß § 2 Abs. 2 Nr. 1 sind sexuelle Handlungen und Verhaltensweisen, die nach den strafgesetzlichen Vorschriften unter Strafe gestellt sind, genauso geeignet, die Würde von Beschäftigten zu verletzen, wie gemäß § 2 Abs. 2 Nr. 2 sonstige sexuelle Handlungen und Aufforderungen zu diesen, sexuell bestimmte körperliche Berührungen, Bemerkungen sexuellen Inhalts sowie das Zeigen und sichtbare Anbringen von pornographischen Darstellungen (die von den Betroffenen erkennbar abgelehnt werden). Damit gibt die Definition einen gewissen qualitativen Standard für die Schwere von Verhaltensweisen vor, bei der eine Verletzung der Würde der Betroffenen angenommen werden kann.

Die Würdeverletzung der Belästigungsdefinition hat zwei unterschiedliche Funktionen. Ausgehend von ihrer Schutzrichtung soll sie deutlich machen, welche Rechtsgüter durch belästigendes (oder sexuell belästigendes) Verhalten verletzt werden. Dieser Aspekt wird in besonderer Weise betont in der Empfehlung der Kommission, die bereits in der Überschrift auf den Würdeschutz hinweist. Diesbezüglich kann grundsätzlich die sogenannte Objektformel des Bundesverfassungsgerichts herangezogen werden, wonach die Würde verletzt ist, wenn der konkrete Mensch zum Objekt oder zu einer vertretbaren Größe herabgewürdigt wird.[302] Auf den Belästigungstatbestand übertragen, wäre dies der Fall, wenn die belästigte Person nicht mehr als Kollegin oder Kollege in ihrer persönlichen Individualität wahrgenommen und respektiert wird, sondern allein auf ihr Geschlecht (oder entsprechend auf ein anderes nach § 1 AGG geschütztes Merkmal) reduziert wird.[303] Da Belästigungshandlungen lediglich dann tatbestandsmäßig im Sinne des § 3 Abs. 3 AGG sind, wenn sie in Zusammenhang mit dem geschützten Merkmal stehen, kann man hier stets von einer solchen Reduzierung ausgehen. Die Belästigung erfolgt nie aufgrund einer persönlichen, individuellen Eigenschaft oder aufgrund eines individuellen Verhaltens des Opfers, sondern deswegen, weil dieses Träger eines bestimmten Merkmals ist.

Der zweite Aspekt der Würdeverletzung als Folge des belästigenden Verhaltens ist derjenige der Begründung einer weiteren Erheblichkeitsschwelle.[304] Damit soll verhindert werden, dass Verhaltensweisen von nur ganz geringer Erheblichkeit den Belästigungstatbestand erfüllen können. Darauf weist die Gesetzesbe-

302 BVerfGE 50, 166, 175.

303 So auch für den Bereich der sexuellen Belästigung Buhr/Klein-Schonnefeld in Schiek u.a., Frauengleichstellungsgesetze, § 2 BeschSchG, Rn. 2661.

304 ErfK/Schlachter, AGG, § 3, Rn. 13.

gründung zum AGG ausdrücklich hin.[305] Dies darf jedoch keinesfalls dazu führen, dass der Belästigungsschutz ausgehöhlt, beziehungsweise auf ein bloßes Minimum reduziert wird. [306] Ein solches Vorgehen widerspräche dem Willen des Richtliniengebers, der die einfache und die sexuelle Belästigung ausdrücklich als Diskriminierungstatbestände in gleichwertiger Weise neben die beiden bekannten Diskriminierungsformen unmittelbare und mittelbare Diskriminierung gestellt hat. Ein Vorgehen, welches in § 3 AGG in gleicher Weise übernommen wurde.

Damit diese Folge nicht eintritt, dürfen keine überhöhten Anforderungen an die Würdeverletzung gestellt werden. Diesem Umstand trägt der deutsche Gesetzgeber insofern Rechnung, als er ausdrücklich ein Abstellen auf die Standards ablehnt, wie sie für eine Würdeverletzung nach Art. 1 GG vorausgesetzt werden.[307] Die von Wank beschriebene „mittlere" Anforderung, die irgendwo zwischen einer Belästigung im Sinne einer Beleidigung und einer Verletzung der Menschenwürde liegen soll,[308] ist als solche nicht sonderlich konkret. Gleichwohl zeigt sich hieran die Schwierigkeit, klare Standards festzulegen.

Eine diesbezügliche Orientierung kann erfolgen, wenn man die zweite Folge des belästigenden Verhaltens, das „feindliche" Umfeld[309] einbezieht. Diese Folge sollte in ihren Anforderungen derjenigen der Würdeverletzung weitestgehend entsprechen. Hinweis darauf ist die Definition der sexuellen Belästigung in § 3 Abs. 4, nach welcher die Schaffung des „feindlichen" Umfelds Regelbeispiel für das Vorliegen einer Würdeverletzung ist. Auch für die Belästigung war noch im vorherigen Umsetzungsentwurf (ADG-Entwurf) eine entsprechend lautende Vorschrift enthalten[310], die in der Literatur auf einige Kritik gestoßen war, weil sie „ohne Not" über den Wortlaut der Richtlinie hinausging und damit geringere Anforderungen an den Belästigungstatbestand aufwies,[311] und letztlich keinen Einzug in das AGG gefunden hat.

---

305 Gesetzesbegründung BR-Drs. 329/06, S. 34.

306 So auch Wank, NZA Sonderbeil.2004, 16, 20.

307 Gesetzesbegründung BR-Drs. 329/06, S. 34.

308 Wank, NZA Sonderbeil.2004, 16, 20.

309 Im Folgenden der Einfachheit halber so genannt, umfasst es die in § 3 Abs. 3 bzw. Abs. 4 aufgeführten Begriffe.

310 Vergl. BT-Drs. 15/45/38 v. 16.12.2004, S. 5.

311 Thüsing, Stellungnahme zum Entwurf eines ADG-Arbeitsrechtlicher Teil, A-Drs. 15 (12) 440-C, S. 4; Rieble, Stellungnahme zum Entwurf eines Antidiskriminierungsgesetzes (ADG), A-Drs. 15 (12) 440-B, S. 2; Nicolai, Stellungnahme zum Entwurf eines Gesetzes zur Umsetzung europäischer Antidiskriminierungsrichtlinien, A-Drs. 15 (12) 440 – D, S. 8.

Eine ausdrückliche Klärung für die Anforderungen an eine Verletzung der Würde des Belästigungsopfers ist damit verhindert worden. Gleichwohl sind die das Umfeld kennzeichnenden Begriffe als Orientierung hinsichtlich der Schwere heranzuziehen, insbesondere derjenige der Beleidigungen, der aus dem Strafrecht hinlänglich bekannt ist. Hinsichtlich der „mittleren Anforderungen", die an ein würdeverletzendes Verhalten zu stellen sind, ist somit generell auf die Schwere abzustellen, die geeignet ist, eine Beleidigung herbeizuführen.

Nicht ersichtlich ist, warum der Belästigungsbegriff dadurch der Gefahr einer „uferlosen Weite"[312] unterliegen soll. Vielmehr wird durch die Orientierung an der Beleidigung eine klarere Struktur der Definition erzielt.

Hinsichtlich des Schweregrads eines Verhaltens darf schließlich nicht unberücksichtigt bleiben, dass differenziert werden muss zwischen einem einmalig stattfindenden Ereignis und einer wiederholt auftretenden Situation. Auch Verhaltensweisen, die einen geringeren Erheblichkeitsgrad aufweisen, als er für das Vorliegen einer Beleidigung erforderlich ist, können durch ihre mehrfache Wiederholung letztlich dieselben Folgen, mithin die Verletzung der Würde (sowie die Schaffung eines feindlichen Umfeldes) herbeiführen.

2.2 Schaffung eines negativen Umfelds

Neben der Würdeverletzung muss als weitere Folge des unerwünschten geschlechtsbezogenen Verhaltens ein von Einschüchterungen, Anfeindungen, Erniedrigungen, Entwürdigungen oder Beleidigungen gekennzeichnetes Umfeld geschaffen werden.

Anders als im amerikanischen Recht, an welchem sich die Definition mit dem von den aufgeführten Begriffen gekennzeichneten Umfeldes orientiert, und welches sogar eine Art der Belästigung (harassment) als „feindliche (Arbeits-) Umfeld Belästigung" (hostile environment harassment) bezeichnet, ist dem deutschen Recht bislang nicht nur die Belästigung selbst unbekannt, sondern mit ihr auch die geforderte Auswirkung des feindlichen Umfeldes.

312 Thüsing, Stellungnahme zum Entwurf eines ADG-Arbeitsrechtlicher Teil, A-Drs. 15 (12) 440-C, S. 4 für den Fall, dass das feindliche Umfeld als Regelbeispiel in der Definition verbleiben sollte.

2.2.1 Das Umfeld

Mit dem Umfeld wird in § 3 Abs. 3 AGG ein mit der Richtliniendefinition identischer Begriff verwendet, der aufgrund des Fehlens eines beschreibenden Zusatzes insbesondere die Frage nach dem Verlauf des Umfeldes aufwirft.
Weder die Gesetzesbegründung zum AGG noch die Richtlinie 2002/73/EG geben hierzu Erläuterungen.

In Betracht käme zunächst eine Interpretation des Umfeldes als Arbeitsumfeld, mithin eine Eingrenzung auf den Arbeitsplatz der beschäftigten Person und dessen unmittelbare Umgebung, da es sich vorliegend um die Belästigung im Bereich Beschäftigung handelt. Dagegen spricht jedoch bereits der Wortlaut der Definition in § 3 Abs. 3 AGG sowie der Richtliniendefinition.

Wie sich im Vergleich mit der englischen Sprachfassung zeigt, handelt es sich dabei auch nicht um einen Übersetzungsfehler. Dort findet man die Formulierung „environment", ohne jeglichen Zusatz oder Bezug auf den Bereich Beschäftigung. Auch die französische Fassung fügt dem Begriff „environnment" keinen Zusatz bei. Der somit bewusste Verzicht auf den Arbeitsplatz- oder Beschäftigungsbezug spricht also gegen eine derartige Beschränkung. Untersucht man die vier Antidiskriminierungsrichtlinien und ihre Entstehungsverfahren, findet man dort in einer Belästigungsdefinition den Begriff des Arbeitsumfeldes und zwar im Kommissionsvorschlag für die Rahmenrichtlinie.[313] Im weiteren Verlauf des Verfahrens wurde der Begriff des Arbeitsumfelds jedoch ohne Begründung in den deutlich weiter gefassten Begriff des Umfelds geändert.[314] Dieser wurde auch in die endgültigen Richtlinientexte aller vier Richtlinien aufgenommen, diese sind an der Stelle identisch. Eine Beschränkung auf das Arbeitsumfeld kann daher nicht in die Definitionen hineingelesen werden.[315]

Gegen eine Beschränkung auf den Arbeitsplatz spricht auch der sachlich weite Anwendungsbereich des zweiten Abschnitts im AGG, der dem Schutz der Beschäftigten vor Benachteiligung dient. Dieser erfasst jedenfalls die Nummern 1-4 des § 2 Abs. 1 und betrifft inhaltlich nicht nur den Bereich des Zugangs zur

313 Vorschlag für eine Richtlinie des Rates zur Festlegung eines allgemeinen Rahmens für die Verwirklichung der Gleichbehandlung in Beschäftigung und Beruf vom 06.01.2000, ABl. EG Nr. C 177 E vom 27.06.2000, S. 42ff, 44.

314 So in der Legislativen Entschließung des Europäischen Parlaments zu dem Vorschlag für eine Richtlinie des Rates zur Festlegung eines allgemeinen Rahmens für die Verwirklichung der Gleichbehandlung in Beschäftigung und Beruf ABl. EG Nr. C 178 v. 22.06.2000 S. 254, 259, übernommen vom Rat im geänderten Richtlinienvorschlag KOM (2000) 652 endg. v. 12.10.2000.

315 So jedoch irrtümlich: Thüsing in ZfA 2001, 397, 412; später dann zwischen Umfeld und Arbeitsumfeld schwankend in NZA2004, Sonderbeilage zu Heft 22, S. 7.

Beschäftigung (§ 2 Abs. 1 Nr. 1) und die Beschäftigungs- und Arbeitsbedingungen (§ 2 Abs. 1 Nr. 2) [316], sondern auch den Zugang zu allen Formen und Ebenen der Berufsbildung (§ 2 Abs. 1 Nr. 3) sowie die Mitgliedschaft und Mitwirkung in einer Beschäftigten- oder Arbeitgebervereinigung (§ 2 Abs. 1 Nr. 4). Damit geht der sachliche Anwendungsbereich für den Abschnitt „Beschäftigung" bereits über den Arbeitsplatz hinaus.

Mit der Verwendung des Begriffes „Umfeld" anstelle von Arbeitsumfeld weicht die Definition in AGG und Richtlinien auch von ihrem amerikanischen Vorbild ab. Voraussetzung für eine Belästigung ist dort, dass sich Arbeitsatmosphäre/ Arbeitsbedingungen, also das Arbeitsumfeld, in feindlicher Weise (hostile environment harassment) durch die Belästigung ändert, und zwar, da bei der Belästigung eben gerade kein unmittelbarer Bezug zu den arbeitsvertraglichen Pflichten vorliegt, am Arbeitsvertrag vorbei.[317] Da für die Belästigung nach dem Wortlaut der Definitionen in AGG und Richtlinie eine Begrenzung auf das Arbeitsumfeld gerade nicht vorgenommen wird, ist über das Fehlen eines unmittelbaren Bezugs zu den arbeitsvertraglichen Pflichten hinaus auch kein tätigkeitsspezifischer Zusammenhang zur Belästigung erforderlich. Genügen kann damit auch jeder andere Zusammenhang, der im Kontext zum Arbeitsplatz des Arbeitnehmers steht.[318]

Für die Auswirkungen des belästigenden Verhaltens bedeutet dies, dass sich die Betrachtung nicht auf das unmittelbare Umfeld zum Arbeitsplatz und auf seine feindliche Kennzeichnung beschränkt. Auch erfasst sind damit beispielsweise Bereiche wie der Weg zum Arbeitsplatz, Pausenzeiten, Betriebsausflüge, Weiterbildungsveranstaltungen oder Ausbildungszeiten. Im Mittelpunkt steht daher nicht der Arbeitsplatz und seine unmittelbaren Berührungspunkte, sondern der Arbeitnehmer und sein Umfeld innerhalb des Beschäftigungsverhältnisses. Erfasst werden somit auch Belästigungen, die im Privatbereich erfolgen, wenn sie sich auch auf das Arbeitsverhältnis auswirken und dort für ein feindliches Umfeld sorgen.[319]

316 Für den Bereich der Kündigung wird in § 2 Abs. 4 auf die ausschließliche Anwendbarkeit von Bestimmungen des allgemeinen und besonderen Kündigungsschutzes verwiesen.

317 Thüsing, NZA Sonderbeil. 2004, 1, 8.

318 So Kummer, Umsetzungsanforderungen, S. 20 zur Belästigung wegen der Merkmale nach der Richtlinie 2000/78/EG, der dies als sozialen Zusammenhang bezeichnet oder Schlachter, NZA 2001, 121ff, die schutzzweckorientiert auf den Bezug zum Arbeitsplatz abstellt.

319 So auch Schleusener in Schleusener/Suckow/Voigt, AGG, § 3, Rn. 120f.

2.2.2 Die Feindlichkeit des Umfeldes

Das Umfeld des betroffenen Arbeitnehmers muss sich nach der Belästigungsdefinition in § 3 Abs. 3 AGG in Folge des belästigenden Verhaltens in negativer Art und Weise ändern, bzw. muss die Änderung bezweckt werden. In welcher Form diese Änderung einzutreten hat, gibt die Definition in Form einer Aufzählung wider, die durch das „oder" erkennbar abschließend ist. Genannt sind in Einklang mit der Richtlinienvorgabe die Begriffe „Einschüchterungen", „Anfeindungen", „Erniedrigungen", „Entwürdigungen" oder „Beleidigungen". Ändert sich das Umfeld in anderer als der genannten Weise, wird der Tatbestand der Belästigung nicht erfüllt.

Zur Erfüllung des Tatbestandes reicht es aus, wenn das Umfeld von einer der genannten Auswirkungen gekennzeichnet ist oder der Eintritt dieser Auswirkung zumindest bezweckt wird. Der Wortlaut der Richtliniendefinition ist an dieser Stelle eindeutig.[320] Aus der Verwendung des Wortes „oder" am Ende der Aufzählung ergibt sich nicht nur, dass die Aufzählung abschließend ist, sondern insbesondere auch, dass das Umfeld nur von einem der genannten Begriffe gekennzeichnet sein muss, nicht hingegen von mehreren oder gar allen.

2.2.3 Die Kennzeichnung des Umfeld

Die Belästigungsdefinition gibt vor, dass das Umfeld in (zumindest einer) der genannten Art und Weise gekennzeichnet zu sein hat. Wann eine solche Kennzeichnung angenommen werden kann, bleibt hingegen unklar und wird auch in der Gesetzesbegründung nicht erläutert.

Auch die Richtlinie 2002/73/EG erläutert nicht, wann ein gekennzeichnetes Umfeld anzunehmen ist. Ursprünglich war der Begriff der Kennzeichnung in der Belästigungsdefinition auch nicht vorgesehen. Anstelle dessen sollte das Umfeld in entsprechender Weise geprägt sein.[321] Erst im weiteren Verlauf des Entstehungsverfahrens wurde der Begriff der Prägung gegen den schwächeren Begriff der Kennzeichnung des Umfelds geändert.[322] In gleicher Weise erfolgte diese

---

320 So auch Högenauer, Europäische Richtlinien, S. 136 bereits für die Richtliniendefinition.

321 Legislative Entschließung des Europäischen Parlaments zu dem Vorschlag für eine Richtlinie des Europäischen Parlaments und des Rates zur Änderung der Richtlinie 76/207/EWG v. 31.05.2001, ABl. EG Nr. C 47 E v. 21.02.2002 S. 158, 164, mit den Stellungnahmen der Ausschüsse, enthalten im Bericht des federführenden Ausschusses für die Rechte der Frau und Chancengleichheit, A5-0173/2001, sowie aufgenommen im geänderten Richtlinienvorschlag der Kommission v. 07.06.2001, ABl. EG Nr. C 270 E v. 25.09.2001, S. 9, 14.

322 Gemeinsamer Standpunkt im Hinblick auf den Erlass der Richtlinie 2001/.../EG, vom 23.07.2001, ABl. EG Nr. C 302 v. 31.10. 2001, S. 5, 7.

Änderung während des Entstehungsverfahrens zu den Richtlinien 2000/78/EG und 2000/43/EG vom dort in gleicher Weise ursprünglich verwendeten Begriff des geprägten Umfelds[323] hin zu dem des gekennzeichneten Umfelds.[324] Bei der neuesten der vier Richtlinien, der Richtlinie 2004/113/EG wurde hingegen bereits von Beginn an der Begriff des gekennzeichneten Umfelds gebraucht,[325] was allerdings angesichts der angestrebten Kohärenz aller Antidiskriminierungsrichtlinien auch nicht verwundert. Eine Begründung für die hinsichtlich der anderen drei Richtlinien vorgenommenen Änderungen vom deutlich stärkeren Begriff des geprägten Umfelds hin zum schwächeren des gekennzeichneten Umfelds liefern die Richtliniendokumente jedoch nicht.

Ein Vergleich mit der englischen Sprachfassung ergibt jedoch auch hier, dass sich diese Änderung der Begriffe nur in der deutschen Übersetzung der Dokumente ergibt. In der englischsprachigen Version findet man sowohl im geänderten Richtlinienvorschlag für die Änderungsrichtlinie, in welchem die Belästigung erstmals enthalten ist, als auch in der endgültigen Richtlinienversion an der genannten Stelle die gleiche Formulierung. In beiden Fällen lautet die Definition dort „creating an...environment“, also das Erschaffen einer...Umgebung. Weder wird in der englischen Version der Begriff der Prägung, noch der einer Kennzeichnung der Umgebung (oder eben des Umfeldes) verwendet. Die Änderung der Definition in der deutschen Fassung der Richtlinie betrifft daher offensichtlich nicht den inhaltlichen, sondern nur den sprachlichen Übersetzungsbereich und sollte insofern nicht überinterpretiert werden.[326] Hieraus eine inhaltliche Schlussfolgerung zu ziehen, wäre angesichts der gleichlautenden Version in der englischen Sprachfassung unangebracht. Da in der englischen Richtlinienversion

---

323 Enthalten im Vorschlag für eine Richtlinie des Rates zur Festlegung eines allgemeinen Rahmens für die Verwirklichung der Gleichbehandlung in Beschäftigung und Beruf, KOM (1999) 565 v. 25.11.1999, S. 21 und im Vorschlag für eine Richtlinie des Rates zur Anwendung des Gleichbehandlungsgrundsatzes ohne Unterschied der Rasse oder der ethnischen Herkunft, KOM (1999) 566 endg. v. 25.11.1999, S. 16.

324 Für die RL 2000/78/EG geändert durch das Parlament in der Entschließung des Europäischen Parlaments zu diesem Richtlinienvorschlag v. 5.10.2000, ABl. EG Nr. C 178 v. 22.06.2001, S. 254, 259, aufgenommen von der Kommission in ihrem geänderten Vorschlag zu dieser Richtlinie, KOM (2000) 652 endg. v. 12.10.2000, S. 10 und schließlich enthalten in der endgültigen Richtliniendefinition der Richtlinie 2000/78/EG, ABl. EG Nr. L 303 v. 02.12.2000, S. 16, 19; Für die RL 2000/43/EG letztlich erst geändert in der endgültigen Richtlinienfassung, ABl. EG Nr. L 180 v. 19.07.2000, S. 22, 24.

325 Bereits im Vorschlag für eine Richtlinie des Rates zur Verwirklichung des Grundsatzes der Gleichbehandlung von Frauen und Männern beim Zugang zu und bei der Versorgung mit Gütern und Dienstleistungen, KOM (2003) 657 und auch in der endgültigen Richtlinienfassung, ABl. EG Nr. L 373 v. 21.12.2004, S. 37, 40.

326 So jedoch Kummer, Umsetzungsanforderungen, S. 21, der die sprachlichen Änderungen als Begründung für eine weite Interpretation heranzieht.

allerdings weder der Begriff der Prägung noch der Begriff der Kennzeichnung verwendet wird, sollte die Definition an dieser Stelle nicht zu eng ausgelegt werden. Dafür gibt auch die deutsche Richtlinienfassung keinen Anlass.

Die Formulierung des gekennzeichneten Umfeldes schließt nicht aus, dass das betreffende Umfeld neben einer oder mehrerer der genannten feindlichen Begriffe auch noch andere, möglicherweise neutrale oder sogar positive Aspekte aufweist. Es ist nicht einmal erforderlich, dass die feindliche Komponente dabei dominierend ist. Verlangt wird nach der Definition lediglich eine Kennzeichnung des Umfeldes, nicht verlangt wird, dass diese vorherrscht oder gar das einzige Kennzeichen des Umfeldes darstellt. Daher sollte an dieser Stelle eine weite Interpretation stattfinden.

Die Belästigungsdefinition setzt voraus, dass ein Umfeld geschaffen wird, welches in der genannten feindlichen Weise gekennzeichnet ist. Der Begriff des „Schaffens" beinhaltet, dass das Umfeld eine Veränderung hin zum Schlechteren durchlaufen hat, bedingt durch das belästigende Verhalten.

Stattzufinden hat daher ein Vergleich des Umfeldes vor dem belästigenden Ereignis und nachdem dieses stattgefunden hat. Dieser Vergleich muss eine Veränderung des Umfeldes hin zum Negativen ergeben, und diese negative Veränderung muss sich wiederum in einer oder mehrerer der genannten Varianten zum Ausdruck bringen.

2.2.4 Arten der feindlichen Kennzeichnung

Nach der Definition des § 3 Abs. 3 AGG muss das Umfeld gekennzeichnet sein von Einschüchterung, Anfeindungen, Erniedrigungen, Entwürdigungen oder Beleidigungen. Auch bezüglich der Interpretation dieser Begriffe gibt die Gesetzesbegründung keine Hinweise.

2.2.4.1 Richtlinienvorgaben

Die Begriff in § 3 Abs. 3 AGG wurden wortgleich übernommen aus den Richtlinienvorgeben, die an dieser Stelle identisch sind. Vergleicht man die endgültige Version der Belästigungsdefinition in der RL 2002/73/EG mit der ersten, im geänderten Richtlinienvorschlag enthaltenen Definition, werden Änderungen bei der Auswahl der Begriffe ersichtlich.

Ursprünglich sollte sich das feindliche Umfeld in Form von Einschüchterungen, Anfeindungen, Herabsetzungen, Demütigungen, Beleidigungen oder Verstörungen zeigen.[327] Vorgesehen waren also insgesamt sechs Varianten eines feindlichen Umfeldes, in der endgültigen Richtliniendefinition sind es noch fünf, eine wurde also ersatzlos gestrichen. Jedoch wurde nicht nur die Anzahl der möglichen Erscheinungsformen, sondern auch die Begriffe selbst geändert. Von den im geänderten Vorschlag enthaltenen Begriffen sind in der endgültigen Richtlinie nur die Einschüchterungen und Anfeindungen sowie die Beleidigungen übernommen worden. Ersetzt bzw. entfernt wurden die Begriffe Herabsetzungen, Demütigungen und Verstörungen durch die der Erniedrigungen und Entwürdigungen.

Da insbesondere mit der Herabsetzung und Verstörung Begriffe verwendet wurden, die im Vergleich mit den letztlich verwendeten Erniedrigungen und Entwürdigungen von geringerer Schwere sind könnte man daher schlussfolgern, dass im Verlaufe des Entstehungsverfahrens die Anforderungen an das Vorliegen dieses Tatbestandsmerkmals erhöht wurden.

Ein Vergleich mit der englischen und französischen Sprachfassung zeigt, dass die Änderung der Begriffe lediglich für die deutsche Version erfolgt ist. Hinsichtlich der Anzahl der verwendeten Begriffe waren auch in der englischen Fassung insgesamt sechs Varianten zur Beschreibung des feindlichen Umfeldes vorgesehen, wovon in der endgültigen Richtlinienfassung noch fünf verblieben sind.

Inhaltlich hingegen stimmen die beiden Sprachfassungen nicht mehr überein. Die englische Fassung des geänderten Richtlinienvorschlags lautet an dieser Stelle „..creating an intimidating, hostile, degrading, humiliating, offensive or disturbing environment“[328]. Vergleicht man diese mit der englischen Fassung der endgültigen Richtliniendefinition, so stellt man fest, dass die Begriffe identisch sind. Auch hier wurden die Begriffe intimidating, hostile, degrading, humiliating or offensive verwendet[329]. Die einzige Änderung im Vergleich der beiden englischsprachigen Definitionen betrifft das Streichen der letzten Variante, des „disturbing“.

327 Geänderter Richtlinienvorschlag für die Änderungsrichtlinie 2002/73/EG, ABl. EG Nr. C 270 E v. 25.09.2001, S. 9, 14.

328 Amended proposal for a directive of the Eurpean parliament and of the council amending council directice 76/207/EEC on the implementation of the principle of equal treatment for men and women as regards access to employment, vocational training and promotion, and working conditions, COM (2001) 321 final, 07.06.2001, p. 11.

329 Directive 2002/73/EC of the European Parliament and of the Council amending Council Directive 76/207/EEC on the implementation of the principle of equal treatment for men and women as regards access to employment, vocational training and promotion, and working conditions, OJ C L 269, 05.10.2002, p. 15, 17.

Ein zusätzlicher Vergleich mit der französischen Version der Dokumente führt zu demselben Ergebnis. Die Definition der Belästigung im geänderten Richtlinienvorschlag verwendet die Formulierung „...de créer un environnement intimidant, hostile, dégradant, humiliant, offensant ou gênant".[330] Auch hier sind es sechs Varianten eines feindlichen Umfeldes. In der endgültigen Richtlinienfassung lautet die Definition „...créer un environnement intimidant, hostile , dégradant, humiliant ou offensant".[331] Verblieben sind ebenfalls nur fünf der sechs ursprünglichen Varianten, ersatzlos gestrichen wurde auch hier die letzte, hinsichtlich der anderen fünf Begriffe erfolgte hingegen keine Veränderung.

Da sowohl die englische als auch die französische Sprachfassung an dieser Stelle übereinstimmend dieselben Begriffe verwenden und nur die deutsche Fassung hiervon abweicht muss davon ausgegangen werden, dass es sich wiederum um eine Frage der Übersetzung handelt, die darüber hinaus keine inhaltliche Auslegungshilfe darstellen kann.

Auch wenn rein sprachlich gesehen in der deutschen Version letztendlich Begriffe verwendet wurden, die eine höhere Hürde darstellen, als noch im geänderten Richtlinienvorschlag, so betrifft dies keine vom Richtliniengeber beabsichtigte Verengung der Definition. Einzig die ersatzlose Streichung der noch im geänderten Vorschlag enthaltenen Variante der Verstörung stellt eine derartige Eingrenzung dar. Die Verstörung ist im Vergleich zu den anderen feindlichen Veränderungen des Umfeldes diejenige, welche die weichsten Konturen aufweist, und bereits im umgangssprachlichen Vergleich die niedrigsten Anforderungen impliziert. Insofern kann anhand der Entfernung des Begriffes der Verstörung gefolgert werden, dass eine zu niedrige Schwelle nicht gewollt ist, eine nur leichte atmosphärische Beeinträchtigung des Umfeldes also nicht ausreichen soll, um den Diskriminierungstatbestand zu erfüllen.

Die Richtlinien 2000/43/EG und 2000/78/EG verwendeten davon abweichend in ihren Kommissionsvorschlägen lediglich vier Begriffe, dabei handelte es sich

330 Proposition modifiée de directive du Parlement Europeen et du conseil modifiant la directive 76/207/CEE relative à la mise en œuvre du principe de l´égalité de traitement entre hommes et femmes en ce qui concerne l´accès à l´emploi, à la formation et à la promotion professionnelles, et les conditions de travail, COM (2001) 321 final/2, du 07.06.2001, p. 13.

331 Directive 2002/73/CE du Parlement Européen et du Conseil modifiant la directive 76/207/CEE du Conseil relative à la mise on œuvre du principe de l´égalite de traitement entre hommes et femmes en ce qui concerne l ´accès à l´emploi, à la formation et à la promotion professionnelles, et les conditions de travail, JO L 269, du 05.10.2002, p. 15, 17.

um die Einschüchterungen, Anfeindungen, Beleidigungen oder anderen Beeinträchtigungen.[332] Im Gegensatz zur RL 2002/73/EG enthielten die Belästigungsdefinitionen in den Kommissionsvorschlägen somit einen Auffangtatbestand.

Dieser ist in den endgültigen Richtlinienfassungen nicht mehr vorhanden, eingefügt wurden auch hier die Alternativen Erniedringen und Entwürdigungen.[333] Eine ähnliche Abweichung im Vergleich mit der englischen[334] und französischen[335] Sprachfassung bezüglich Anzahl oder Begrifflichkeiten ist für die Richtlinien 2000/43/EG und 2000/78/EG nicht zu verzeichnen.

Die ersten Belästigungsdefinitionen enthielten damit neben den ausdrücklich genannten kennzeichnenden Begriffen auch einen Auffangtatbestand, der hiervon abweichende Beeinträchtigungen des Umfeldes ausreichen ließ. Die Anforderungen an das Vorliegen eines in negativer Weise gekennzeichneten Umfeldes waren dadurch entsprechend niedriger als in der endgültigen Definition und sind im Laufe des Entstehungsverfahrens durch erheblich höhere ersetzt worden. Erfasst werden damit keine Verhaltensweisen, die das Umfeld lediglich in geringer Weise beeinträchtigen.

---

332 Vorschlag für eine Richtlinie des Rates zur Anwendung des Gleichbehandlungsgrundsatzes ohne Unterschied der Rasse oder der ethnischen Herkunft, KOM (1999) 566 endg. v. 25.11.1999, S. 16 und Vorschlag für eine Richtlinie des Rates zur Festlegung eines allgemeinen Rahmens für die Verwirklichung der Gleichbehandlung in Beschäftigung und Beruf, KOM (1999) 565 endg. v. 25.11.1999, S. 21.

333 RL 2000/43/EG des Rates vom 29. 06.2000 zur Anwendung des Gleichbehandlungsgrundsatzes ohne Unterschied der Rasse oder der ethnischen Herkunft, ABl. EG Nr. L 180, S. 22, 24, RL 2000/78/EG v. 27.11.2000 des Rates zur Festlegung eines allgemeinen Rahmens für die Verwirklichung der Gleichbehandlung in Beschäftigung und Beruf, ABl. EG Nr. L 303, S. 16, 19.

334 Vergl. Proposal for a council directive implementing the principal of equal treatment between persons irrespective of racial or ethnic origin, OJ C 116 E, 26.04.2000, p. 56, 57, *und* Proposal for a council directive establishing a general framework for equal treatment in employment and occupation, OJ C 177 E, 27.06.2000, p. 42, 44; Council directive 2000/43/EC of 29 June 2000 implementing the principle of equal treatment between persons irrespective of racial or ethnic origin, OJ L 180, 19.07.2000, p. 22, 24 *und* Council directive 2000/78/EC of 27 November 2000, establishing a general framework for equal treatment in employment and occupation, OJ L 303, 02.12.2000, p. 16, 19.

335 Proposition de directive du Conseil de relative à la mise en œuvre du principe du l`égalité de traitement entre les personnes sans distinction de race ou d´origine ethnique, JO C 116 E du 26.04.2000, p. 56, 57, *und* Proposition de directive du Conseil portant création d´un cadre général en faveur de l´égalité de traitment en matière d´ emploi et de travail, JO C 177 E, du 27.06.2000, p. 42, 44 ; Directive 2000/43/CE du 29 juin 2000 relative à la mise en œuvre du principe des l´égalité de traitement entre les personnes sans distinction de race ou d´origine ethnique, JO L 180 du 19.07.2000, p. 22, 24 *und* Directive 2000/78/EG du 27 Novembre 2000 portant création d´un cadre général en faveur de l´égalité de traitement en matière d´emploi et de travail, JO L 303 du 02.12.2000, p. 16, 19.

2.2.4.2 Konsequenzen für § 3 Abs. 3 AGG

Die Richtlinienvorgaben wurden bezüglich der das Umfeld kennzeichnenden Begriffe in § 3 Abs. 3 AGG übernommen. Der AGG-Gesetzgeber hat damit darauf verzichtet, einen Auffangtatbestand entsprechend dem der sonstigen Beeinträchtigungen einzuführen, wie er in den Kommissionsvorschlägen für die beiden 2000er Richtlinien noch enthalten war. Für das belästigende Verhalten nach § 3 Abs. 3 hat dies die Bestätigung dessen zur Folge, was bereits für die Würdeverletzung festzustellen war. Nur Verhaltensweisen, die eine gewisse Erheblichkeit aufweisen bzw. durch ihre Wiederholung eine entsprechende Intensität erhalten, genügen den Anforderungen der Definition.

Weitere Konsequenz aus dem europäischen Vergleich ist, dass eine von den genannten Begriffen abweichende Kennzeichnung des Umfeldes nicht geeignet ist, den Tatbestand der Belästigung zu erfüllen. Die Aufzählung in § 3 Abs. 3 ist damit abschließend.

2.2.4.3 Die kennzeichnenden Begriffe im Einzelnen

Die Feindlichkeit des Umfeldes muss sich nach der Belästigungsdefinition ausdrücken in einer Atmosphäre der Einschüchterungen, Anfeindungen, Erniedrigungen, Entwürdigungen oder Beleidigungen. Im Gegensatz zum amerikanischen Vorbild harassment, welches nur drei verschiedene Varianten der Verschlechterung des (Arbeits-) Umfeldes kennt, nämlich in Form der einschüchternden, feindlichen oder bedrohlichen Weise, stehen in § 3 Abs. 3 AGG fünf Alternativen zur Verfügung. Dabei fällt auf, dass diese im deutschen Sprachgebrauch teilweise synonym verwendet werden, und somit deutliche Parallelen aufweisen.

2.2.4.3.1 Einschüchterungen

Bei den „Einschüchterungen“ handelt es sich um eine auch im amerikanischen Recht bekannten Alternative der feindlichen Gestaltung des Umfeldes, dort bekannt als „intimidating“ (einschüchternd). Im deutschen Sprachgebrauch liegt eine Einschüchterung vor, wenn jemandem mittels Drohungen oder Ähnlichem Angst gemacht wird, um ihn an bestimmten Handlungen zu hindern.[336] Verwandte Begriffe sind die Entmutigung oder die Verschüchterung.[337] Ergebnis der Einschüchterung soll also die Erzeugung von Angst oder Furcht beim Be-

336 Duden, Das große Wörterbuch der deutschen Sprache Bd. 2, S. 866; Borckhaus Wahrig, S. 1055.

337 Duden, Bedeutungswörterbuch, S. 210.

troffenen sein. Das bevorzugte, jedoch nicht einzig denkbare Mittel zur Erreichung dieses Ziels ist die Drohung.

Den Begriff der Einschüchterung findet man in verschiedenen deutschen Rechtsnormen, so beispielsweise im Wahlprüfungsgesetz von NRW, dort ist einer der Wahlanfechtungsgründe des § 5 die Einschüchterung der Wähler oder Bewerber durch Gewalt oder durch Androhung eines (....) Übels.

Die Einschüchterung findet man auch im strafrechtlichen Bereich, so beispielsweise bei der Frage, ob die Erregung von Angst in Form der Einschüchterung eines anderen durch die Bedrohung mit einer Schusswaffe eine Körperverletzung im Sinne des § 223 StGB darstellt,[338] oder ob die Einschüchterung durch Schießen in die Luft ein Angriff nach § 231 BGB (Beteiligung an einer Schlägerei) sein kann.[339]

Der Begriff der Einschüchterung wird auch in einem der Belästigung nahe stehenden Bereich Mobbing thematisiert. In den insgesamt zehn verschiedenen Kategorien von Mobbingerscheinungsformen, die von Esser/Wolmerath aufgestellt wurden,[340] findet man die Einschüchterung neben der Bedrohung und Nötigung in der Kategorie „Angst, Schreck und Ekel erzeugen". Gemeinsam ist all diesen teilweise sehr unterschiedlichen Normen, dass egal in welcher Form die Einschüchterung erfolgt, sei es durch Gewalt, Drohung oder Ähnliches beim Betroffenen das Gefühl von Angst oder Furcht ausgelöst wird.

Anerkannt ist auch, dass die in Folge der Einschüchterung eintretenden Emotionen auch körperliche Auswirkungen auf den Betroffenen haben und damit eine nicht ganz unerhebliche körperliche Beeinträchtigung im strafrechtlichen Sinne darstellen können.[341] Körperliche Beeinträchtigungen können daher stets ein Indiz für das Vorliegen einer Einschüchterung sein, vorauszusetzen sind sie für diese hingegen nicht. Würde man verlangen, dass sich die Einschüchterung beim Opfer auch körperlich bemerkbar machen, bestünde einerseits die Gefahr, dass hiervon nur die schwersten Formen möglicher Belästigungshandlungen in Betracht kämen, was bereits abgelehnt wurde.

Weiter würde man das Vorliegen eines von Einschüchterungen gekennzeichneten Umfeldes dann auch von der unterschiedlichen körperlichen und seelischen Verfassung des Betroffenen abhängig machen. Nicht in den Genuss des Belästigungsschutzes würden unter diesen Umständen alle Personen fallen, die zwar

338 Eser in Schönke/Schröde, § 223 StGB, Rn. 4.
339 Stree in Schönke/Schröder, § 231 StGB, Rn. 4.
340 Esser/Wolmerath, Der Personalrat 2000, 446ff.
341 BGH NStZ 1985, 166.

Angst und Furcht empfinden, und unter der einschüchternden Atmosphäre leiden, bei denen diese jedoch keine oder nur geringe körperliche Auswirkungen hat. Anzeichen für eine Einschüchterung der betroffenen Person können auch Veränderungen in ihrem Verhalten sein. Beispielsweise kann sich der oder die Beschäftigte in Folge ihrer Verängstigung zurückziehen, nicht mehr an kollegialen Gesprächen teilnehmen, insbesondere wenn die belästigende Person zugegen ist etc.

2.2.4.3.2 Anfeindungen

Als zweite Alternative eines feindlichen Umfeldes enthält § 3 Abs. 3 AGG die Kennzeichnung durch Anfeindungen, die ebenfalls das amerikanische Recht zum Vorbild hat. Sie ist als Namensgeberin des sogenannten „hostile-environment-harassment" die bekannteste der drei Alternativen von Umfeld-Beeinträchtigung.

Im Begriff der Anfeindungen drückt sich das feindliche Umfeld am deutlichsten aus. In seiner sprachlichen Bedeutung ist das Anfeinden gleich zu setzten, mit „jemanden bekämpfen", ihm „feindselig begegnen",[342] oder auch, ihm „mit Hass begegnen".[343] Unter einem Feind wird eine Person verstanden, die in Bezug auf einen anderen Menschen Hass empfindet und dem sie Schaden zufügen will. Sinnverwandt ist der Begriff des Feindes mit dem des Gegners.[344]

Jemanden anfeinden beinhaltet darüber hinaus auch, dass diesem gegenüber nicht nur eine ablehnende Haltung eingenommen, sondern die Abneigung in aktiver Art und Weise ausgeübt wird. Bereits aus der Formulierung „Anfeindungen" geht hervor, dass hiermit ein aktives Verhalten gemeint ist. In Bezug auf die Belästigungsdefinition bedeutet dies, dass ein von Anfeindungen gekennzeichnetes Umfeld hauptsächlich daran zu erkennen ist, dass der Belästiger seine Ablehnung dem Opfer gegenüber offen kundtut.

Auch hier sind wieder Parallelen zum Mobbing vorhanden. So ist Mobbing nach der Definition des BAG das systematische Anfeinden, Schikanieren oder Diskriminieren von Arbeitnehmern untereinander oder durch Vorgesetzte.[345] Eine ähnliche Definition wurde vom LAG-Thüringen entwickelt, welches unter Mobbing fortgesetzte, aufeinander aufbauende oder ineinander übergreifende, der Anfeindung, Schikane oder Diskriminierung dienende Verhaltensweisen

342 Duden, Das große Wörterbuch der deutschen Sprache Bd. 1, S. 179.
343 Brockhaus Wahrig, S. 365.
344 Duden, Bedeutungswörterbuch, S. 251.
345 BAG NZA 1997, 781.

versteht.[346] In beiden Definitionen wird der Begriff der Anfeindungen verwendet.

Kennzeichen einer solchen Anfeindung ist das offene zu Tage treten[347] der Abneigung, sie wird daher auch als „aufdringliche Feindlichkeit" bezeichnet, die sich in feindseliger Ausgrenzung äußert und diese auch zum Ziel hat. In dieser Ausprägung wird sie als wesentlich radikaler und kompromissloser als die bloße Gegnerschaft angesehen. Von besonderem Interesse erscheint hier auch die Einschätzung, dass für das Vorliegen der Feindseligkeit kein erheblicher zeitlicher Vorlauf erforderlich ist. Feindseligkeit ist danach unmittelbar und sofort spürbar, Angst und Furcht vor der Zukunft können auch in Erwartung weiterer Angriffe entstehen.[348]

Ziel der Feindseligkeit kann es sein, das Opfer zu isolieren, seine Arbeitsbedingungen zu verschlechtern, seine Würde beispielsweise durch Kritik, Beleidigungen oder Verleumdungen zu verletzen.[349] Übertragen auf die Belästigung bedeutet dies, ähnlich wie bereits bei der Einschüchterung, dass ein Hinweis auf das Vorliegen eines von Anfeindungen gekennzeichneten Umfeldes die Angst oder Furcht beim Opfer sein kann.

Jedoch sind auch hier unterschiedliche Reaktionen des jeweiligen Belästigungsopfers denkbar, die letztlich nicht ausschlaggebend für das Vorliegen eines von Anfeindungen gekennzeichneten Umfeldes, sondern lediglich ein Indiz für das Vorliegen der Feindlichkeit sein können. Abzustellen ist daher auf die vom Belästiger ausgehenden Anfeindungen, welche sich darin äußern, dass dem Opfer äußerste Abneigung in Form von Feindschaft entgegengebracht wird. Das Opfer bewegt sich mithin in einer Atmosphäre, in welcher er dem Täter als ständigem Gegner gegenüber steht, der ihn mit seiner Ablehnung offen konfrontiert.

2.2.4.3.3 Erniedrigungen

Der Begriff der Erniedrigungen ist in mehrfacher Hinsicht eng verbunden mit dem Begriff der Entwürdigungen. Rein sprachlich gesehen sind beide sinnverwandt. Von der Bedeutung her ist der Begriff „jemanden erniedrigen" gleichzu-

346 LAG-Thüringen NZA-RR 2001, 347, 358.

347 Haller/Koch, NZA 1995, 356.

348 Esser/Wolmerath, Mobbing, S. 70.

349 Stellungnahme des Ausschusses für die Frau und Chancengleichheit v. 26.06.2001, im Bericht des Europäischen Parlaments über Mobbing am Arbeitsplatz, A5 – 0283/2001 endg. v. 16.07.2001.

setzen mit „jemanden moralisch herabsetzen“ oder auch „jemanden herabwürdigen“.[350] Ziel der Erniedrigung ist es, das Opfer in irgendeiner Form abzuwerten.

Bei den Erscheinungsformen des Mobbing findet man den Begriff der Erniedrigungen in der Rubrik der Angriffe gegen das Selbstwertgefühl. Dort werden weitere sinnverwandte Begriffe aufgeführt, die mit der Erniedrigung auf gleicher Bedeutungsebene stehen, dabei handelt es sich um die Demütigung, die Blamage, die Häme und die Abwertung.[351] In anderem Zusammenhang erscheinen diese Begriffe (Demütigungen, Diskriminierungen, ehrverletzende Handlungen, grundlose Herabwürdigungen der Leistung und vernichtende Beurteilungen etc.), allerdings ohne Nennung der Erniedrigung in einer Rubrik unter der Überschrift der „Handlungen, gerichtet auf die Person, ihr soziales Ansehen und ihre Privatsphäre“.[352]

Erniedrigungen stellen in besonderer Weise einen Angriff auf die Würde einer Person dar, der neben anderen wie Brandmarkung, Verfolgung, Ächtung steht,[353] wenngleich an dieser Stelle nochmals darauf hingewiesen wird, dass damit keinesfalls die verfassungsrechtlichen Anforderungen an eine Würdeverletzung gemeint sind. Ziel der Erniedrigungen ist es, das Opfer herabzusetzen und sein Selbstwertgefühl zu beeinträchtigen oder gar zu zerstören. Das Opfer muss also in einer Umgebung, die gekennzeichnet ist von Erniedrigungen, ständig befürchten, dass es in irgendeiner Form bloßgestellt wird.

Am Arbeitsplatz können Erniedrigungen insbesondere in Verbindung mit der beruflichen Leistungsfähigkeit einer Person auftreten, beispielsweise indem die persönliche Qualifikation in Zweifel gezogen oder die Fähigkeit zur Ausübung der konkreten Tätigkeit in Abrede gestellt wird. Anders als beim Mobbing muss dabei immer ein Zusammenhang mit dem geschützten Merkmal, hier Geschlecht, bestehen („Männer und Technik – Zwei Welten“ oder „Frauen gehören eben doch an den Herd“).

In Betracht kommen auch Herabsetzungen, die keinen Arbeitsplatzbezug haben, sondern allein auf die Person des/der Betroffenen gerichtet sind. Allen genannten Varianten ist gemein, dass sie darauf abzielen, das Selbstwertgefühl des Opfers zu beschädigen oder zu zerstören. Mögliche, aber auch hier wiederum nicht einzig denkbare Reaktion beim Opfer kann daher das ständige Gefühl der Unsicherheit sein.

---

350 Duden, Das große Wörterbuch der deutschen Sprache, Bd. 2, S. 964.
351 Esser/Wolmerath, PersR 2000, 446, 448.
352 Gamerschlag, VersR 2002, 287, 288.
353 BVerfGE 1, 97, 104; Schmidt-Bleibtreu/Hofmann, Art. 1 GG, Rn. 15.

2.2.4.3.4 Entwürdigungen

Eng verbunden mit dem Begriff der Erniedrigungen ist der Begriff der Entwürdigungen, der bereits in sich das geschützte Rechtsgut trägt. In ähnlicher Weise wie bei den Erniedrigungen ist es auch Ziel der Entwürdigungen, das Opfer in irgendeiner Form herabzusetzen. Sinnverwandte Begriffe sind die Demütigung, die Erniedrigung und die Herabwürdigung.[354] Bei den Erscheinungsformen von Mobbing findet man sie in der Kategorie der Angriffe gegen das soziale Ansehen im Beruf (als Demütigung im Beisein Dritter), sowie bei den Angriffen gegen das Selbstwertgefühl (als Demütigung, Erniedrigung, Blamage und Abwertung.[355]

Wie auch bei der Erniedrigung richten sich die Angriffe bei der Entwürdigung gegen die Würde der betroffenen Person, allerdings ist auch hier eine niedrigere Schwelle anzusetzen, als sie für eine Verletzung von Art. 1 GG erforderlich wäre. Darüber hinaus betroffen ist die Ehre des Opfers.[356], die sich in einer durch Demütigungen zutage tretenden Missachtung ihrer Persönlichkeit äußern kann.[357] Ebenfalls nicht erforderlich ist der unmittelbare Bezug zum Beschäftigungsverhältnis in Form von Herabsetzungen der Arbeitsleistung oder Qualifikation. In Betracht kommen vielmehr Angriffe gegen die gesamte Persönlichkeit des Opfers, die jeweils in Zusammenhang mit dem Geschlecht der Person (oder einem anderen geschützten Merkmal) stehen müssen.

2.2.4.3.5 Beleidigungen

Die letzte Variante des feindlichen Umfeldes ist die von Beleidigungen geschaffene. Anders als bei den anderen Alternativen, handelt es sich bei der Beleidigung um einen feststehenden Rechtsbegriff. Unter dem Straftatbestand der Beleidigung im Sinne § 185 BGB wird allgemein der Angriff auf die Ehre eines anderen verstanden, welcher durch die Kundgabe der Nichtachtung, Geringachtung oder Missachtung erfolgt.[358] Dem Opfer wird dabei sein sittlicher, personaler oder sozialer Geltungswert teilweise oder komplett abgesprochen und ihm dadurch seine Minderwertigkeit oder Unzulänglichkeit attestiert.[359] Verletzt wird durch die Kundgabe der Missachtung letztendlich der aus der Würde der

354 Duden, Bedeutungswörterbuch S. 225f.
355 Esser/Wolmerath, PersR 2000, 446, 448.
356 Gamerschlag, VersR 2002, 287, 288.
357 Hille, BC 2003, 81, 84.
358 Beispielsweise BGHSt 1, 289; BGHSt 16, 63; Bay LG-NJW 1980, 1969; Lenckner in Schönke/Schröder, § 185 StGB, Rn. 1 mit weiteren Nachweisen.; Fischer, § 185, Rn. 4.
359 Lenckner in Schönke/Schröder, § 185 StGB, Rn. 2.

Person fließende Achtungsanspruch des Menschen.[360] Insbesondere betroffen sind das Ansehen, der Ruf und die soziale Bedeutung eines Menschen.[361]

Eine korrespondierende Einstufung wird für den Bereich des Mobbing vorgenommen. Die Beleidigung ist in der Auflistung der anerkannten Mobbinghandlungen gleich zweifach enthalten. Als Beleidigung im Beisein Dritter findet man sie in der Gruppe der Angriffe auf das soziale Ansehen im Beruf unmittelbare neben der Demütigung (im Beisein Dritter). Zudem ist sie als einfache Beleidigung in der Kategorie der Angriffe auf das Selbstwertgefühl zu finden. Dort steht sie auf gleicher Stufe mit Handlungen wie der Verunsicherung, der Kränkung und Schmähung.[362] Ähnlich wie bereits die Entwürdigungen und Erniedrigungen haben auch Beleidigungen die Herabwürdigung des Betroffenen zum Ziel.[363]

Merkmal eines von Beleidigungen gekennzeichneten Umfelds ist somit, dass der Achtungsanspruch der betroffenen Person durch die handelnde Person teilweise oder komplett negiert wird. Ziel dieser Angriffe ist die Beschädigung der Persönlichkeit des Opfers oder Teilbereiche ihrer Persönlichkeit, und die Dokumentation der ihre gegenüber empfundenen Geringschätzung. Wie bei den anderen Begriffen, kann sich die Geringschätzung auch bei den Beleidigungen sowohl auf die Qualifikation oder die Arbeitsleistung des Opfers beziehen, als auch auf jeden anderen Aspekt der Persönlichkeit, oder aber diese in ihrer Ganzheit, sofern dies in Zusammenhang mit dem Geschlecht (oder einem anderen geschützten Merkmal) des Opfers erfolgt.

2.2.4.4 Gleichrangigkeit der Alternativen

Allen in der Belästigungsdefinition genannten Alternativen ist ganz offensichtlich gemeinsam, dass sie das Umfeld in feindlicher Art und Weise gestalten. Das Opfer wird mit der Tatsache einer negativen Atmosphäre konfrontiert, die je nach Alternative gekennzeichnet ist von unterschiedlichen Auswirkungen. Dabei stehen die genannten Alternativen ganz eindeutig nicht in einem Stufenverhältnis hinsichtlich ihrer Erheblichkeit, sondern vielmehr gleichberechtigt und gleichwertig nebeneinander. Es kann diesbezüglich auch dahinstehen, ob eine der Varianten in einem sprachlichen oder rechtlichen Kontext der größeren Erheblichkeit steht als die andere. Ebenfalls darf keine Wertung dahingehend unternommen werden, ob einer der genannten Begriffe im bestehenden Recht bereits bekannt ist und möglicherweise geahndet wird, wie die Beleidigung, oder

360 BayObLG-NJW 1980, 1969.

361 Lenckner in Schönke/Schröder, § 185, Rn. 2; Fischer § 185, Rn. 5.

362 Esser/Wolmerath, PersR 2000, 446, 448.

363 Rieble/Klumpp, ZIP 2002, 369, 370.

ob es sich um einen rechtlich ungeregelten Begriff handelt. Aus diesem Grunde ist auch abzulehnen, dass die Anforderungen, die an anderem Ort an die bekannten Begriffe gestellt werden, eine Übertragung auf die Belästigungsdefinition finden. Würde man die strafrechtlichen Anforderungen an den Beleidigungstatbestand auch auf die Belästigung übertragen, hieße das eine Erheblichkeitsschwelle für diese Variante einzuführen, die in keiner Weise den Anforderungen an das Vorliegen der anderen, nicht geregelten Alternativen entspräche. Gleiches gilt auch für die Entwürdigung, an welche auch nicht die Anforderungen an eine Würdeverletzung nach Art. 1 GG zu stellen sind. Aufgrund der Gleichrangigkeit der Alternativen darf es sich nicht unterschiedlich auswirken, ob eine Verhaltensweise ein Umfeld erzeugt, welches gekennzeichnet ist von Beleidigungen oder aber beispielsweise von Einschüchterungen.

2.3 Kumulatives Vorliegen der Voraussetzungen

Beide Merkmale, sowohl die Würdeverletzung als auch die Schaffung des von den genannten Begriffen gekennzeichneten Umfelds müssen kumulativ vorliegen, das Eintreten nur einer der beiden Folgen alternativ reicht für das Vorliegen des Tatbestands nicht aus. Eindeutig geht dies aus dem Wortlaut der Definition durch die Formulierung „...dass die Würde der betreffenden Person verletzt *und* ein von... gekennzeichnetes Umfeld geschaffen wird“ in § 3 Abs. 3 AGG hervor. An dieser Stelle ist die Definition des AGG identisch mit derjenigen der RL 2002/73/EG.[364] Sowohl im Verlauf der Richtlinienentstehung als auch im Vorgängerentwurf des AGG, dem ADG-Entwurf, war dies anders vorgesehen.

Die erste Belästigungsdefinition, enthalten im geänderten Richtlinienvorschlag der Kommission, ließ es ausreichen, dass eine der beiden Alternativen eintritt. Auch dies geht eindeutig aus der dort verwendeten Formulierung hervor: „...die Verletzung der Würde einer Person *oder* die Schaffung eines durch... geprägten Umfelds bezweckt oder bewirkt“.[365]

Nach der Definition in § 3 Abs. 3 ADG-Entwurf war die Schaffung des feindlichen Umfeldes keine alternative Folge des belästigenden Verhaltens neben der Würdeverletzung, sondern lediglich ein Regelbeispiel für diese und lautete „...bezwecken oder bewirken, dass die Würde der betreffenden Person verletzt wird, insbesondere wenn ein von...gekennzeichnetes Umfeld geschaffen wird“.[366]

---

364 RL 2002/73/EG, ABl. EG Nr. L 269 v. 05.10.2002, S. 15, 17.

365 Geänderter Richtlinienvorschlag KOM (2001) 321 endg., ABl. EG Nr. C 270 E v. 25.09.2001, S. 9, 14.

366 Vergl. BT-Drs. 15/45/38 v. 16.12.2004, S. 5.

Die Anforderungen an das Vorliegen einer Belästigung werden sowohl durch die in der Definition des geänderten Kommissionsvorschlag enthaltene alternative Folge von Würdeverletzung oder feindlichem Umfeld, als auch durch das in Form eines Regelbeispiels für das Vorliegen einer Würdeverletzung vorliegende feindliche Umfeld in der Definition des ADG-Entwurfs deutlich geringer gehalten, als sie in Art. 2 Abs. 2 endgültigen Richtlinie 2002/73/EG und in § 3 Abs. 3 AGG enthalten sind.

2.4 Zwischenergebnis

Folgen des unerwünschten Verhaltens sind nach § 3 Abs. 3 AGG die Würdeverletzung des Opfers sowie die Schaffung eines von den genannten Auswirkungen gekennzeichneten Umfelds. Beide Folgen müssen kumulativ vorliegen, das Fehlen einer der beiden ließe den Tatbestand der Belästigung entfallen. Bei der Würdeverletzung darf nicht der Standard einer Verletzung von Art. 1 GG herangezogen werden, vielmehr kann man einen Schweregrad zugrunde legen, der geeignet ist, eine Beleidigung herbeizuführen, wobei auch hier berücksichtigt und entsprechend differenziert werden muss, ob es sich um ein einmaliges oder ein wiederholtes Verhalten handelt. Das feindliche Umfeld schließt nicht nur das direkte Arbeitsumfeld ein, sondern erstreckt sich darüber hinaus auch auf jeden anderen Aspekt des Umfeldes eines Belästigungsopfers, der im Kontext zu seinem Arbeitsplatz steht. Nach der Belästigungsdefinition muss sich das Umfeld in negativer Weise verändern, beziehungsweise muss die Änderung bezweckt sein, so dass im Ergebnis zumindest eine der genannten Kennzeichnungen vorliegt, mithin eine Einschüchterung, Anfeindung, Erniedrigung, Entwürdigung oder Beleidigung, die von gleichrangiger Wertigkeit sind.

3. Das Bezwecken oder Bewirken

Nach § 3 Abs. 3 AGG können die belästigenden Folgen von der handelnden Person entweder bezweckt oder aber bewirkt werden. Beide stehen in einem Alternativverhältnis, es reicht also aus, dass eine von ihnen vorliegt.

3.1 Das Bezwecken

Der Täter muss in der ersten Alternative bezwecken, dass die von ihm ausgeübte, unerwünschte, geschlechtsbezogene Verhaltensweise in der Definition genannten Folgen nach sich zieht. Einerseits muss er also bezwecken, dass die Würde des Belästigungsopfers verletzt wird, andererseits auch, dass ein von einem oder mehreren der genannten Merkmale gekennzeichnetes Umfeld geschaffen wird. Der Begriff des Bezweckens wurde wortgleich den Richtlinienvorgaben entnommen.

Der Begriff des Bezweckens setzt voraus, dass das belästigende Verhalten gerade deswegen ausgeübt wird, damit die in der Richtliniendefinition genannten Folgen eintreten. Dem Handelnden muss es ausdrücklich auf den Eintritt des Belästigungserfolges ankommen. Voraussetzung ist daher ein zielgerichtetes Handeln des Belästigers im Sinne einer Absicht. Dieses liegt dann vor, wenn der Wille des Täters auf den Eintritt der in der Definition genannten Folgen gerichtet ist. Der handelnden Person muss es mithin bewusst darauf ankommen, den tatbestandlichen Erfolg herbeizuführen. Im Vordergrund des zielgerichteten Handelns steht das besonders intensive Wollen des Erfolges.[367] Nur von zweitrangiger Bedeutung ist das Wissenselement, also hier die Frage, ob das entsprechende Verhalten auch geeignet ist, den „Belästigungserfolg" herbeizuführen. Aufgrund der zentralen Bedeutung des vom Täter intensiv gewünschten Erfolges, liegt hier eine überschießende Innentendenz vor.[368]

Das Bezwecken des Erfolges schließt im Übrigen die anderen Vorsatzformen aus. Beim direkten Vorsatz, bei dem das Wissenselement überwiegt, kommt es dem Täter nicht entscheidend darauf an, dass eine bestimmte Folge eintritt.[369] Für das Bezwecken genügt dies nicht. Auch der Eventualvorsatz, bei dem die Folge gleichsam billigend in Kauf genommen wird[370], reicht hier nicht aus. Bei beiden kommt es dem Täter nicht entscheidend auf den Erfolgseintritt an. Darüber hinaus schließt dies denknotwendig auch die fahrlässige Begehung aus.[371]

Es kommt bei der Bezweckens-Variante nicht darauf an, dass die gewünschten Folgen des Verhaltens eintreten, darauf weist auch die Gesetzesbegründung klarstellend hin.[372] Auch ist nicht erforderlich, dass nur eine der beiden Folgen eintritt. An dieser Stelle ist der Wortlaut der Definition eindeutig. Die Verhaltensweise muss bezwecken *oder* bewirken, dass die aufgeführten Folgen beim Opfer eintreten. Es genügt somit, dass der Belästiger mit seiner Verhaltensweise kumulativ zwar bezweckt, die Würde des Opfers zu verletzen und ein feindliches Umfeld zu schaffen, dies jedoch de facto nicht erreicht. Nicht ausreichend ist demgegenüber, dass der Belästiger nur eine der beiden genannten Auswir-

367 Cramer/Sternberg-Lieben in Schönke/Schröder, § 15 StGB, Rn. 66; Fischer, § 15, Rn. 6.
368 Vergl. Roxin, Strafrecht AT, § 10, Rn. 84.
369 Cramer/Sternberg-Lieben in /Schröder, § 15 StGB, Rn. 68.
370 Zu den verschiedenen Theorien vergl. die Darstellung bei Cramer/Sternberg-Lieben in Schönke/Schröder, § 15, Rn. 72ff; Fischer, § 15, Rn. 9ff.
371 Wank, NZA Sonderbeil.2004, 16, 19.
372 Gesetzesbegründung BR-Drs. 329/06, S. 34.

kungen bezweckt, sein Vorsatz muss sich auf das Eintreten beider Folgen richten, was sich aus der Verwendung des Wortes „und" ergibt. Im Ergebnis hat der Verzicht auf den tatsächlichen Erfolgseintritt zur Folge, dass die Belästigung nicht vollendet werden muss, und somit auch der Versuch einer Belästigung geahndet wird.[373]

Warum die Folgen der belästigenden Handlung nicht eintreten, ist unerheblich. Denkbar ist beispielsweise, dass das Belästigungsopfer die geschlechtsbezogene Verhaltensweise zwar ablehnt, darüber hinaus jedoch über ein derart starkes Selbstwertgefühl verfügt, dass es sein Umfeld nicht als entwürdigend o.ä. empfindet. Möglich ist auch, dass sich das Umfeld des Opfers ansonsten so intakt präsentiert, dass das belästigende Verhalten nicht ausreicht, um eine feindliche Kennzeichnung zu erreichen. Ähnliches gilt auch für die Würdeverletzung beim Opfer. Gleichgültig, welches die Gründe für das Ausbleiben einer oder beider belästigenden Folgen sind, es bleibt festzuhalten, dass die Belästigungsdefinition den Eintritt des „Erfolges" für die Bezweckens-Variante nicht verlangt.

Geahndet wird in der Bezweckens-Variante nicht die tatsächliche Beeinträchtigung des Opfers, sondern vielmehr die generelle Haltung des Belästigers, anders formuliert: bestraft werden soll seine Gesinnung, nicht die tatsächliche Auswirkung seiner Tat. Genau hier zeigt sich die Problematik der Bezweckens-Variante, die darin liegt, dass die Handlung des Belästigers gerade keine fühlbaren Auswirkungen auf das Opfer hat, außer deren Unerwünschtheit. Dabei handelt es sich um eine Frage der Nachweisbarkeit, welche auf der Ebene der Beweislast gelöst werden muss. [374]

3.2 Das Bewirken

Bei der zweiten Alternative müssen die Belästigungsfolgen des § 3 Abs. 3 AGG bewirkt werden. Auch dieser Begriff ist identisch mit den Richtlinienvorgaben.
„Bewirken" bedeutet, „etwas zustande bringen", „als Wirkung hervorrufen" oder „etwas herbeiführen".[375] Diese Alternative liegt somit dann vor, wenn die unerwünschte, geschlechtsbezogene Verhaltensweise die in der Definition aufgeführten Folgen beim Opfer erzeugt werden und es sowohl eine Würdeverletzung erleidet, als auch ein von zumindest einem der genannten Merkmale ge-

---

373 Die Sanktionierung des Versuchs einer Belästigung als zu weitgehend ablehnend: Wank, NZA Sonderbeil.2004, 16, 19.

374 So auch Kummer, Umsetzungsanforderungen, S. 27.

375 Duden, Das große Wörterbuch der deutschen Sprache Bd. 1, S. 521; Borckhaus Wahrig, S. 677.

kennzeichnetes Umfeld geschaffen wird. Auch hier müssen beide genannten Folgen kumulativ eintreten.

Nicht erforderlich ist hingegen, dass der Eintritt der belästigenden Folgen aus vorsätzlichem Handeln des Täters resultiert. Das ergibt sich bereits aus dem Begriff des Bewirkens, wird aber auch in der Gesetzesbegründung nochmals ausdrücklich bekräftigt.[376] Verlangt wird somit lediglich, dass die genannten Auswirkungen Folgen der unerwünschten Verhaltensweise sind, mithin dass ein Kausalzusammenhang besteht. Unerheblich ist, ob der Handelnde diese Folgen wünscht, oder sich auch nur ihrer bewusst ist. Damit verzichtet die Definition in der Bewirkens- Variante auf ein Verschulden der handelnden Person.

Im Ergebnis bedeutet dies, vorausgesetzt das Verhalten ist an sich geeignet, die belästigenden Folgen eintreten zu lassen, dass allein damit eine vollendete Belästigung eingetreten ist. Die Bewirkens-Variante lässt somit das Vorliegen der objektiven Tatbestandsmerkmale ausreichen.

3.2.1 Rechtsprechung des EuGH

Mit dem Verzicht auf das Verschuldenserfordernis folgt die Belästigungsdefinition an dieser Stelle der ständigen Rechtsprechung des Europäischen Gerichtshofs zur Geschlechtergleichbehandlung. Bereits mit der Entscheidung in der Rechtssache *Dekker* aus dem Jahr 1990 hatte der EuGH deutlich gemacht, dass eine zivilrechtliche Haftung für Diskriminierung nach der RL 76/207/EG nicht vom Verschulden des Urhebers abhängig gemacht werden darf. Begründet wurde dies damit, dass die Richtlinie selbst die Haftung für Diskriminierung nicht davon abhängig macht, dass dem Urheber Verschulden nachgewiesen wird, oder dass er keinen Rechtfertigungsgrund vorweisen kann. Darüber hinaus würde es die praktische Wirksamkeit des Grundsatzes der Gleichbehandlung erheblich beeinträchtigen, wenn man eine Haftung des Arbeitgebers für gegen diesen gerichtete Verstöße vom Nachweis seines Verschuldens abhängig machen würde. Vielmehr reiche jeder Verstoß gegen das Diskriminierungsverbot für sich genommen aus, um die volle Haftung seines Urhebers auszulösen.[377]

Diese Einschätzung bekräftigte der Gerichtshof in seinem Urteil aus dem Jahr 1997 in der Rechtssache *Draempaehl* nochmals ausdrücklich. Auch das Argument der deutschen Regierung, der Nachweis eines Verschuldens sei im deutschen Recht leicht zu erbringen, da sich die Verschuldenshaftung auf vorsätzlich

376 Gesetzesbegründung BR-Drs. 329/06, S. 34.
377 EuGH, Urt. v. 08.11.1990 – Rs. C 177/88 (Dekker/Stichting), NZA 1991, S. 171, 172f.

und fahrlässig begangene Handlungen erstrecke, wurden vom Gerichtshof mit erneutem Hinweis auf das Urteil Dekker zurückgewiesen.[378]

Wenn also der Richtliniengeber und der AGG-Gesetzgeber auf das Verschuldenserfordernis bei der Bewirkens-Variante verzichten, entsprechen sie damit der Rechtsprechung des Gerichtshofs zur ursprünglichen Gleichbehandlungsrichtlinie. Eine vom Vorsatz der handelnden Person abhängige Definition der Belästigung, wie (für die sexuelle Belästigung) in § 2 BeschSchG , wäre eine europarechtswidrige Umsetzung der Richtlinienvorgaben gewesen.[379]

3.2.2 Widerspruch zum deutschen Zivilrecht ?

Der Verzicht auf das Verschuldenserfordernis ist für das deutsche Haftungsrecht ungewöhnlich. Der Regelfall ist hier eine verschuldensabhängige Haftung nach § 276 BGB, erfasst ist vorsätzliches und fahrlässiges Handeln. Verschulden beinhaltet einerseits objektiv rechtswidriges und andererseits subjektiv vorwerfbares Verhalten.[380] In der Bewirkens-Alternative wird lediglich der Eintritt der ersten Komponente verlangt, verzichtet wird hingegen auf die subjektive Vorwerfbarkeit.

Neben der Verschuldenshaftung kennt das deutsche Zivilrecht die Gefährdungshaftung. Dieser ist das Bewirken insofern näher, als beide auf das Verschulden verzichten. Jedoch setzt die Gefährdungshaftung regelmäßig das Bestehen einer besonderen Gefährdungssituation voraus. Zurechnungsgrund ist das Schaffen eines besonderen Gefahrenrisikos.[381] Eine besondere Gefahr lässt sich jedoch zutreffender Weise in der Arbeitgebertätigkeit kaum begründen.[382]

Der Verzicht auf das Verschulden lässt sich auch nicht dadurch kompensieren, dass man als ungeschriebenes Tatbestandsmerkmal die erkennbare Ablehnung durch das Opfer verlangt.[383] Zwar wäre damit gewährleistet, dass nur solche Verhaltensweisen den Tatbestand der Belästigung im Sinne des § 3 Abs. 3 AGG erfüllen, die zielgerichtet sind oder den „Belästigungserfolg“ zumindest billigend in Kauf nehmen, mithin Verhaltensweisen, derer sich die handelnde Person auch bewusst ist. Jedoch hat sich der deutsche Gesetzgeber gegen das Erforder-

378 EuGH, Urt. v. 22.04.1997 – Rs. C 180/95 (Draempaehl/Urania), NJW 1997, 1839, 1840.
379 So auch Hennig/Baer, Streit 2002, 169, 170.
380 Palandt/Heinrichs, § 276, Rn. 5.
381 Kötz, Deliktsrecht, Rn. 491ff.
382 So Wank, NZA Sonderbeil. 2004, 16ff; Mohr, Schutz vor Diskriminierungen, S. 119.
383 So jedoch Hadeler, NZA 2003, 77, 78.

nis der erkennbaren Ablehnung entschieden und damit gegen eine „Lösung“, die den Vorgaben der Richtlinien widersprechen würde.

Bei der Gesamtschau des Belästigungstatbestandes stellt sich jedoch die Frage, ob Verhaltensweisen, derer sich die handelnde Person nicht bewusst ist, oder zumindest hätte bewusst sein müssen, überhaupt als Belästigung in Betracht kommt.

Anzusetzen ist nicht erst beim Verschulden, sondern bereits bei der Belästigungshandlung selbst. Zwar führt die Gesetzesbegründung ausdrücklich aus, dass der Betroffene auch bei einmalig bleibenden Handlungen nicht schutzlos bleibt, gleichwohl müssen diese die entsprechende Schwere aufweisen, da sie ansonsten keine Belästigungshandlung im Sinne der Definition des § 3 Abs. 3 AGG darstellen können. Ob die handelnde Person davon ausgehen konnte bzw. musste, dass die von ihr ausgehende Verhaltensweise unter den gegebenen Umständen unerwünscht und damit für die betroffene Person nicht akzeptabel ist, bestimmt sich anhand der Perspektive eines objektiven Beobachters.[384]

Wenn ein Verhalten also aus Sicht eines objektiven Dritten als unerwünscht klassifiziert wird, dann hätte auch die handelnde Person selbst von der Unerwünschtheit auszugehen und sich folglich der belästigenden Qualität ihres Verhaltens bewusst sein müssen. Für die Person des objektiven Beobachters wird jeweils ein durchschnittlicher Standard angesetzt und folglich auch eine durchschnittlich entwickelte Sensibilität. Wird die Kritik am Verschuldensverzicht damit begründet, dass so Verhaltensweisen erfasst werden, derer sich der Verursacher nicht bewusst ist, setzt dies voraus, dass es sich bei diesen um Personen handelt, die ein unterdurchschnittliches Wahrnehmungsvermögen bzw. ein entsprechend geringes Maß an Sensibilität ihr Eigen nennen, denn sonst hätten sie die belästigende Wirkung ihres Verhaltens erkennen müssen.

Handlungen, die von solch geringer Erheblichkeit sind, dass sie bei erstmaligem Auftreten einem objektiven Beobachter nicht als unerwünscht erscheinen, können bei erstmaligem Auftreten den „Belästigungserfolg“ nicht herbeiführen und sind damit auch nicht tatbestandsmäßig im Sinne des § 3 Abs. 3 AGG. Sind sie gleichwohl unerwünscht und können durch ihre Wiederholung die belästigenden Folgen hervorrufen, lässt sich die Unerwünschtheit anhand der Reaktion des Adressaten erkennen. Auch in diesem Fall handelt es sich nur dann um ein „unbewusstes“ Verhalten, wenn die handelnde Person über eine unterdurchschnittliche Wahrnehmung verfügt.

384 Gesetzesbegründung BR-Drs. 329/06, S. 34.

Das Risiko, dass der Belästigungstatbestand aufgrund des Verzichts auf ein Verschulden Handlungen erfasst, die ein unbewusstes Fehlverhalten des Verursachers darstellen, stellt sich daher nur für Personen, die nicht über die durchschnittliche Sensibilität verfügen, die für den fiktiven Objektiven Betrachter angenommen wird. Eine Bezugnahme auf eine derart über- oder unterdurchschnittlich ausgeprägte Sensibilität oder auf andere, höchst individuelle Kriterien, soll jedoch durch die korrigierende Wirkung des objektiven Beobachters vermieden werden.

Mit der Bewirkens-Alternative in der Belästigungsdefinition wurde zwar ein Tatbestand in das deutsche Recht eingefügt, der aufgrund des Verzichts auf das Verschulden eine dem System eher fremde Form der Haftung enthält, das Risiko einer unbewussten Belästigung erscheint gleichwohl gering. Der Kritik kann insoweit nicht gefolgt werden. Das Vorsatzerfordernis in die Definition hineinzulesen steht demgegenüber aufgrund seiner Europarechtswidrigkeit nicht zur Disposition.

3.3 Bewertung der beiden Alternativen

Die beiden in der Richtlinie genannten Alternativen unterscheiden sich grundlegend. Wird bei der Bezweckens-Variante auf den Eintritt der belästigenden Folgen verzichtet, sofern die gerade hierauf bezogene Absicht des Belästigers vorliegt, so kommt die Bewirkens-Variante im Gegenzug ohne ein Verschulden des Belästigers aus.

Das Bezwecken setzt einerseits hohe Anforderung an den subjektiven Tatbestand, verzichtet dafür jedoch auf den Erfolgseintritt, und sanktioniert damit im Ergebnis auch den Versuch. Letztendlich zeigt sich hierin sehr deutlich der erzieherische Charakter der Antidiskriminierungsrichtlinie(n). Wer es darauf anlegt, zu diskriminieren, wird bestraft. Ob er dabei beim Opfer negative Folgen hervorruft, ist in dieser Variante unerheblich. Das mag man gutheißen, oder auch nicht, die größte Schwierigkeit dieser Variante wird vielmehr darin liegen, dem Täter die entsprechende Absicht nachzuweisen. Betreffen wird dies vorwiegend unüberlegte Täter, die ihre Absicht nach Außen kenntlich machen, sich also als Belästiger präsentieren.

Die zweite Alternative des Bewirkens stellt demgegenüber das genaue Gegenstück zum Bezwecken dar. Verlangt wird der Eintritt des Erfolges, für den das Verhalten Ursache zu sein hat, mithin eine Kausalverknüpfung. Ausreichend ist hier die objektive Rechtswidrigkeit des Verhaltens, verzichtet wird demgegenüber auf die persönliche Vorwerfbarkeit. Dem Risiko, welches sich hieraus möglicherweise hätte ergeben können, begegnet der deutsche Gesetzgeber mit der Person des objektiven Beobachters. Die Gefahr einer Rechtsunsicherheit wird dadurch eingeschränkt, ohne dem Erziehungsgedanken der Richtlinie(n) zuwiderzulaufen. Personen, die beabsichtigen sich rechtstreu zu verhalten, werden Verhaltensweisen, die von so erheblicher Schwere sind, dass sie sich eignen, bereits bei einmaligem Stattfinden die belästigenden Folgen auszulösen, nicht ausüben, da sie deren potentiellen Auswirkungen auf andere Personen erkennen und zu vermeiden suchen.

3.4 Zwischenergebnis

Die belästigenden Folgen können entweder bezweckt oder bewirkt werden. Die Variante des Bezweckens setzt voraus dass das belästigende Verhalten gerade deswegen ausgeübt wird, damit die genannten Folgen eintreten, mithin ein zielgerichtetes Verhalten des Täters, dem es bewusst darauf ankommen muss, die Belästigung herbeizuführen. Unerheblich ist dabei, ob auch nur eine der gewünschten tatbestandlichen Folgen beim Opfer letztlich eintritt, so dass hier zuvorderst die Haltung des Täters und nicht die tatsächliche Beeinträchtigung des Opfers entscheidet. Die Alternative des Bewirkens hingegen erfordert den Eintritt beider tatbestandlichen Folgen, der Würdeverletzung sowie der feindlichen Gestaltung des Umfeldes. Nicht erheblich ist dagegen, dass der Belästiger vorsätzlich handelt, es reicht vielmehr ein kausaler Zusammenhang zwischen dem Verhalten des Täters und dem Eintritt der Folgen beim Opfer. Mit der Einführung dieser Variante wurde ein Tatbestand geschaffen, der aufgrund des Fehlens jeglichen Verschuldens eine dem Rechtssystem eher fremde Form der Haftung enthält. Gleichwohl muss hierbei bedacht werden, dass das Risiko eines unbewussten Fehlverhaltens dadurch minimiert wird, dass bereits beim unerwünschten Verhalten auf die Figur des objektiven Beobachters abgestellt wird. Ein Verhalten, welches sich aus der Sicht eines durchschnittlich sensiblen Menschen als unerwünscht darstellt, wird daher von jedem zumindest durchschnittlich sensiblen Menschen auch unterlassen werden. Alle anderen Verhaltensweisen, die von so geringer Erheblichkeit sind, dass sie aus Sicht des objektiven Beobachters nicht als unerwünscht eingestuft werden, können beim erstmaligen Auftreten auch nicht den Tatbestand der Belästigung erfüllen, so dass eine unbewusste Belästigung in Form des Bewirkens bei einmaligem Verhalten nur von deutlich unterdurchschnittlich sensiblen Personen begangen wird.

7. Kapitel: Parallelen und Abgrenzung zu verwandten Tatbeständen

I. Abgrenzung zum Mobbing

Die Parallelen zwischen dem Belästigungstatbestand des § 3 Abs. 3 AGG und dem Mobbing sind auffallend. Zum Teil wird daher auch vertreten, beide Begriffe seien identisch, so dass von den Richtlinienvorgaben zur Belästigung nunmehr auch die Mobbingtatbestände erfasst seien,[385] wodurch erstmalig eine Legaldefinition von Mobbing in das deutsche Recht Einzug fände. Dabei wird jedoch übersehen, dass bei aller Übereinstimmung, die vereinzelt dazu führen kann, dass durch eine Handlung beide „Tatbestände" erfüllt sein können, keine Identität der Begriffe und ihrer Voraussetzungen vorliegt.

1. Europäische Bewertung

Bereits vor Umsetzung in das deutsche Recht wurde auf europäischer Ebene die Frage nach der Identität von Mobbing und Belästigung im Laufe der Richtlinienentstehung aufgeworfen. So beantragte der Ausschuss für Industrie, Außenhandel, Forschung und Energie den ursprünglichen Kommissionsvorschlag zur neuen Gleichbehandlungsrichtlinie, der wie bereits dargestellt, noch keine Bestimmung zur Belästigung enthielt, nicht um eben diese Belästigung zu ergänzen, sondern (abweichend von den anderen Stellungnahmen) anstelle dessen um eine Bestimmung zum Mobbing zu erweitern. Danach sollte ein Art. 1a in die Richtlinie aufgenommen werden mit folgender Definition: „Mobbing ist jedes unredliche Verhalten, das insbesondere durch Verhaltensweisen, Worte, Handlungen, Gesten, schriftliche Äußerungen zum Ausdruck kommt, die die körperliche oder geistige Unversehrtheit einer Person beeinträchtigen können".[386]

In der Begründung führt der Ausschuss an, dass es neben der sexuellen Belästigung noch andere Formen der Belästigung gibt, die in großem Umfang Frauen betreffen und dass diese anderen Formen der Belästigung, die als Mobbing bezeichnet werden können, berücksichtigt werden müssen.[387]

---

385 Berger-Delhey, ZTR 2001, 162, 163 zur Belästigung nach dem Kommissionsvorschlag zur RL 2000/78/EG; Kuras, RdA 2003, 11, 14 zur Belästigung nach der RL 2000/78/EG.

386 Stellungnahme des Ausschusses für Industrie, Außenhandel, Forschung und Energie v. 05.03.2001, enthalten im Bericht über den Vorschlag für eine Richtlinie des Europäischen Parlaments und des Rates zur Änderung der Richtlinie 76/207/EWG, Ausschuss für die Rechte der Frau und Chancengleichheit v. 16.05.2001, A5-0173/2001 endgültig, S. 44.

387 Stellungnahme des Ausschusses, S. 45, siehe Fn. 324.

In der englischen Version der Stellungnahme wird nicht der Begriff „Mobbing" verwendet, sondern der Begriff „moral harassment".[388] was nicht weiter überrascht, ist dieser doch nur einer von mehreren Begriffen für eben jenes Phänomen und alles andere als ein international einheitlicher. Der Begriff „moral harassment" entspricht dem im französischen Sprachgebrauch verwendeten Begriff „harcèlement moral", mit welchem dort Mobbing beschrieben wird.[389] Gemeint ist also auch hier nicht die Belästigung, sondern Mobbing, ein Übersetzungsfehler liegt somit nicht vor.

Ganz offensichtlich betrachtet der Ausschuss Mobbing und Belästigung als identisch. Diese Einschätzung, der sich im übrigen die anderen Ausschüsse nicht anschlossen, konnte sich nicht durchsetzen. Letztendlich wurde eine Definition der Belästigung und nicht des Mobbing in die Richtlinie aufgenommen.

Eine Abgrenzung beider Begriffe findet man im Bericht des Europäischen Parlaments über Mobbing am Arbeitsplatz. Dort wird darauf hingewiesen, dass Diskriminierung, sexuelle Belästigung und sonstige Belästigung am Arbeitsplatz deutliche Berührungspunkte mit Mobbing am Arbeitsplatz aufweisen.[390] Diese Feststellung macht aber auch deutlich, dass beide nicht als identisch verstanden werden. Worin die Unterschiede liegen, wird nicht erläutert, auch wird darauf hingewiesen, dass weder eine international einheitliche Definition von Mobbing existiert noch in der europäischen Union vorhanden ist, und in den einzelnen Mitgliedstaaten unterschiedliche Definitionen zu finden sind.[391]

Trotz vereinzelter Abweichungen wird auch auf europäischer Ebene differenziert zwischen Mobbing und Belästigung (harassment), wenngleich eine Abgrenzung in keinem offiziellen Dokument der Union vorgenommen wird.

2. Definitionen von Mobbing im deutschen Recht

Bereits bei der Mobbingdefinition stellt sich die erste Schwierigkeit, denn eine Legaldefinition von Mobbing existiert im deutschen Recht, anders als in anderen Ländern,[392] nicht. Der Begriff Mobbing, aus dem englischen „to mob" für „über

388 Opinion of the Committee on Industry, External trade, Research and Energy 05.03.2001, in the Report on the proposal for a directive of the European Parliament and of the Council amending Council Directive 76/207/EEC, Committee on Women's Rights and Equal Opportunities, 16. 05. 2001, A5 0173/2001 Final, p. 38.

389 Vergl. hierzu auch Kollmer, Mobbing, S. 4ff.

390 Europäisches Parlament, Bericht über Mobbing am Arbeitsplatz, Ausschuss für Beschäftigung und soziale Angelegenheiten v. 16.07.2001, A5-0283/2001, S. 12.

391 Bericht über Mobbing am Arbeitsplatz, S. 10f.

392 Siehe Lorenz, PersR 2002, 65, 66.

jemanden herfallen, jemanden anpöbeln“[393] ist kein Rechtsbegriff, sondern vielmehr die Bezeichnung für die unterschiedlichsten Konfliktsituationen am Arbeitsplatz, in denen die Betroffenen sich auf schikanöse Art ausgegrenzt fühlen.[394] Erstmalig gebraucht wurde der Begriff von *Konrad Lorenz*, der damit das Verhalten von Tieren beschrieb, die sich zusammenrotteten, um ein ihnen überlegenes Tier gemeinsam zu vertreiben.[395] Im allgemeinen Sprachgebrauch handelt es sich beim Mobbing um das ständige Quälen von Kolleginnen und Kollegen mit der Absicht, diese aus ihren Stellungen zu verdrängen.[396]

Für das Mobbing im rechtlichen Sinne gibt es keine einheitliche Definition,[397] wenngleich über einige Eckpunkte mittlerweile eine gewisse Einigkeit herrscht.[398] In der Literatur wurden zahlreichen Ansätze unternommen, dem Phänomen „Mobbing“ Kontur zu verleihen. So definiert *Leymann*, der erstmals den Begriff des Mobbing für Verhaltensvorgänge in der Arbeitswelt verwendete, dieses als negative kommunikative Handlungen, die gegen eine Person gerichtet sind (von einer oder mehreren anderen) und die sehr oft und über einen längeren Zeitraum hinaus vorkommen und damit die Beziehung zwischen Täter und Opfer kennzeichnen.[399] Später erweitert er diese Definition noch um ein weiteres Kennzeichen. Dabei handelt es sich um die Ausgrenzung des Angegriffenen und den Ausstoß aus dem Arbeitsverhältnis.[400]

Teilweise übereinstimmend mit *Leymann*, wenngleich umfassender, ist die Definition von *Esser/Wolmerath*. Danach ist Mobbing ein Geschehensprozess in der Arbeitswelt, in dem destruktive Handlungen unterschiedlicher Art wiederholt und über einen längeren Zeitraum gegen Einzelne vorgenommen werden, welche von den Betroffenen als eine Beeinträchtigung und Verletzung ihrer Person empfunden werden und dessen ungebremster Verlauf für die Betroffenen grundsätzlich dazu führt, dass ihre psychische Befindlichkeit und Gesundheit zunehmend beeinträchtigt werden, ihre Isolation am Arbeitsplatz zunehmen, dagegen die Chancen auf eine zufriedenstellende Lösung schwinden und der regelmäßig im Verlust ihres bisherigen beruflichen Wirkbereichs endet.[401]

---

393 Kollmer, Mobbing, S. 3, Rn. 5; Esser/Wolmerath, Mobbing, S. 20ff; Aigner, Antworten, S. 159; Reiserer/Lemke, MDR 2002, 249.

394 Rieble/Klumpp, ZIP 2002, 369, 370.

395 Benecke, Mobbing, S. 1, Rn. 1; Wolmerath, Mobbing im Betrieb, S. 24; Kollmer, Mobbing, S. 2, Rn. 4.

396 Kollmer, Mobbing, S. 5; Lorenz, PersR 2002, 65.

397 Siehe hierzu auch Benecke, NZA-RR 2003, 225, 226f.

398 siehe hierzu kontrovers Däubler, BB 1995, 1347ff, und in Erwiderung: Gralka, BB 1995, 1651ff.

399 Leymann, Mobbing, S. 21f.

400 Leymann, Der neue Mobbing-Bericht 1995, S. 18.

401 Esser/Wolmerath, PersR 2000, 446, 447.

Auch die Rechtsprechung hat sich dem Problem des gesetzlich nicht geregelten „Mobbing“ angenommen. Nach der Definition des Bundesarbeitsgerichts ist darunter das systematische Anfeinden, Schikanieren oder Diskriminieren von Arbeitnehmern untereinander oder durch Vorgesetzte zu verstehen.[402]

Fortgeführt wurde diese Definition durch das Landesarbeitsgericht Thüringen, wonach der Begriff Mobbing im arbeitsrechtlichen Sinne fortgesetzte, aufeinander aufbauende oder ineinander übergreifende, der Anfeindung, Schikane oder Diskriminierung dienende Verhaltensweisen erfasst, die nach ihrer Art und ihrem Ablauf im Regelfall einer übergeordneten, von der Rechtsordnung nicht gedeckten Zielsetzung förderlich sind und jedenfalls in ihrer Gesamtheit das allgemeine Persönlichkeitsrecht oder andere ebenso geschützte Rechte, wie die Ehre oder die Gesundheit des Betroffenen verletzen. Hierfür reicht ein Fortsetzen des Verhaltens unter schlichter Ausnutzung der sich jeweils bietenden Gelegenheit, ein vorgefasster Plan ist nicht erforderlich.[403]

Eine einheitliche Definition von Mobbing existiert somit nicht. Vorhandene Definitionen können nur allgemeine Eckpunkte des Begriffes skizzieren, und damit Anhalt für eine Einschätzung geben, ob ein bestimmtes Verhalten darunter gefasst werden kann.[404] Hier macht sich das Fehlen einer Legaldefinition äußerst nachteilig bemerkbar.

3. Übereinstimmungen und Unterschiede

Einigkeit besteht darüber, dass es für Mobbing mehrerer Handlungen bedarf, die bei isolierter Betrachtung, jede für sich genommen nicht als Mobbing bezeichnet werden könnten.[405] Erst durch ihr gehäuftes Auftreten werden diese zum Mobbing. Entscheidendes Kennzeichen ist somit die Systematik des Handelns. Hierfür erforderlich ist ein Zusammenhang mehrerer Verhaltensweisen, der sich aus einem zeitlichen Ablauf sowie einer identischen Zielsetzung ergeben muss, wobei als ausreichend erachtet wird, wenn ein Fortsetzen des Verhaltens unter Ausnutzung der sich jeweils bietenden Gelegenheit stattfindet.[406]

---

402 BAG Urteil v. 15.01.1997 DB 1997, 1475.

403 LAG-Thüringen, Urteil vom 10.04.2001, NZA-RR 2001, 347.

404 Hierzu auch Raschka, Darlegungs- und Beweiserleichterung, S. 35.

405 Siehe oben genannte Definitionen, aber auch die Darstellung bei Wickler/Wickler, Handbuch Mobbing-Rechtsschutz, S. 109f.

406 LAG-Thüringen, NZA-RR 2001, 347, 358.

Die Erkennbarkeit einer gewissen Strategie in Form einer stetigen, systematischen Zielsetzung ist somit charakteristisch für Mobbing.[407] Keinesfalls liegt diese daher vor, wenn Handlungen einmalig oder lediglich vereinzelt stattfinden.[408]

An dieser Stelle zeigen sich bereits entscheidende Unterschiede zur Belästigung. Wie der Gesetzgeber in der Gesetzesbegründung nachhaltig bekräftigt, können auch einzelne Verhaltensweisen eine Belästigung darstellen. Ein wie auch immer gearteter zeitlicher Faktor ist hierfür genauso wenig erforderlich, wie ein gehäuftes Auftreten des Verhaltens. Beide sind jedoch wesentliche Kennzeichen des Vorliegens von Mobbing. Eine einzelne Verhaltensweise kann, unabhängig von ihrer Schwere oder sonstigen Qualität, nach allen verschiedenen Definitionen noch kein Mobbing ausmachen. Kein Kennzeichnendes Merkmal für die Belästigung ist darüber hinaus die für das Mobbing wesentliche Systematik des Handelns, welches eine gewisse Organisation voraussetzt und damit auch ein vorsätzliches Vorgehen. Demgegenüber steht die verschuldensunabhängige Belästigungsvariante des Bewirkens, die schon keinen Belästigungsvorsatz voraussetzt und noch weniger ein systematisches Vorgehen, auch wenn es nur „bei Gelegenheit“ erfolgt.

Die wesentlichste Differenz zwischen Belästigung und Mobbing zeigt sich gleichwohl an anderer Stelle. Sie liegt im konkreten Anlass für die jeweilige „Tathandlung“. Bei der Belästigung liegt er darin begründet, dass das Belästigungsopfer Träger eines durch § 1 geschützten Merkmals ist. Entsprechend der vier zugrunde liegenden Richtlinien sind dies die Merkmale Rasse oder ethnische Herkunft (RL 2000/43/EG), Geschlecht (RL 2002/73/EG und 2004/113/EG), sowie die Merkmale Religion oder Weltanschauung, Behinderung, Alter oder sexuelle Ausrichtung (Richtlinie 2000/78/EG). Wird eine Person aus anderen Gründen belästigt, ist der Tatbestand der Belästigung nicht erfüllt, die Aufzählung in § 1 ist insoweit abschließend.[409]

Im Gegensatz dazu sind die Ursachen für die Auswahl des Opfers beim Mobbing höchst unterschiedlich. Es gibt zahlreiche Gründe, warum eine Person zum Ziel von Mobbinghandlungen wird. So hat eine Umfrage unter Mobbingopfern, die im Rahmen einer umfassenden Studie durchgeführt wurde, ergeben, dass der Hauptgrund für das mobbende Verhalten darin lag, dass die Betroffenen eine Konkurrenz für den Täter darstellten. Weitere Nennungen ergaben so unter-

407 Wickler/Wickler, Handbuch Mobbing-Rechtsschutz, S. 107, Rn. 54f.; Rieble/Klumpp, ZIP 2002, 369, 371.

408 Wolmerath, Mobbing im Betrieb, S. 29; Rieble/Klumpp ZIP 2002, 369, 371.

409 Dem nationalen Gesetzgeber bliebe es allerdings überlassen, ob er den Belästigungsschutz auch auf andere Merkmale ausdehnen will.

schiedliche Ursachen wie Neid auf die Qualifikation des Opfers, dass dieses als Querdenker galt, unerwünschte Kritik äußerte oder der Mobber die Aufgaben seines Opfers an sich ziehen wollte. Persönliche Merkmale des Opfers wie Geschlecht, Alter, sexuelle Orientierung Nationalität oder auch das Ablehnen von sexuellen Angeboten wurden von den Befragten weit weniger genannt. Häufiger Grund für Mobbing ist nach der Umfrage auch schlicht die persönliche Antipathie des Mobbers gegen sein Opfer oder sein Lebensstil. Der am seltensten angegebene Faktor für Mobbing war die Behinderung des Opfers, dicht gefolgt von der äußeren Erscheinung Dabei muss jedoch berücksichtigt werden, dass viele Opfer keine Kenntnis darüber erlangen, aus welchem Grund gerade sie gemobbt werden.[410]

Überwiegend hängen die Gründe für Mobbing also, sofern sie dem Opfer überhaupt bekannt sind, mit dem Arbeitsplatz und dem Beschäftigungsverhältnis im weiteren Sinne zusammen. Bei der Belästigung hingegen sind es die geschützten Merkmale des § 1, welche Anlass und Ursache für die Handlung darstellen. Diese sind jedoch eher selten ein Grund für Mobbing. Die meisten der als Auslöser für Mobbing identifizierten Gründe werden vom Belästigungstatbestand nicht erfasst. Die Zielrichtung des Mobbers ist somit überwiegend nicht identisch mit derjenigen des Belästigers. Ist der Anlass für Mobbing hingegen eines der nach § 1 AGG geschützten Merkmale, kann es sich bei Vorliegen der weiteren Voraussetzungen gleichzeitig um eine Belästigung nach § 3 Abs. 3 AGG handeln.[411]

Als ein wesentliches Kennzeichen wird die feindselige Ausgrenzung oder auch der Ausstoß aus dem Arbeitsverhältnis als vom Täter angestrebtes Ergebnis des Mobbing genannt.[412] Wobei die Frage diskutiert wird, ob der Ausstoß aus dem Arbeitsverhältnis mit dem Verlust des Arbeitsplatzes gleichzusetzen ist, oder ob es dem Mobbingtäter letztendlich nur darauf ankommt, das Opfer von seinem konkreten Arbeitsplatz zu vertreiben.[413] Das korrespondiert mit den oben angeführten Ergebnissen der Studie, die als häufigste Ursachen für Mobbing gerade solche Gründe nennt, die das Konkurrenzverhältnis zwischen Opfer und Täter betreffen.

Die Ausgrenzung oder der Ausstoß aus dem Arbeitsverhältnis kann auch das angestrebte Ziel der Belästigung sein, wenn der Belästiger eine derartige Abnei-

410 Meschkutat u.a., Der Mobbingreport S. 118.

411 So auch Benecke, Mobbing, S. 180, Rn. 462; Raschka, Darlegungs- und Beweiserleichterung, S. 56.

412 Esser/Wolmerath, Mobbing, S. 70f; Kollmer, Mobbing, S. 12; Rieble/Klumpp ZIP 2002, 369, 370.

413 So Wolmerath, Mobbing im Betrieb, S. 31.

gung gegen Träger oder Trägerinnen des geschützten Merkmals hegt, dass er versucht, sich dieser durch sein Verhalten gleichsam zu entledigen. Die Definition setzt diese Absicht des Täters nicht voraus. Folgen des belästigenden Verhaltens ist danach abschließend die Würdeverletzung des Opfers und das Schaffen eines feindlichen Umfeldes. Das Konkurrieren um den Arbeitsplatz ist nicht der eigentliche Grund oder Anlass für die Belästigung. Dieser liegt vielmehr in der Andersartigkeit des Opfers als Träger eines bestimmten Merkmals.

Gleichwohl weist die feindselige Ausgrenzung des Opfers insofern eine Parallele zur Belästigung auf, als in beiden Situationen für das Opfer ein in feindlicher Weise gekennzeichnetes Umfeld entsteht. Alle in der Belästigungsdefinition genannten Möglichkeiten der feindlichen Kennzeichnung des Umfeldes sind zweifelsohne geeignet, zu einer feindlichen Ausgrenzung zu führen, insbesondere liegen Ähnlichkeiten zu dem von Anfeindungen gekennzeichneten Umfeld vor.

Allerdings steht im Hintergrund der Ausgrenzung beim Mobbing immer das Ziel des Verlustes des Arbeitsplatzes und geht damit deutlich über die Belästigungsdefinition hinaus, welche weder den Eintritt dieser Folge verlangt, noch dass sie Ziel des belästigenden Verhaltens ist. Zwar kann der Belästiger zusätzlich auch bezwecken oder bewirken, dass das Opfer in Folge des Verhaltens seinen Arbeitsplatz aufgibt, dies wäre jedoch ein über die erforderlichen Tatbestsandsmerkmale hinausgehendes Ergebnis der Belästigung.

Ein weiteres Kennzeichen für Mobbing kann in der Demütigung oder Herabwürdigung des Opfers liegen.[414] Auch hier liegt wieder eine Parallele zur Belästigung vor, die ja einerseits eine Würdeverletzung des Opfers verlangt und darüber hinaus auch eine feindliche Kennzeichnung des Umfeldes, die in Form der Entwürdigung oder Erniedrigung vorliegen kann. Diese können also sowohl Indiz für Belästigung als auch für Mobbing sein. Allerdings ist die Würdeverletzung Voraussetzung für die Belästigung. Eine Belästigung, welche die Würde des Opfers nicht verletzt, erfüllt nicht den Tatbestand nach der Richtliniendefinition. Beim Mobbing kann das durch die Verhaltensweisen verletzte Rechtsgut die Würde des Opfers sein, in Betracht kommen aber auch andere Rechtsgüter wie die Ehre oder die Gesundheit des Opfers.[415] Diese können auch durch eine Belästigung verletzt werden, sofern nicht auch die Würde des Opfers betroffen ist, läge hierin jedoch keine Belästigung.

Ebenso unterscheiden sich Belästigung und Mobbing darin, dass letzteres das Verschulden des Mobbers voraussetzt und darüber hinaus auch den Eintritt der

---

414 Rieble/Klumpp, ZIP 2002, 369, 371; Kollmer, Mobbing, S. 16;
415 So ausdrücklich LAG-Thüringen, NZA-RR 347, 357.

Mobbingfolgen. Weder das für die Belästigung erforderliche Bezwecken, bei dem die aufgeführten Folgen nicht eintreten müssen, noch das alternativ verlangte Bewirken, welches unabhängig ist vom Verschulden der handelnden Person, könnten damit den Mobbingtatbestand erfüllen.

Schließlich unterscheiden sich Belästigung und Mobbing darin, dass erstgenannte nach § 3 Abs. 3 AGG ein Tatbestand der Benachteiligung ist. Wenn alle Merkmale der Definition vorliegen, handelt es sich somit immer um einen Fall von Diskriminierung. Demgegenüber kann Mobbing in Form einer Diskriminierung des Opfers erfolgen, möglich ist jedoch auch, dass Mobbing in Form eines systematischen Anfeindens oder Schikanierens des Opfers erfolgt,[416] wofür unterschiedliche Gründe ursächlich sein können.

Als diskriminierendes Mobbing kommen solche Verhaltensweisen in Betracht, die ihre Ursache darin finden, dass das Opfer eine bestimmte, von der Rechtsordnung geschützte Eigenschaft aufweist, wie sie der Katalog des § 1 AGG enthält. Innerhalb der genannten Ursachen für Mobbing gehören dazu die Eigenschaften Geschlecht (speziell: sexuelle Belästigung), „Alter“, „Sexuelle Orientierung“, „Nationalität“ und „Behinderung“.

Nicht eindeutig zu erfassen ist das Kriterium „Aussehen“. Ähnlich wie bei der Religion oder Staatsangehörigkeit eines Menschen, die häufig nur scheinbar ausschlaggebendes Kriterium sind, wenn tatsächlich die ethnische Herkunft gemeint ist,[417] kann auch das Äußere einer Person lediglich ein sogenanntes „Stellvertretermerkmal“ sein. Wird eine Person daher aufgrund ihrer optischen Erscheinung gemobbt, weil beispielsweise die Färbung ihrer Haut dunkler ist, kann es sich dabei um ein diskriminierendes Mobbing aufgrund der Rasse oder ethnischen Herkunft handeln. Ebenso kann dies der Fall sein, wenn eine männliche Person eher feminine Gesichtszüge und feingliedrige Statur besitzt, oder eine weibliche Person eher maskuline Gesichtszüge und eine kräftige bzw. muskulöse Statur, weswegen die handelnde Person diesen Personen Homosexualität unterstellt und es sich bei entsprechendem Verhalten um eine Diskriminierung aufgrund der sexuellen Orientierung handelt.

Demgegenüber können jedoch auch das „attraktive“ oder „weniger attraktive“ Äußere, der Kleidungsstil oder sonstige Kennzeichen Anlass für das Verhalten sein. Dabei würde es sich um ein nicht diskriminierendes Mobbing handeln, es sei denn, das Äußere einer Person wird als Diskriminierungsmerkmal geschützt

416 LAG-Thüringen NZA-RR 2001, 347, 358.
417 Gesetzesbegründung BR-Drs. 329/06, S. 31.

wie dies in Belgien der Fall ist, jedenfalls sofern es sich dabei um eine körperliche Eigenschaft handelt.[418]

Die am häufigsten genannten Gründe für Mobbing haben hingegen keinen Zusammenhang zu einem geschützten Merkmal, sondern liegen überwiegend in der rein beruflichen Sphäre wie wenn der Mobber das Opfer als Konkurrenz empfindet,[419]Neid auf die Qualifikation des Opfers verspürt,[420] oder dieser schlicht ein „Ventil“ für seine Aggressionen sucht.[421] Bei diesen handelt es sich jedenfalls nicht um diskriminierendes Mobbing.

Wesentlich ist, dass Mobbing als diskriminierendes Mobbing erfolgen kann, wobei damit unter Umständen gleichzeitig eine Belästigung nach § 3 Abs. 3 AGG vorliegt,[422] es jedoch auch als nicht diskriminierendes Mobbing möglich ist (was nach der Häufigkeit der Nennung sogar deutlich überwiegt).[423] Belästigung hingegen ist in nicht diskriminierender Form nicht möglich. Dabei handelt es sich nach § 3 Abs. 3 AGG immer um eine Benachteiligung, die ausschließlich aufgrund der abschließenden Gründe des § 1 AGG erfolgen kann.

II. Abgrenzung zur sexuellen Belästigung

Im Unterschied zur Belästigung gibt es zur sexuellen Belästigung bereits seit geraumer Zeit Regelungen im europäischen und bundesdeutschen Recht.[424] In der ursprünglichen Gleichbehandlungsrichtlinie von 1976 war die sexuelle Belästigung hingegen noch nicht enthalten. Erst durch die Änderungsrichtlinie 2002/73/EG wurde sie neben der Belästigung in diese aufgenommen. Ebenfalls enthalten ist sie in der RL 2004/113/EG. Die Definition selbst ist der Begriffsbestimmung von sexueller Belästigung in der bereits mehrfach erwähnten Kommissionsempfehlung[425] nachgebildet.[426] Die Richtliniendefinition wurde bei der

418 Vergl. hierzu Willekens in Loccumer Protokolle 40/03, S. 155ff.

419 Häufigster Grund für Mobbing nach der Studie von Meschkutat u.a., Der Mobbingreport, vergl. Übersicht S. 118.

420 Immerhin zweithäufigster Grund für Mobbing nach der oben genannten Studie.

421 Vergl. ansonsten die weiter genannten Gründe.

422 So auch Meinel/Heyn/Herms, § 3, Rn. 38.

423 So auch HK-AGG/Schrader/Schubert, § 3 Rn. 72; Eine weitgehende Übereinstimmung annehmend, jedoch ohne die Differenzierung bezüglich des Merkmals vornehmend, Bauer/Göpfert/Krieger, AGG, § 3 Rn. 46.

424 Siehe hierzu ausführlich Nöth, Rechtsschutz, S. 190ff.

425 Vergl. Empfehlung der Kommission v. 27.11.1991 zum Schutz der Würde von Frauen und Männern am Arbeitsplatz, ABl. EG Nr. L 49 v. 24.02.1992, S. 1, 4.

426 So Stellungnahme des Wirtschafts- und Sozialausschuss zu dem Richtlinienvorschlag zur Änderung der Richtlinie 76/207 EWG v. 25.01.2001, ABl. EG Nr. C 123 v. 25.04.2001, S. 81, 82.

Umsetzung in das deutsche Recht modifiziert, sie weicht deutlich mehr von der Vorgabe ab, als die Belästigung. So enthält sie, anders als ihr europäisches Vorbild, konkrete, wenn auch nicht abschließende Beispiele für sexuell belästigendes Verhalten. Diese Abweichung ist auf die im deutschen Recht bereits vorhandene Definition der sexuellen Belästigung in § 2 Abs. 2 BeschSchG[427] zurückzuführen, die in § 2 Abs. 2 Nr. 2 eine identische Aufzählung enthielt.

Die Definition der sexuellen Belästigung baut, so auch ausdrücklich die Gesetzesbegründung, auf der Struktur der Belästigung auf. Diese Nähe der beiden Begriffe macht eine Abgrenzung erforderlich. Insbesondere bei der Belästigung aufgrund des Merkmals Geschlechts kann dies im Einzelfall zu problematisch sein.

1. Übereinstimmungen und Unterschiede

Gemeinsam ist den Definitionen das unerwünschte Verhalten. Mit der bereits angesprochenen Verwendung des Singulars „unerwünschtes...Verhalten" in § 3 Abs. 4 hat der Gesetzgeber ausdrücklich auch einmaliges Verhalten erfasst, wogegen sich dies aus § 3 Abs. 3 aufgrund der dortigen Verwendung des Plurals nicht ohne weiteres ergibt, wenngleich auch hier einmalig stattfindendes Handeln grundsätzlich erfasst sein kann. Eine ähnliche Abweichung weisen im übrigen bereits die Richtliniendefinitionen auf.

Anders als § 3 Abs. 3, in dem nicht näher Bezug genommen wird auf die Art der in Betracht kommenden Verhaltensweisen, enthält § 3 Abs. 4 einen Beispielskatalog von in Betracht kommenden Handlungen, der keinesfalls abschließend ist, was sich der Formulierung „..wozu auch...Handlungen gehören" entnehmen lässt.
Der Grund für die an dieser Stelle vorhandenen Unterschiede der beiden AGG Definitionen ist darin zu finden, dass die Belästigung weitestgehend unverändert dem Richtlinientext entnommen ist, die sexuelle Belästigung jedoch die Richtliniendefinition um Bestandteile der Definition des § 2 Abs. 2 Nr. 2 Beschäftigtenschutzgesetz ergänzt hat.

Die europäischen Vorgaben unterscheiden sich an dieser Stelle in ähnlicher Weise. Auch dort werden die Belästigungshandlungen in der Definition der Belästigung im Gegensatz zur sexuellen Belästigung nicht konkretisiert. Letztere hingegen werden in Art. 2 Abs. 2 RL 2002/73/EG als in verbaler, nicht verbaler oder physischer Form möglich beschrieben. Bezüglich der Richtliniendefinitionen ergibt sich die ausdrückliche Beschreibung des Verhaltens sexueller Natur

427 Kritisch zur Definition im Beschäftigtenschutzgesetz: Hohmann, ZRP 1995, 167ff.

aus der bereits mehrfach erwähnten Kommissionsempfehlung, [428] in der erstmals auf europäischer Ebene dem Begriff der sexuellen Belästigung Kontur verliehen wird, und welcher die Richtliniendefinitionen in RL 2002/73/EG und RL 2004/113/EG nachgebildet sind.
Die Belästigung nach beiden Richtlinien geht auf die Definitionen der 2000er Richtlinien zurück, [429] die ebenso keine Erläuterungen zum geschlechtsbezogenen Verhalten aufweisen. Warum der Richtliniengeber dies für nicht erforderlich erachtet hat, ist nicht ersichtlich.

Obgleich die Definitionen in Richtlinien und AGG an dieser Stelle voneinander abweichen, ergeben sich keine daraus resultierenden Unterschiede. Auch wenn jeweils die in Betracht kommenden Handlungen bezüglich der sexuellen Belästigung näher beschrieben werden, wird keine der genannten Formen für die Belästigung ausgeschlossen. Die ausdrückliche Aufzählung in der Definition der sexuellen Belästigung hat daher nur klarstellende Wirkung, darüber hinaus jedoch keinerlei inhaltliche Erweiterung oder Beschränkung im Vergleich zur Belästigung.

Noch konkreter als die Richtliniendefinitionen nennt die Definition in § 3 Abs. 4 AGG Beispiele, bei denen es sich nach der Gesetzesbegründung um typische Fälle von sexueller Belästigung handeln soll.[430] Dabei handelt es sich um solche Verhaltensweisen, die ohne den sexuellen Bezug auch als Tathandlungen einer Belästigung in Betracht kommen. Aufgeführt sind (sexuelle) Handlungen und Aufforderungen zu diesen, körperliche Berührungen, Bemerkungen (sexuellen Inhalts) sowie unerwünschtes Zeigen und sichtbares Anbringen von (pornographischen) Darstellungen. Die wesentliche Abweichung ergibt sich hier nicht in der Verhaltensweise als solcher, denn Handlungen, Bemerkungen oder das Zeigen und sichtbare Anbringen von Darstellungen ist genauso als Belästigungshandlung geeignet, sondern vielmehr im sexuellen Bezug der aufgeführten Beispiele.

Gemeinsam ist beiden Belästigungsarten auch die erforderliche Würdeverletzung. Diese ist auch für die sexuelle Belästigung notwendige Folge des uner-

428 Empfehlung der Kommission v. 27.11.1991 zum Schutz der Würde von Frauen und Männern am Arbeitsplatz, ABl. EG Nr. L 49 v. 24.02.1992, S. 1, 4.
429 Siehe Empfehlung des Europäischen Parlaments, Ausschuss für die Rechte der Frau und Chancengleichheit v. 17.10.2001, A5-0358/2001 endg., S. 10; Stellungnahme der Kommission zu den Abänderungen des europäischen Parlaments an dem gemeinsamen Standpunkt des Rates betreffend den Vorschlag für die Änderungsrichtlinie v. 27.11.2001, KOM (2001) 689 endg., S. 5.
430 Gesetzesbegründung BR-Drs. 329/06, S. 34.

wünschten Verhaltens und weicht in ihren Anforderungen nicht von denen der Belästigung ab.

2. Abgrenzung von sexuellem und geschlechtsbezogenem Verhalten

Die Abgrenzung zwischen sexueller und Belästigung hat über die Ursache für das unerwünschte Verhalten zu erfolgen. Bei der sexuellen Belästigung ist dies immer ein Verhalten sexueller Natur. Bei der Belästigung kommen alle in den Richtlinien genannten Merkmale in Betracht, also Rasse/ethnische Herkunft, Religion oder Weltanschauung, Behinderung, Alter, sexuelle Ausrichtung, oder das Geschlecht einer Person. Bei der Belästigung wegen des Geschlechts kann die Abgrenzung im Einzelfall mit erheblichen Schwierigkeiten verbunden sein.

2.1 Sexuell bestimmtes Verhalten

Mit der Formulierung des sexuell bestimmten Verhaltens weicht der AGG-Gesetzgeber vom Wortlaut der Richtliniendefinition ab, in welcher das Verhalten als „sexueller Natur" bezeichnet wird. Inhaltliche Konsequenzen ergeben sich daraus nicht. Grund für die Abweichung ist die Übernahme der Formulierung des § 2 Abs. 2 BeschSchG, einschließlich der weiteren, beispielhaften Aufzählungen in § 2 Abs. 2 Nr. 1 und 2 BeschSchG.

Der Beispielkatalog des § 3 Abs. 4 nennt als sexuell bestimmte Verhaltensweisen sexuelle Handlungen und Aufforderungen zu diesen, sexuell bestimmte körperliche Berührungen, Bemerkungen sexuellen Inhalts sowie unerwünschtes Zeigen und sichtbares Anbringen von pornographischen Darstellungen. Anders als in § 2 Abs. 2 Nr. 1 BeschSchG sind sexuelle Handlungen und Verhaltensweisen, die nach den strafgesetzlichen Vorschriften unter Strafe gestellt sind, in § 3 Abs. 4 AGG nicht mehr genannt. In der Gesetzesbegründung wird diesbezüglich jedoch ausdrücklich darauf hingewiesen, dass diese wie bisher erst recht zu den erfassten Verhaltensweisen zählen.[431]

Als besonders verwerfliche Form der sexuellen Belästigung wurde in der Gesetzesbegründung zum Beschäftigtenschutzgesetz zudem die im amerikanischen Recht als quid pro quo bezeichnete Variante genannt, wenn berufliche Vorteile versprochen oder Nachteile angedroht werden. Ausdrücklich wird dort auch auf verschiedene Untersuchungen zur sexuellen Belästigung Bezug genommen, die

431 Gesetzesbegründung BR-Drs. 329/06, S. 34.

erläuternd dazu herangezogen werden können, welche Verhaltensweisen als sexuell belästigend in Betracht kommen.[432]

Von den Betroffenen selbst werden häufig das Erzwingen sexueller Handlungen, die Aufforderung zum sexuellen Verkehr, das Zurschaustellen des Genitals, aufgedrängte Küsse, das unerwartete Berühren der Brust oder Genitalien sowie das Po-Kneifen oder Klapsen im Bereich der körperlichen Verhaltensweisen angegeben. Darüber hinaus werden pornographischen Bilder, anzügliche Bemerkungen über Figur und sexuelles Verhalten im Privatbereich, Telefongespräche oder Briefe mit sexuellen Anspielungen als sexuell belästigend genannt.[433]

Als Zusammenfassung dieser Ergebnisse formulieren Buhr/Kleinschonnefeld sexuell belästigende Verhaltensweisen als die visuelle oder verbale Bezugnahme auf Körperlichkeit und Privatheit in einer sexualisierten Form, mit einer Anspielung auf die Sexualität insbesondere der konkret betroffenen Person, sowie als tätliche Übergriffe, insbesondere wenn sie auf sexuell erotisch definierte Körperzonen zielen wie z.B. den Mund, die Brust, die Genitalien oder das Gesäß.[434]

Erforderliches Element sowohl der in § 3 Abs. 4 genannten als auch der von Betroffenen angegebenen Verhaltensweisen ist die auf Sexualität und nicht allein auf Geschlechtlichkeit gerichtete Motivation des Verhaltens.

2.2 Sexualität und Geschlecht

Sowohl die einfache als auch die sexuelle Belästigung sind nach § 3 Abs. 3 und 4 AGG Benachteiligungen. Die Richtlinie 2002/73/EG konkretisiert dies, indem sie in ihrem Art. 2 Abs. 3 Belästigung (aufgrund des Merkmals Geschlecht) und sexuelle Belästigung als Diskriminierung aufgrund des Geschlechts einordnet. Die Nähe beider Tatbestände spiegelt sich in ihren Tatbestandsmerkmalen wider, die sich weitgehend entsprechen. Dabei kann die Belästigung als „Grundtatbestand" und die sexuelle Belästigung als deren Spezialfall betrachtet werden.[435] Diese Einschätzung wurde auch im Verlaufe der Richtlinienentstehung

432 BT Drs. 12/5468, S. 19.

433 Holzbecher u.a., Sexuelle Belästigung am Arbeitsplatz (befragt waren hier Frauen und Männer) S. 210; Ähnliche Ergebnisse zeigt die Studie zur Sexuellen Belästigung von Frauen am Arbeistplatz, Schneble/Domsch, Sexuelle Belästigung, S. 43f.

434 Buhr/Klein-Schonnefeld in Schiek u.a., Frauengleichstellungsgesetze, § 2 BeschSchG, Rn. 2659.

435 Diese Einschätzung findet sich auch in der Gesetzeskommentierung zum AGG, wenn darauf verwiesen wird, dass die sexuelle Belästigung in § 3 Abs. 4 auf der Struktur der Belästigungsdefinition in Abs. 3 aufbaut, BR-Drs. 329/06, S. 34

mehrfach geäußert,[436] auch wenn sie sich in der Richtlinie selbst lediglich dadurch äußert, dass die Belästigung vor der sexuellen Belästigung (nach unmittelbarer und mittelbarer Diskriminierung) im Katalog der Diskriminierungsformen erscheint.

Die Perspektive der Opfer, die bestimmte Verhaltensweisen als sexuell belästigend angeben, spiegelt wider, dass entscheidendes Kriterium für die Abgrenzung beider Belästigungsvarianten das Vorliegen eines sexuellen Bezugs ist. Liegt ein solcher vor, handelt es sich nicht um eine Belästigung aufgrund des Geschlechts, sondern um eine sexuelle Belästigung, wobei die Unterscheidung im Einzelfall schwierig sein kann.[437]

Klar erkennbar ist der sexuelle Zusammenhang bei solchen Verhaltensweisen, die ein sexuelles Interesse des Täters am Opfer erkennen lassen, wie bei sexuellen Handlungen und Berührungen „erotisch definierter Körperzonen", bei Aufforderungen bzw. Einladungen zu sexuellen Handlungen. Unerheblich ist dabei, ob das Opfer lediglich ungewollt mit diesen konfrontiert wird, oder ob sie in Form der im amerikanischen Recht „quid pro quo" genannten Weise stattfinden, in der das berufliche Fortkommen des Opfers (von Vorgesetzten und Arbeitgebern) von seinem sexuellen Entgegenkommen abhängig gemacht, oder für den Fall der Ablehnung der sexuellen Annäherung ein entsprechender Nachteil in Aussicht gestellt wird.[438]

Ferner liegt ein sexueller Zusammenhang bei solchen Verhaltensweisen vor, bei denen zwar kein konkretes sexuelles Interesse des Täters am Opfer erkennbar ist, die Verhaltensweise selbst jedoch sexuell bezogenen Inhalt hat. So ist das Aufhängen von pornographischen Bildern nicht automatisch verbunden mit einem sexuellen Interesse an den Personen, die mit diesen konfrontiert werden. Es handelt sich bei diesen gleichwohl um Darstellungen mit sexueller Aussage, bzw. sexuellem Bezug weswegen sie den für die sexuelle Belästigung erforderlichen sexuellen Zusammenhang aufweisen.

---

436 So in der Entschließung des Europäischen Parlaments zu dem Vorschlag für die Änderungsrichtlinie v. 31. 5.2001, ABl. EG Nr. C 47 E v. 21.02.2002, S. 158, 159 und im gemeinsamen Standpunkt (EG) Nr. 32/2001, vom Rat angenommen am 23.7.2001, ABl. EG Nr. C 307 v. 31.10.2001, S. 5, 7.

437 Siehe das Beispiel bei Thüsing, Arbeitsrechtlicher Diskriminierungsschutz, S. 119, Rn. 292, der bei einer an eine Mitarbeiterin gerichteten Äußerung, ob diese immer oben ohne baden würde und dies zeigen solle, vorsichtig andeutet, es dürfte sich hier schon um den Unterfall der sexuellen Belästigung handeln.

438 Hierzu ausführlich Pfarr/Bertelsmann, Diskriminierung, 66.

Demgegenüber zeichnen sich Verhaltensweisen, die zu einer Belästigung aufgrund des Merkmals Geschlecht führen gerade dadurch aus, dass sie keinen sexuellen Zusammenhang erkennen lassen.[439] Einfach belästigendes Verhalten bezieht sich nicht auf die Sexualität einer Person, sondern auf deren Geschlecht.

Hierzu sind teilweise auch Verhaltensweisen zu zählen, die vormals als Beispiele für sexuelle Belästigungen genannt wurden. So wurde ein verniedlichender, entwürdigender Umgang mit Frauen beispielsweise ein „na, mein Mädchen" als sexuell belästigend eingestuft, ohne dass ein darüber hinaus gehender sexueller Kontext genannt wurde.[440] Solche Verhaltensweisen, die sich auf das Geschlecht des Opfers beziehen, jedoch keinen sonstigen sexuellen Zusammenhang haben, gehören in den Bereich der Belästigung. Die Abgrenzung beider Formen hat auch hier anhand des sexuellen Bezugs des jeweiligen Verhaltens zu erfolgen.[441] Wenn ein Verhalten, welcher Art auch immer, einen sexuellen Zusammenhang aufweist, bewegt es sich im Bereich der sexuellen Belästigung. Bezieht sich das Verhalten auf das Geschlecht des Opfers, lässt darüber hinaus jedoch keinerlei sexuellen Zusammenhang erkennen, so bewegt es sich im Bereich der Belästigung. Für die Bewertung des Verhaltens kommt es zum einen auf die Intention des Belästigers an, tritt diese nicht klar hervor ist auch hier auf den Empfängerhorizont mit der Maßgabe abzustellen, wie ein objektiver Beobachter das Verhalten verstehen würde.

3. Das feindliche Umfeld

Hinsichtlich der Auswirkungen, welche die Richtliniendefinitionen als Folge des belästigenden Verhaltens voraussetzen, sind beide Belästigungsformen zunächst identisch. Danach muss bezweckt oder bewirkt werden, dass die Würde der betreffenden Person verletzt wird.

Hinsichtlich der Anforderung an das Tatbestandsmerkmal des feindlichen Umfeldes unterscheiden sich beide Belästigungsarten jedoch erheblich. Die Belästigung setzt den Eintritt oder zumindest die entsprechende Absicht des Eintritts eines solchen Umfeldes neben der Würdeverletzung des Opfers kumulativ voraus. Führt das Verhalten lediglich zum Eintritt einer der beiden Folgen, liegt keine Belästigung im Sinne des § 3 Abs. 3 AGG vor.

Im Gegensatz hierzu genügt bei der sexuellen Belästigung offenbar die Würdeverletzung des Opfers, ohne dass eine feindliche Gestaltung des Umfeldes er-

---

439 So auch Rebhahn Gleichbehandlungsgesetz, §§ 6-7, Rn. 12.
440 Schneble/Domsch, Sexuelle Belästigung, S. 42.
441 So auch Thüsing, Arbeitsrechtlicher Diskriminierungsschutz, S. 118, Rn. 291.

folgt oder angestrebt wird. Nach dem genauen Wortlaut der Definition muss bezweckt oder bewirkt werden,"... dass die Würde der betreffenden Person verletzt wird, insbesondere wenn ein von Einschüchterungen, Anfeindungen, Erniedrigungen, Entwürdigungen und Beleidigungen gekennzeichnetes Umfeld geschaffen wird". Hieraus ergibt sich, dass lediglich die Würdeverletzung des Opfers zwingend vorzuliegen hat, eine feindliche Beeinträchtigung des Umfeldes hingegen nicht eintreten muss. Auf das kumulative Vorliegen beider Folgen, wie es bei der Belästigung erforderlich ist, wird bei der sexuellen Belästigung damit verzichtet.

Die Formulierungen in § 3 Abs. 4 und in der Richtliniendefinition von sexueller Belästigung sind an dieser Stelle identisch. Auch die europäische Vorgabe verzichtet durch das „insbesondere" auf ein kumulatives Vorliegen beider Anforderungen und lässt für die Erfüllung des Tatbestandes den Eintritt einer Würdeverletzung beim Opfer genügen.

Verändert sich infolge eines sexuell belästigenden Verhaltens das Umfeld gleichwohl in feindlicher Weise, so ist dies als ein deutliches Indiz für das Vorliegen einer sexuellen Belästigung zu werten, kenntlich gemacht durch die Formulierung „insbesondere wenn". Nicht ausreichend ist hingegen das alleinige Vorliegen eines feindlichen Umfeldes, ohne eine daneben stattfindende Würdeverletzung.

Die sexuelle Belästigung hat insofern deutlich geringere Anforderungen als die geschlechtsbezogene Belästigung. Ausdrücklich begründet wird diese Unterschiedlichkeit weder in der Gesetzesbegründung zum AGG noch in den Richtliniendokumenten. Aus diesen geht lediglich hervor, dass die abweichende Formulierung erst kurz vor Erlass Eingang in die Definition gefunden hat. Im Verlauf der Richtlinienentstehung wurde gerade dieser Punkt häufig geändert. Im ersten Kommissionsvorschlag sollte die Würdeverletzung und/oder die Schaffung des Umfeldes Folge des sexuell belästigenden Verhaltens sein,[442] im weiteren Verlauf war für beide Belästigungsformen in gleicher Weise der alternative Eintritt von Würdeverletzung oder Schaffung des feindlichen Umfeldes vorgesehen[443], danach sollten beide Folgen für beide Belästigungsformen kumulativ

442 Vorschlag für eine Richtlinie des Europäischen Parlaments und des Rates zur Änderung der Richtlinie 76/207/EWG v. 11.7.2000, ABl. EG Nr. C 337 E, S. 204, 205.

443 Legislative Entschließung des Europäischen Parlaments zu dem Vorschlag für eine Richtlinie des Europäischen Parlaments und des Rates zur Änderung der Richtlinie 76/207/EWG v. 31.5.2001, ABl. EG Nr. C 47 v. 21.2.2002, S. 158, 164f.

vorliegen[444], schließlich wurde die genannte unterschiedliche Formulierung gewählt.

Es ist jedoch davon auszugehen, dass der Grund für die niedrigeren Anforderungen an das Vorliegen einer sexuellen Belästigung darin liegt, dass es sich bei der sexuellen Belästigung bereits per se um einen schwereren Eingriff in die Sphäre (Privat- bzw. Intimsphäre) des Opfers handelt, als bei der Belästigung,[445] bzw. bei der sexuellen Belästigung generell ein ihr immanenter höherer Unrechtsgehalt gegeben ist.

4. Auffangtatbestand Belästigung

Anders als das Verbot der Belästigung, welches den gesamten in § 2 Abs. 1 benannten Anwendungsbereich des AGG erfasst, erstreckt sich die sexuelle Belästigung nach dem ausdrücklichen Wortlaut des § 3 Abs. 4 lediglich auf den Bereich des § 2 Abs. 1 Nrn. 1-4, mithin auf alle arbeitsrechtlichen Aspekte, erfasst im zivilrechtlichen Bereich jedoch lediglich die Berufsbildung, soweit diese zivilrechtlich ausgestaltet ist, sowie die Mitgliedschaft und Mitwirkung in Beschäftigten- oder Arbeitgeberverbänden sowie in Berufsverbänden. Dies entspricht dem Geltungsbereich der Richtlinie 2002/73/EG, nicht jedoch dem der Richtlinie 2004/113/EG. Deren Geltungsbereich bezieht sich nach ihrem Art. 3 Abs. 1 auf alle Personen, die Güter und Dienstleistungen bereitstellen, die der Öffentlichkeit ohne Ansehen der Person zur Verfügung stehen, und zwar in öffentlichen und privaten Bereichen, einschließlich öffentlicher Stellen und die außerhalb des Privat- und Familienlebens und der in diesem Kontext stattfindenden Transaktionen angeboten werden. Zwar lief die Umsetzungsfrist für die Richtlinie 2004/113/EG erst am 21. Dezember 2007 ab, [446] jedoch war es die ausdrücklich erklärte Absicht des Gesetzgebers, mit dem AGG alle vier Antidiskriminierungsrichtlinien umzusetzen, und damit auch die Richtlinie 2004/113/EG.[447] Die Umsetzung ist daher an dieser Stelle defizitär, das Verbot der sexuellen Belästigung hat auch für die genannten zivilrechtlichen Bereiche zu gelten.

---

444 Gemeinsamer Standpunkt (EG) Nr. 32/2001 v. 23. Juli 2001, im Hinblick auf den Erlass der Richtlinie 2001/../EG des Europäischen Parlaments und des Rates vom ... zur Änderung der Richtlinie 76/207/EWG, ABl. EG Nr. C 307 v. 31.10.2001, S. 5, 7.

445 So Schrader/Schubert, Das AGG in der Beratungspraxis, S. 54, Rn. 113; HK-AGG-Schrader/Schubert, § 3, Rn. 77.

446 Siehe Art. 17 Abs. 1, RL 2004/113/EG.

447 Gesetz zur Umsetzung europäischer Richtlinien zur Verwirklichung des Grundsatzes der Gleichbehandlung, BGBl. 2006, Teil I Nr. 39, v. 17.8.2006, S. 1897.

Bis der Gesetzgeber an dieser Stelle nachgebessert hat, kann sich ein Schutz durch das AGG für bestimmte Konstellationen sexueller Belästigung gleichwohl dann ergeben, wenn diese nicht nur den Tatbestand des § 3 Abs. 4 erfüllen würden, sondern gleichzeitig auch den des § 3 Abs. 3. Mithin dann, wenn eine Verhaltensweise beide Tatbestände zugleich erfüllt.

Die Belästigung stellt, wie erläutert, gleichsam den Grundtatbestand dar, die sexuelle Belästigung deren spezielle Ausprägung. Da es sich bei sexueller Belästigung, wie es die Richtlinien 2002/73/EG[448] und 2004/113/EG[449] explizit ausführen, um eine Diskriminierung aufgrund des Merkmals Geschlecht handelt, ist § 3 Abs. 3 i.V.m. § 1 AGG bezüglich des Grundes Geschlecht in diesen Fällen Auffangtatbestand. Dies setzt jedoch voraus, dass das jeweilige sexuell belästigende Verhalten von seiner Art her nicht nur geeignet ist, den Anforderungen des § 3 Abs. 4, sondern auch den vergleichsweise höheren des § 3 Abs. 3 zu entsprechen. Über die Würdeverletzung des Opfers hinaus, muss durch die sexuelle Belästigung daher auch eine feindliche Kennzeichnung des Umfeldes geschaffen werden. Liegen die Voraussetzungen vor, besteht der Schutz vor sexueller Belästigung für den gesamten Anwendungsbereich des § 2 Abs. 1 AGG. In allen übrigen Situationen, in denen das sexuell belästigende Verhalten nur die Würde der belästigten Person verletzt, nicht jedoch deren Umfeld negativ beeinträchtigt, bleibt das Opfer hingegen schutzlos.

III. Abgrenzung zum Stalking

Erkennbare Parallelen zur Belästigung weist auch das sogenannte „Stalking“ auf. Dieses Phänomen ist seit 2007 ein Straftatbestand, und wird in § 238 StGB als Nachstellung bezeichnet.

Dabei handelt es sich um Verhaltensweisen, die auf ungewollte Kommunikation abzielen und auf Rechtsgutbeeinträchtigungen des Opfers gerichtet sind. Im Mittelpunkt steht immer die allein vom Täter definierte spezifische und persönliche Beziehung zu seinem Opfer. Diese ist Grundlage bzw. Gegenstand der Nachstellung. Kennzeichnend für das Stalking bzw. die Nachstellung ist daher, dass der Täter über eine längere Dauer und durch eine Mehrzahl von einzelnen Handlungen versucht, in den persönlichen Lebensbereich des Opfers einzudringen.[450]

Die Ausprägungen von Stalking sind vielfältig. Das Gesetz führt hiervon vier Varianten explizit auf, nämlich das Aufsuchen der räumlichen Nähe eines Ande-

448 Vergl. Art. 2 Abs. 2 der Richtlinie.
449 Vergl. Art. 4 Abs. 3 der Richtlinie.
450 Fischer, § 238, Rn. 9ff.

ren (§ 238 Abs. 1, Nr. 1), die Herstellung von Kontakt unter Verwendung von Telekommunikationsmitteln oder sonstigen Mitteln oder über Dritte (§ 238 Abs. Nr. 2), die Bestellung von Waren oder Dienstleistungen für Andere unter missbräuchlicher Verwendung seiner Daten (§ 238 Abs. 1 Nr. 3) sowie die Bedrohung eines Anderen oder einer ihm nahe stehenden Person (§ 238 Abs. 1 Nr. 4). Da noch weitere Begehensweisen denkbar sind, enthält § 238 Abs.1 Nr. 5 einen Auffangtatbestand für vergleichbare Handlungen.

Die auf Kommunikation ausgerichteten ungewollten Handlungen führen beim Opfer zu starken Beeinträchtigungen, die häufig als Bedrohung empfunden werden und bei schwereren Formen des Stalking in körperliche Angriffe oder sexuelle Übergriffe übergehen.[451]

Ähnlich wie beim Mobbing erschöpft sich das Stalking augenscheinlich nicht in einer einzigen Tat, sondern erstreckt sich über einen längeren Zeitraum und eine Folge von einzelnen Handlungen hinweg.[452] Hier zeigt sich ein Unterschied zur Belästigung. Es wurde bereits ausgeführt, dass für diese weder ein gehäuftes Auftreten noch ein andauernder zeitlicher Zusammenhang erforderlich sind, sondern auch einzelne Handlungen den Tatbestand erfüllen können.

Noch gravierender zeigt sich der Unterschied beider Begriffe jedoch bei Betrachtung der Ursache ihres Auftretens. Grund für die Belästigung ist stets der Zusammenhang mit dem jeweiligen Merkmal ihres Adressaten, wobei, wie gezeigt, auch Mitursächlichkeit ausreicht.

Das Motiv für den Stalker ist hingegen die ausschließlich von ihm selbst definierte, persönliche Verbindung zu seinem Opfer. Dem Stalking fehlt es damit an der bei Belästigungen erforderlichen Merkmalsbezogenheit. Sein Auftreten wird nicht motiviert durch das Vorhandensein eines bestimmten Merkmals nach § 1 AGG, sondern dadurch, dass der Täter nach seiner Vorstellung eine Beziehung zu seinem Opfer sieht.[453] Da die Belästigung nicht zwingend monokausal zu erfolgen hat, ist auch hier eine Überschneidung beider Tatbestände möglich. Die Tatsache allein, dass der Täter eine persönliche Motivation für sein Verhalten hat, schließt nicht aus, dass er es gleichzeitig wegen eines der nach § 1 AGG geschützten Merkmale auswählt. Stalking kann also unter Umständen gleichzeitig eine Belästigung im Sinne des § 3 Abs. 3 AGG darstellen, wenn es in einer diskriminierenden Weise erfolgt. Eine Belästigung allein aus persönlichen Motiven erfüllt indes nicht den Tatbestand.

451 Fischer, § 238, Rn. 10; Schluckebier in Satzger/Schmitt/Widmaier, § 238, Rn. 15.

452 Schluckebier in Satzger/Schmitt/Widmaier, § 238, Rn. 13.

453 Häufig ist das Stalking auch ein Resultat einer ehemaligen Partnerschaft, kommt jedoch auch im Bekannten- oder Kollegenkreis vor und sogar zwischen fremden Personen.

IV. Ergebnis

Die Parallelen zu den Tatbeständen des Mobbing, der sexuellen Belästigung und des Stalking sind deutlich vorhanden. So kann Mobbing, wenn es in Form des diskriminierenden Mobbing auftritt unter Umständen eine Belästigung nach § 3 Abs. 3 AGG darstellen. Ansonsten unterscheiden sich die Tatbestände jedoch dadurch, dass beim Mobbing gerade kein Merkmalsbezug vorhanden sein muss und es nicht zwingend eine Benachteiligung darstellt. Auch erfordert Mobbing ein systematisches und häufig auftretendes Handeln in einem gewissen zeitlichen Kontext sowie den Vorsatz des Täters bezüglich seines Verhaltens und dessen Folgen. Die sexuelle Belästigung ist dagegen ebenfalls ein Tatbestand nach § 3 (Abs. 4) AGG und baut auf der Struktur der Definition von Belästigung auf. Anders als die Belästigung aufgrund des Merkmals Geschlecht ist hier ein sexuell bestimmtes Verhalten erforderlich, mithin ein Verhalten mit sexuellem Bezug, wobei dieses sich nicht notwendigerweise aus einem sexuellen Interesse des Täters am Opfer ergeben muss. Ein Unterschied beider Definitionen ergibt sich zudem daraus, dass für die sexuelle Belästigung lediglich der Eintritt einer der beiden Folgen, Würdeverletzung oder feindliche Gestaltung des Umfeldes, gefordert wird, wobei letzteres ein Indiz für das Vorliegen einer sexuellen Belästigung darstellt, wodurch diese deutlich geringere Anforderungen enthält als die Belästigung. Da die sexuelle Belästigung nur für einen beschränkten Teil des Anwendungsbereiches des AGG vorgesehen ist, kann die Belästigung aufgrund ihrer weitgehenden Übereinstimmungen auch als Diskriminierung aufgrund des gleichen Merkmals Geschlecht hier als Auffangtatbestand fungieren. Dies ist jedoch nur für die Konstellationen möglich, in denen ein sexuell belästigendes Verhalten auch gleichzeitig den vergleichsweise höheren Anforderungen des § 3 Abs. 3 AGG entspricht. Beim Stalking spielt die zeitliche Komponente eine ähnliche Rolle wie beim Mobbing. Darüber hinaus liegt seine Ursache in einer persönlichen Verbindung, die der Täter zu seinem Opfer entwickelt. Treten jedoch Gründe nach § 1 AGG hinzu, ist auch hier eine Überschneidung zur Belästigung möglich.

8. Kapitel: Rechtfertigungsmöglichkeiten und Zurechnung des Verhaltens Dritter nach allgemeinen Vorschriften

I. Rechtfertigung einer Belästigung oder sexuellen Belästigung

Das AGG enthält für den Beschäftigungsbereich in § 8 Abs. 1 die Möglichkeit einer Rechtfertigung unterschiedlicher Behandlungen wegen eines in § 1 genannten Grundes, damit auch wegen des Merkmals Geschlecht. Darüber hinaus sind speziell für die Merkmale „Religion oder Weltanschauung" in § 9 und für das Merkmal „Alter" in § 10 weitere Rechtfertigungsmöglichkeiten vorgesehen. Auch für das Zivilrecht sieht das AGG in § 20 entsprechende Rechtfertigungen vor.

Für die beiden Belästigungstatbestände kommen Rechtfertigungsmöglichkeiten nicht in Betracht.[454] Weder die einfache noch die sexuelle Belästigung sind rechtfertigungsfähig. Dies ergibt sich aus der Struktur der Belästigungstatbestände, die bei Erfüllung der Voraussetzungen bereits die Rechtswidrigkeit implizieren. Der Rechtfertigungsgrund des § 8 AGG sieht dagegen vor, dass bei Vorliegen der genannten Voraussetzungen eine Ungleichbehandlung gerade keine verbotene Benachteiligung darstellt. Die an sich zunächst neutrale Ungleichbehandlung verschiedener Personen wird erst dann zu einer verbotenen Benachteiligung, wenn es sich erweist, dass für die Ungleichbehandlung keine der genannten Gründe vorliegen, durch welche sie gerechtfertigt ist.

Dieser Differenzierung sind die beiden Belästigungsformen nicht zugänglich, da der Unrechtscharakter hier bereits mit Erfüllung des Tatbestandes festgestellt wird. Eine nachträgliche Rechtfertigung ist, anders als bei der unmittelbaren Benachteiligung[455] nach § 3 Abs. 1 AGG nicht möglich.

II. Zurechnung des Verhaltens Dritter nach allgemeinen Vorschriften

Eine Haftung des Arbeitgebers kommt nicht nur dann in Betracht, wenn er die benachteiligende Handlung selbst begeht, eine andere Person im Sinne des § 3 Ab. 5 AGG dazu anweist oder seine Handlungspflichten nach § 12 AGG nicht erfüllt. Sie kann sich daneben auch dann ergeben, wenn ihm das Verhalten Dritter nach allgemeinen Vorschriften zuzurechnen ist.[456] So verweist die Gesetzes-

---

454 Vergl. hierzu auch die Gesetzesbegründung zu § 8 AGG, BR-Drs. 329/06, S. 36.

455 Eine Vergleichbare Lage besteht auch bei der mittelbaren Diskriminierung, da hier die Überprüfung der Rechtfertigung bereits Bestandteil des Tatbestandes ist, vergl. BR-Drs. 329/06, S. 36.

456 Siehe zur Zurechnung des Verhaltens Dritter bei sexueller Belästigung bereits Bertelsmann, AiB 1987, 123, 133.

begründung zu § 3 Abs. 5 auf die zivilrechtlichen Zurechnungsnormen, §§ 31, 278 und 831 BGB.[457] Auch wenn dort lediglich auf den zivilrechtlichen Bereich Bezug genommen wird, finden diese auch Anwendung auf das Arbeitsrecht. Für die Belästigung und sexuelle Belästigung kommen insbesondere die Zurechnungsnormen §§ 278 und 813 BGB in Betracht, auch wenn die Organhaftung nach § 31 BGB grundsätzlich auch im Arbeitsrecht Anwendung findet.[458]

1. Zurechnung nach § 278 BGB

Nach § 278 BGB wird dem Schuldner das Verschulden seines gesetzlichen Vertreters und seines Erfüllungsgehilfen zugerechnet. Grund für die Haftung ist, dass sich der Schuldner bei der Erfüllung seiner eigenen Verbindlichkeiten einer Hilfsperson bedienen darf, dann aber für diese von ihm ausgewählte, angeleitete und überwachte Hilfsperson auch verantwortlich ist, und für diese dem Gläubiger gegenüber so haftet, als würde ihn deren Verschulden selbst treffen.[459] Da § 278 BGB eine Art Erfolgshaftung oder Garantiehaftung für fremdes Verschulden enthält, ist eine Exkulpation des Geschäftsherrn hier grundsätzlich nicht möglich.[460]

Dem Arbeitgeber wird nach § 278 BGB nicht das Verhalten aller von ihm beschäftigten Personen zugerechnet, sondern nur von solchen Personen, derer er sich für die Wahrnehmung seiner vertraglichen Pflichten bedient.[461] Eine Zurechnung kommt daher nur dann in Betracht, wenn der Arbeitgeber Personen mit einem entsprechenden Weisungsrecht ausstattet, und diese gerade bei Ausübung dieses Weisungsrechtes eine verbotene Benachteiligung begehen. Erfasst wird damit nicht das benachteiligende Verhalten jedes Beschäftigten. Für Belästigungen, die von Personen ausgeübt werden, die keine Weisungsbefugnisse haben, so bei Belästigungen unter Kollegen, aber auch bei Belästigungen von einfachen Beschäftigten gegenüber ihren Vorgesetzten, haftet der Arbeitgeber nicht über § 278 BGB.[462] Eine Zurechnung erfolgt nur für das (verschuldete) Verhalten von Vorgesetzten oder anderen Personen, denen der Arbeitgeber die Ausübung seiner eigenen Pflichten überträgt.[463] Auch hier muss jedoch differenziert werden, ob die Belästigung in Ausübung dieser übertragenen Aufgaben oder

457 BR-Drs. 329/06, S. 34.

458 Vergl. hierzu ausführlich Adomeit/Mohr, KommAGG, § 3, Rn. 165ff.

459 Siehe hierzu Palandt/Heinrichs § 278, Rn. 1ff, MünchKomm/Grundmann, § 278, Rn. 1ff.

460 Staudinger/Belling, § 831, Rn. 24.

461 BGH v. 13. 06.1993, BGHZ 123, 1, 14.

462 Hierzu ausführlich Adomeit/Mohr, KommAGG, § 3, Rn. 172ff.

463 Raschka, Darlegungs- und Beweiserleichterung, S. 46; Mästle, Sexuelle Belästigung, S. 185ff; Herzog, Sexuelle Belästigung, S. 156ff; Staudinger/Löwisch/Caspers, § 278, Rn. 58.

unabhängig davon erfolgt, beispielsweise wenn der Vorgesetzte Arbeitnehmer aus einer ihm nicht unterstellten Abteilung belästigt.[464]

Eine Zurechnung diskriminierenden Verhaltens über § 278 BGB wird überwiegend Fälle von unmittelbarer und mittelbarer Benachteiligung erfassen, beispielsweise bei der Einstellung durch eine personalverantwortliche Person. Für die Belästigung sind diese weniger häufig zu erwarten, da die Belästigung in einem direkten sachlichen Zusammenhang mit der Ausübung der Arbeitgeberpflichten stehen müsste, der regelmäßig nicht vorliegen wird.

Denkbar sind hier Konstellationen, in denen der Vorgesetzte seiner ihm unterstellten Arbeitnehmerin eine negative Bewertung ihrer Tätigkeit erteilt und diese damit begründet, dass er Frauen generell für die schlechteren Mitarbeiter hält. Ein entsprechender Zusammenhang wäre auch anzunehmen, wenn der Vorgesetzte Kenntnis von einer Belästigungssituation in seiner Abteilung erlangt und untätig bleibt, anstatt diese zu unterbinden.

Bei der sexuellen Belästigung kommen insbesondere Fälle der sogenannten „quid pro quo" Belästigung in Betracht, in denen ein beruflicher Vorteil (Einstellung oder Beförderung) an das sexuelle Entgegenkommen des Opfers geknüpft werden. Geht dieses Verhalten nicht vom Arbeitgeber selbst, sondern von einer Person aus, der er diese Aufgabe übertragen hat (z.B. dem Personalleiter), liegt der geforderte sachliche Zusammenhang zur Ausübung der Arbeitgeberpflicht vor und das Verhalten würde dem Arbeitgeber über § 278 BGB zugerechnet werden. Denkbar wäre auch eine Konstellation, in welcher der Arbeitgeber eine bestimmte Person mit der Sorge um das Arbeitsklima und den Mitarbeiterschutz beauftragt. Belästigt diese bei Ausübung ihrer Funktion, käme eine Haftung des Arbeitgebers insoweit in Betracht, als er auch hier originäre Arbeitgeberpflichten übertragen hat.[465]

2. Zurechnung nach § 831 BGB

Eine Haftung des Arbeitgebers kann sich weiterhin über die deliktische Zurechnungsnorm des § 813 BGB ergeben.

Nach § 831 Abs. 1 BGB haftet derjenige, welcher einen anderen zu einer Verrichtung bestellt, für den Schaden, den dieser einem Dritten widerrechtlich zufügt. Die Haftung resultiert daraus, dass das eigene Verschulden des Geschäftsherren bei der Auswahl, Anleitung, Überwachung und Ausrüstung des Gehilfen

---

464 Ausführlich hierzu : Bertelsmann, AiB 1987, 123, 133.
465 Wagner in Gedächtnisschrift für Meinhard Heinze, S. 969, 978.

sowie ein kausaler Zusammenhang zwischen dem Verschulden des Geschäftsherren und dem bei einer dritten Person eingetretenen Schaden vermutet wird.[466]

Im Gegensatz zu § 278 BGB beschränkt sich die Haftung bei § 831 Abs. 1 BGB nicht auf solche Personen, denen der Arbeitgeber eigene Aufgaben übertragen hat, sondern erfasst alle, die er zu einer Verrichtung bestellt, [467] mithin alle in seinem Unternehmen tätigen Arbeitnehmer, unabhängig davon, ob sie mit der Ausübung originärer Aufgaben des Arbeitgebers betraut sind oder nicht. Jedoch setzt eine Haftung für den Schaden, den der Arbeitnehmer einem Dritten zufügt voraus, dass dieser in Ausführung der Verrichtung erfolgt und nicht lediglich bei Gelegenheit zugefügt wird. Erforderlich ist daher ein unmittelbarer Zusammenhang zwischen dem Schaden und der dem Arbeitnehmer aufgetragenen Verrichtung.[468]

Ähnlich wie bei § 278 BGB bei dem eine Haftung nur dann in Betracht kommt, wenn der Erfüllungsgehilfe in Zusammenhang mit der Ausübung der ihm übertragenen Arbeitgeberpflichten belästigt, wird die Anzahl der Fälle, in denen ein entsprechender Zusammenhang zwischen einer Belästigung (oder sexuellen Belästigung) zu der aufgetragenen Verrichtung hergestellt werden kann, eher gering einzuschätzen sein.

Zudem eröffnet § 831 Abs. 1 S. 2 dem Arbeitgeber anders als § 278 BGB die Möglichkeit der Enthaftung wenn er entweder nachweisen kann, dass er bei der Auswahl des Mitarbeiters die im Verkehr erforderliche Sorgfalt beobachtet hat oder aber dass der Schaden auch bei Anwendung dieser Sorgfalt entstanden sein würde.

Gelingt dem Arbeitgeber der Nachweis, dass er umfassende Schutzmaßnahmen vor Belästigung (und/oder sexueller Belästigung) getroffen hat und auch der belästigende Mitarbeiter zuvor nicht durch entsprechende Verhaltensweisen in Erscheinung getreten ist, scheidet eine Haftung des Arbeitgebers aus. An dieser Stelle zeigen sich die Überschneidungen zu § 12 Abs. 2 S. 2 AGG. Zwar gibt § 831 Abs. 1 S. 2 BGB dem Arbeitgeber keine beispielhaften Maßnahmen vor, bei deren Vorliegen eine Erfüllung seiner Schutzpflichten angenommen werden kann, jedoch wird man diese übertragen müssen. Wenn die Schulung nach § 12 Abs. 2 S. 2 AGG zu einer Enthaftung des Arbeitgebers nach dem AGG führt, wird man keine höheren Maßstäbe an die Haftung nach § 831 Abs. 1 BGB set-

466 Palandt/Thomas, § 831, Rn. 1.
467 MünchKommBGB/Wagner, § 831, Rn. 10.
468 Siehe hierzu Bertelsmann, AiB 1987, 123, 132ff.

zen können, auch hier wird eine geeignete Schulung als Erfüllung der Schutzpflichten als ausreichend anzusehen sein.[469]

469 Siehe unten, Kapitel 9, 2.4.

9. Kapitel: Prävention vor Belästigung am Arbeitsplatz

Das AGG enthält einen Katalog verschiedener Vorschriften zum Schutz der Beschäftigten vor allen Benachteiligungsformen des § 3, und zusätzlich (und ausschließlich) für Belästigungen und sexuelle Belästigungen die Möglichkeit der Leistungsverweigerung nach § 14.

Das Schutzprogramm des AGG beginnt auf einer imaginären Zeitschiene bereits vor dem belästigenden Verhalten mit der in § 12 Abs. 1 und 2 normierten Verpflichtung des Arbeitgebers, im präventiven Bereich tätig zu werden. Wird trotz oder aufgrund nicht erfolgter Prävention gleichwohl belästigt, sieht das AGG zum einen ein Beschwerderecht des Opfers nach § 13 vor, zum anderen, falls erforderlich das bereits angesprochene Leistungsverweigerungsrecht nach § 14. Entstehen infolge der Benachteiligung Schäden bei der betroffenen Person, kann sie nach § 15 Abs. 1 Schadensersatz- bzw. nach § 15 Abs. 2 Entschädigungsansprüche geltend machen. Der Katalog wird vervollständigt durch das Maßregelungsverbot des § 16. Dieser soll verhindern, dass Beschäftigte, die Rechte nach dem AGG in Anspruch nehmen, gerade wegen der Inanspruchnahme benachteiligt werden.

Von den genannten Rechten sind einige dem deutschen Recht nicht unbekannt. Für Fälle von sexueller Belästigung sah bereits das Beschäftigtenschutzgesetz im damaligen § 3 ein Beschwerderecht und in § 4 Abs. 2 ein Leistungsverweigerungsrecht der Beschäftigten vor. Die Verpflichtung des Arbeitgebers, angemessene arbeitsrechtliche Maßnahmen zu ergreifen, war in § 4 Abs. 1 geregelt, das Maßregelungsverbot in § 4 Abs. 3. Im AGG wurden diese Rechte zugänglich gemacht für die anderen Diskriminierungsformen mit Ausnahme des Leistungsverweigerungsrechts das lediglich für die Belästigung geöffnet wurde. Unmittelbar und mittelbar Benachteiligte können sich hierauf nach wie vor nicht berufen.

Die Verpflichtung, präventive Maßnahmen zu ergreifen, richtet sich allein an den Arbeitgeber. Das ergibt sich bereits aus dem direkten Wortlaut des § 12 Abs. 1 und Abs. 2 AGG. Grund ist, dass allein der Arbeitgeber befugt und in der Lage ist, die entsprechenden Maßnahmen zu ergreifen, bzw. anzuordnen und die bei ihm Beschäftigten dazu anzuhalten, die entsprechenden Anweisungen auszuführen und zu befolgen.

1. Vorgaben der Richtlinien

Die Richtlinie 2002/73/EG beinhaltet mit Art. 2 Abs. 5 eine Bestimmung zur Prävention. Danach ersuchen die Mitgliedstaaten in Einklang mit ihren nationalen Rechtsvorschriften, Tarifverträgen oder tariflichen Praktiken die Arbeitgeber und die für die Berufsbildung zuständigen Personen, Maßnahmen zu ergreifen, um allen Formen der Diskriminierung aufgrund des Geschlechts und insbesondere der Belästigung und sexuellen Belästigung vorzubeugen. Die anderen drei Richtlinien enthalten, trotz des auch dort normierten Verbotes der Belästigung, keine entsprechende Regelung.[470]

Die Vorgaben des Art. 2 Abs. 5 RL 2002/73/EG sind denkbar vage, dies beginnt bereits bei den Adressaten der Bestimmung. Aufgegeben wird den Mitgliedstaaten, ihrerseits den Arbeitgeber zu ersuchen, entsprechende Maßnahmen zu ergreifen. Dabei handelt es sich nicht um eine Frage der missverständlichen Übersetzung, auch die englische Sprachfassung lautet entsprechend.[471]

Die Regelung enthält also dem Wortlaut nach keine Verpflichtung des Arbeitgebers, vorbeugende Maßnahmen zu ergreifen, sondern eine bloße Aufforderung an diesen, ausgesprochen durch den jeweiligen Mitgliedstaat. Wiederholt wird diese Aufforderung in Erwägungsgrund 9 der Richtlinie, wonach die Arbeitgeber und die für die Berufsbildung zuständigen Personen ersucht werden sollen, gegen alle Formen der Diskriminierung vorzugehen und insbesondere präventive Maßnahmen zur Bekämpfung von Belästigung und sexueller Belästigung am Arbeitsplatz zu treffen.

Die Bestimmung zur Prävention wurde erst im Verlaufe des Verfahrens in die Richtlinie aufgenommen. Im ersten Kommissionsvorschlag ist sie noch nicht enthalten, ein erster Hinweis findet sich in der Stellungnahme des Wirtschafts- und Sozialausschusses. Dieser bezieht sich (lediglich für die sexuelle Belästigung) auf die Empfehlung der Kommission von 1991 und fordert die Aufnahme einer Bestimmung in die Richtlinie, nach welcher der Arbeitgeber verantwortlich für die Schaffung eines von sexueller Belästigung freien Umfelds ist. Der Ausschuss begründet sein Ersuchen unter Hinweis auf die Bedeutung der Festlegung von Verhütung sexueller Belästigung am Arbeitsplatz, wie sie in der

470 Gleichwohl bleibt es den Mitgliedstaaten unbenommen, diese bei der Umsetzung auch auf die übrigen geschützten Merkmale auszudehnen, wie vom deutschen Gesetzgeber im AGG auch vorgenommen, denn die genannten Regelungen beziehen sich nicht nur auf das Geschlecht, sondern auch auf alle übrigen in § 1 geschützten Merkmale.

471 "Member states shall encourage, in accordance with national law, collective agreements or practice, employers and those responsible for access to vocational training to take measures to prevent all forms of discrimination on grounds of sex, in particular harassment and sexual harassment at the workplace", Directive 2002/73/EC of the European Parliament and of the Concil amending Council Directive 76/207/EEC, OJ L 269, 5.10.2002, p. 15, 17.

Empfehlung festgehalten ist.[472] In der gleichen Stellungnahme wird weiter ausgeführt, dass die Verantwortung für das Vorbeugen und das Verhindern von (sexueller) Belästigung am Arbeitsplatz stets der Arbeitgeber trägt.[473]

Auch das Parlament fordert die Aufnahme einer Regelung, mittels derer die Mitgliedstaaten verpflichtet werden, Maßnahmen zu erlassen, um die Personen, die gemäß nationalem Recht für den Zugang zur Ausbildung, Beschäftigung und Berufstätigkeit oder die entsprechenden Bedingungen zuständig sind, zu verpflichten, Maßnahmen zur Vorbeugung sexueller Belästigung einzuleiten.[474] Eine fast identische Forderung ist auch in der Stellungnahme des Ausschusses für die Rechte der Frau und Chancengleichheit enthalten.[475]

Im geänderten Richtlinienvorschlag ist mit Art. 1 b erstmalig Prävention aufgeführt, allerdings auch dort lediglich für die sexuelle Belästigung. Danach sollen die Mitgliedstaaten die Arbeitgeber zu präventiven Maßnahmen verpflichten.[476] Auch der entsprechende Erwägungsgrund ist dort bereits enthalten.[477] Im gemeinsamen Standpunkt des Rates wurde keine der Regelungen aufgenommen. Das Parlament fordert diese erneut in seiner legislativen Entschließung, und bekräftigt auch dort wieder, dass die Arbeitgeber nicht nur ersucht, sondern vielmehr verpflichtet werden sollen präventiv tätig zu werden.[478] Gerade dies lehnt die Kommission in ihrer Stellungnahme jedoch ab. Sie erklärt demgegenüber lediglich ihr Einverständnis mit einer Bestimmung, wonach die Mitgliedstaaten die erforderlichen Maßnahmen treffen um die Arbeitgeber dazu anzuhalten, dass sie (sexuelle) Belästigung am Arbeitsplatz in Übereinstimmung mit ihren natio-

---

472 Stellungnahme des Wirtschafts und Sozialausschusses zu dem Vorschlag zur Änderungsrichtlinie 2002/73/EG v. 25.01.2001, ABl. EG Nr. C 123 v. 25.04.2001, S. 82.

473 Stellungnahme s. Fn. 2, S. 81.

474 Legislative Entschließung des Europäischen Parlaments zu dem Vorschlag für eine Richtlinie des Europäischen Parlaments und des Rates zur Änderung der Richtlinie 76/207/EWG des Rates zur Verwirklichung des Grundsatzes der Gleichbehandlung von Männern und Frauen hinsichtlich des Zugangs zur Beschäftigung, zur Berufsbildung und zum beruflichen Aufstieg sowie in Bezug auf die Arbeitsbedingungen v. 31.5.2001, ABl. EG Nr. C 47E v. 21.2.2002, S. 158, 165.

475 Bericht über den Vorschlag für eine Richtlinie zur Änderung der Richtlinie 76/207/EWG, Ausschuss für die Rechte der Frau und Chancengleichheit v. 14.05.2001, A5-0173/2001, Änderungsantrag 22, S. 22 und Änderungsantrag 6, S. 8 .

476 Geänderter Vorschlag für eine Richtlinie des Europäischen Parlaments und des Rates zur Änderung der Richtlinie 76/207/EWG v. 7.6.2001, ABl. EG Nr. C 270 E v. 25.09.2001, S. 9, 15.

477 Geänderter Vorschlag, S. 10.

478 Legislative Entschließung des Europäischen Parlaments zu dem gemeinsamen Standpunkt des Rates im Hinblick auf den Erlass der Richtlinie zur Änderung der Richtlinie 76/207/EWG v. 24.10.2001, ABl. EG Nr. C 112 E v. 9.5.2002, S. 169, 171.

nalen Rechtsvorschriften, Kollektivvereinbarungen und Gepflogenheiten verhindern.[479]

Es fällt sowohl auf, dass die Kommission präventive Maßnahmen nur für die sexuelle, nicht jedoch für die Belästigung akzeptiert, als auch dass sie sich lediglich für eine Aufforderung zur Prävention ausspricht, nicht jedoch für eine entsprechende Verpflichtung.

Der gemeinsame Entwurf, wie auch die endgültige Richtlinienbestimmung erfasst letztlich alle Diskriminierungsformen, insbesondere auch beide Belästigungsformen. Eine Verpflichtung der Arbeitgeber zur Prävention war demgegenüber nicht konsensfähig. Der gemeinsame Entwurf spricht von einer „Aufforderung"[480] der Mitgliedstaaten an die Arbeitgeber, nach der Richtlinie selbst, handelt es sich um ein „Ersuchen", entsprechend tätig zu werden.

Eine Präventionspflicht für Arbeitgeber besteht daher nach den europäischen Vorgaben nicht. Gleichwohl bleibt es den Mitgliedstaaten unbenommen, über die Richtlinienvorgaben hinauszugehen und anstatt eines Präventionsersuchens eine Präventionspflicht in ihr nationales Recht aufzunehmen.

2. Maßnahmen nach § 12 Abs. 1 AGG

Das von den Richtlinien geforderte Präventionsersuchen an die Arbeitgeber ist vom deutschen Gesetzgeber in Form einer Präventionspflicht umgesetzt worden. Enthalten war diese bereits im Gesetzentwurf aus dem Dezember 2004.[481]

§ 12 Abs. 1 S. 1 AGG enthält als eine Art Generalklausel die Verpflichtung des Arbeitgebers, seine Beschäftigten vor Benachteiligungen zu schützen. In § 12 Abs. 1 S. 2 wird klargestellt, dass dieser Schutz auch vorbeugende Maßnahmen umfasst. Die Verpflichtung des Arbeitgebers nach § 12 Abs. 1 AGG untergliedert sich damit in zwei Aspekte. Sie erfasst einerseits den präventiven und organisatorischen Bereich zur Verhinderung des Auftretens von Belästigungen oder anderen Benachteiligungen. Andererseits erstreckt sie sich auch auf die Verpflichtung zur „richtigen" Reaktion des Arbeitgebers im personellen und organi-

---

479 Stellungnahme der Kommission gemäß Art. 251 Abs. 2 UAbs.3 lit. c) EG-Vertrag zu den Abänderungen des Parlaments an dem gemeinsamen Standpunkt des Rates betreffend den Vorschlag für eine Richtlinie zur Änderung der Richtlinie 76/207/EWG v. 27.11.2001, KOM (2001) 689 endg., S. 3.

480 Gemeinsamer Entwurf nach Billigung durch den Vermittlungsausschuss des Art. 251 Abs. 4 EG-Vertrag, v. 24.5.2002, C5-0185/2002, S. 6.

481 Entwurf eines Gesetzes zur Umsetzung europäischer Antidiskriminierungsrichtlinien v. 16.12.2004, BT-Drs. 15/4538, S. 7.

satorischen Bereich, für den Fall, dass eine Belästigung oder andere Benachteiligung gleichwohl erfolgt.[482]

Die Bestimmung des § 12 Abs. 1 AGG entspricht weitgehend derjenigen des § 2 Abs. 1 BeschSchG, der entsprechende Schutzpflichten des Arbeitgebers in Bezug auf sexuelle Belästigung vorgegeben hatte. Auf diese Anlehnung wird auch in der Gesetzesbegründung ausdrücklich hingewiesen.[483]
War der § 2 Abs. 1 BeschSchG allein auf den Schutz vor sexueller Belästigung bezogen, nimmt § 12 AGG demgegenüber keine Einschränkungen vor und erstreckt sich damit auf alle in § 3 AGG enthaltenen Benachteiligungsformen.

Mit der Bestimmung des § 12 ADG erfolgt zudem eine Normierung derjenigen Arbeitgeberpflichten, welche die Rechtsprechung in Bezug auf den Schutz des allgemeinen Persönlichkeitsrechts für den Mobbingbereich bereits seit längerem konkretisiert hat. Diese Pflichten wurden mangels einer ausdrücklichen gesetzlichen Vorgabe aus der allgemeinen Fürsorgepflicht des Arbeitgebers hergeleitet. Präzisiert ist der Inhalt der Fürsorgepflicht in Bezug auf verschiedene Aspekte. Zunächst ist klargestellt, dass es nicht nur zu den Pflichten des Arbeitgebers gehört, die bei ihm beschäftigten Arbeitnehmer nicht selbst in ihrem allgemeinen Persönlichkeitsrecht zu verletzen, sondern auch, sie vor Belästigungen durch Mitarbeiter oder Dritte, auf die er einen Einfluss hat, zu schützen. Dazu gehört nicht allein, dass er seinen Beschäftigten einen menschengerechten Arbeitsplatz zur Verfügung stellt und ihre Persönlichkeit fördert,[484] sondern auch, dass er verpflichtet ist, Maßnahmen zu ergreifen bzw. seinen Betrieb so zu organisieren, dass eine Verletzung des Persönlichkeitsrechts ausgeschlossen ist.[485]

§ 12 Abs. 1 und Abs. 2 AGG normieren Präventionspflichten des Arbeitgebers weitergehend als § 2 Abs. 1 BeschSchG für alle Diskriminierungsformen des § 3 AGG, nicht jedoch für den Bereich Mobbing. Ein diesbezüglicher Schutz ergibt sich aus § 12 AGG nur für diejenigen Fälle des diskriminierenden Mobbing, die gleichzeitig eine Belästigung (oder sexuelle Belästigung) nach § 3 Abs. 3 oder 4 darstellen, für alle übrigen bedarf es auch weiterhin eines Rückgriffs auf die allgemeine Fürsorgepflicht des Arbeitgebers.

---

482 So auch Bauer/Göpfert/Krieger, AGG, § 12, Rn. 6; HK-AGG/Buschmann, § 12, Rn. 2; Meinel/Heyn/Herms, Allgemeines Gleichbehandlungsgesetz, § 12, Rn. 1ff.

483 BR-Drs. 329/06, S. 39.

484 Siehe hierzu beispielsweise LAG Niedersachsen, NZA-RR 2000, 517, 519; LAG-Thüringen, NZA-RR 2001, 347, 354; zustimmend: D/L/W-Dörner, Rn. 2308; 742; Schaub/Koch, § 106, Rn. 54ff Wickler/Wickler, Handbuch Mobbing-Rechtsschutz, S. 94, Rn. 45.

485 LAG Thürigen, NZA RR 2001, 347, 354.

2.1 Erforderlichkeit der Maßnahme

§ 12 Abs. 1 richtet sich ausschließlich an den Arbeitgeber. Seine Verantwortlichkeit besteht unabhängig davon, ob die Belästigung von einem Vorgesetzten, Kollegen oder einem Dritten verübt wurde immer dann, wenn er es unterlassen hat, die erforderlichen Maßnahmen zu ergreifen.

Welcher Maßstab für die Bewertung einer Maßnahme als „erforderlich" anzusetzen ist, führt die Gesetzesbegründung näher aus. Es kommt dabei nicht auf die subjektive Einschätzung seitens des Arbeitgebers oder des Arbeitnehmers an, sondern bewertet sich nach objektiven Gesichtspunkten. Welche Maßnahme im Einzelfall geboten ist, kann auch nach der Größe des Betriebes unterschiedlich zu beurteilen sein.[486] Anders als beispielsweise das Kündigungsschutzgesetz sieht das AGG keine Ausnahmen für Kleinbetriebe vor. Die Pflicht des Arbeitgebers, Maßnahmen zu ergreifen, erstreckt sich somit auf alle Unternehmen und Betriebe, unabhängig von der Anzahl der dort beschäftigten Arbeitnehmer. Diesbezüglich wird man grundsätzlich davon ausgehen können, dass bei größeren Betrieben Schutzmaßnahmen in anderem Umfang benötigt werden und damit auch als erforderlich anzusehen sind, als es bei Klein- und Kleinstbetrieben der Fall ist.[487]

Eine Vielzahl weiterer Kriterien, die in der Gesetzesbegründung nicht genannt sind, werden darüber hinaus zu berücksichtigen sein. Dazu gehört auch die Branche des jeweiligen Unternehmens bzw. Betriebes. So hat eine Befragung im Rahmen einer Studie zum Thema Mobbing ergeben, dass das Risiko von Mobbing betroffen zu werden am stärksten im Bereich der sozialen Berufe ausgeprägt war, am niedrigsten dagegen bei den sogenannten Büroberufen.[488]

Weiter sind auch die Struktur und Zusammensetzung nach Geschlechtern und anderen geschützten Merkmalen (beispielsweise bei Beschäftigung von Angehörigen verschiedener Religionen etc.) wie auch die Organisation des Betriebes zu berücksichtigen, sowie unter Umständen der Ausbildungsgrad beziehungsweise die Qualifikation der Beschäftigten.[489]

Die Verpflichtung zum Ergreifen von Maßnahmen findet ihre Grenzen dort, wo der Arbeitgeber rechtlich und tatsächlich nicht mehr in der Lage ist, sie zu erfül-

---

486 BR Drs. 329/06, S. 38.

487 Meinel/Heyn/Herms, Allgemeines Gleichbehandlungsgesetz, § 12, Rn. 3.

488 Meschkutat u.a., Der Mobbingreport, S. 30f.

489 So weist Roesner darauf hin, dass die Maßnahmen gering ausfallen dürften, wenn ein Unternehmen ausschließlich hoch qualifizierte Akademiker beschäftigt, Roesner, Gleichbehandlungsgesetz, S. 141.

len. Verlangt werden kann von ihm schließlich nur, was auch in seinen Möglichkeiten steht, auch darauf weist der Gesetzgeber ausdrücklich hin.[490]

Bezogen auf die Präventionspflichten stehen nicht die rechtlichen, sondern die tatsächlichen Möglichkeiten des Arbeitgebers im Vordergrund der Betrachtung. Dazu gehören nicht zuletzt auch seine wirtschaftlichen Verhältnisse. So müssen auch hier andere Anforderungen an größere Unternehmen gestellt werden, die finanziell in der Lage sind, beispielsweise die räumlichen Gegebenheiten in entsprechender Weise umzugestalten (beispielsweise die personelle Besetzung von Großraumbüros umzugestalten oder bauliche Veränderungen vorzunehmen), als an kleinere Betriebe, die nur über einen eng begrenzten finanziellen Rahmen verfügen.

2.2 Konkretisierung nach § 12 Abs. 2 AGG

Welche Maßnahmen der Arbeitgeber zu treffen hat, wird in § 12 Abs. 2 AGG weiter ausgeführt. Danach soll er in geeigneter Art und Weise, insbesondere im Rahmen der beruflichen Aus- und Fortbildung, auf die Unzulässigkeit solcher Benachteiligungen hinweisen und darauf hinwirken, dass diese unterbleiben.
Diese Formulierung war bereits in § 12 Abs. 1 S. 3 ADGE vom Dezember 2004 enthalten. Sie wurde jedoch im Verlaufe des Gesetzgebungsverfahrens um einen weiteren Satz ergänzt. Nach § 12 Abs. 2 S. 2 AGG gilt es als Erfüllung der Arbeitgeberpflicht nach Abs. 1, wenn dieser seine Beschäftigten in geeigneter Weise zum Zwecke der Verhinderung von Benachteiligungen geschult hat. Die in der Generalklausel des § 12 Abs. 1 S. 1 vage gefasste Formulierung der erforderlichen Maßnahmen wird so in § 12 Abs. 2 konkretisiert.

Die bevorzugte Maßnahme des Gesetzgebers ist die Schulung. Diese bezieht sich nicht allein auf die Bereiche der Aus- und Fortbildung, sondern erfasst alle Beschäftigten in gleicher Weise, ohne Einschränkung.

Die besondere Betonung des Bereiches Ausbildung findet ihre Bestätigung in Studien zu sexuellen Belästigung. Dort wurde festgestellt, dass gerade junge und wenig selbstbewusste Frauen zu Beginn ihrer beruflichen Laufbahn häufig betroffen sind. Gerade für diese Gruppe besteht besonderer Bedarf an Information und Schulung. Das gleiche gilt für männliche Auszubildende, die frühzeitig lernen sollen, dass (sexuelle) Belästigungen Ernst zu nehmen sind und nachhaltige

490 Auch hierauf weist die Gesetzesbegründung ausdrücklich hin, siehe BR Drs. 329/06, S. 39.

rechtliche Konsequenzen haben.[491] Empfohlen wird daher, diese Thematik in den Unterricht insbesondere an berufsbildenden Schulen einzubinden.[492]

Ganz allgemein soll der Arbeitgeber auf die Unzulässigkeit von Benachteiligungen jedoch hinweisen und hinwirken. Dahinter können sich letztlich alle nur denkbaren präventiven Maßnahmen verbergen. Mit dem Begriff des Hinweisens wird der Bereich der Information und damit die Aufklärung über die Unzulässigkeit von Ungleichbehandlungen angesprochen.

Auch bezüglich des Hinwirkens bleibt die Vorschrift denkbar vage. In der Entwurfsbegründung zum ADG waren diesbezüglich sowohl organisatorische Maßnahmen als auch Aufklärung namentlich genannt,[493] diese Erläuterung wurde in die Gesetzesbegründung zum AGG nicht übernommen. Es ist jedoch davon auszugehen, dass hiervon die organisatorischen Maßnahmen erfasst sein sollen, die der Arbeitgeber zum Schutz der Beschäftigten ergreifen kann.

2.3 Die geeignete Art und Weise der Maßnahme nach § 12 Abs. 2 S. 1

§ 12 Abs. 2 AGG verlangt vom Arbeitgeber, in geeigneter Art und Weise auf die Unzulässigkeit von Benachteiligungen hinzuweisen und hinzuwirken. Gefordert ist somit ein möglichst effektives Handeln.

Bestimmte Kriterien werden auch in diesem Bereich als Anforderungen an die Geeignetheit der Art und Weise anzusetzen sein. Dazu gehört zunächst, dass die Maßnahmen den Beschäftigten möglichst flächendeckend zugänglich zu machen sind, das gilt nicht nur aber insbesondere auch für die ausdrücklich genannten Bereiche der Aus- und Fortbildung.

Als ungeeignet wird man solche Maßnahmen ansehen müssen, die lediglich vereinzelt und mit längeren Unterbrechungen stattfinden. Auf längere Sicht als effektiv und damit als geeignet werden nur solche Veranstaltungen gelten können, die in einer gewissen Häufigkeit bzw. Regelmäßigkeit stattfinden.
Insbesondere muss dabei berücksichtigt werden, dass die entsprechenden Maßnahmen auf die jeweils unterschiedlichen Anforderungen der Teilnehmer zugeschnitten sind. So sind die Schwerpunkte bei einer Fortbildungsveranstaltung für leitende Angestellte anders zu setzen, als bei einer Veranstaltung für Auszubil-

491 Holzbecher u.a. Sexuelle Belästigung am Arbeitsplatz, S. 228 f.

492 Sexuelle Belästigung am Arbeitsplatz, Seminar für Frauen, S. 96.

493 Entwurf eines Gesetzes zur Umsetzung europäischer Antidiskriminierungsrichtlinien v. 16.12.2004, BT-Drs. 15/4538, S. 34.

dende.[494] Gerade für die erstgenannten sind nicht allein Aspekte der Information sondern auch der Deeskalation und Mediation wesentlich.

2.4 Exkulpation durch Schulung nach § 12 Abs. 2 S. 2

Die Pflichten des Arbeitgebers zum Schutz vor Benachteiligungen gelten nach § 12 Abs. 2 S. 2 AGG als erfüllt, wenn er seine Beschäftigten in geeigneter Weise zum Zwecke der Verhinderung von Benachteiligungen geschult hat. Damit erfasst sind nicht nur die in § 12 Abs. 2 S. 1 als „insbesondere" aufgeführten Bereiche der Aus- und Fortbildung, sondern nach dem ausdrücklichen Verweis in § 12 Abs. 2 S. 2 alle diejenigen Pflichten des Arbeitgebers nach § 12 Abs. 1, mithin alle Schutzpflichten einschließlich der Prävention. Im Ergebnis werden die Pflichten des Arbeitgebers so letztlich reduziert auf die Pflicht zur Schulung.

Der Maßnahme „Schulung" wird damit eine herausgehobene Stellung innerhalb des Katalogs möglicher Maßnahmen zugewiesen. Diese Zurücksetzung der übrigen Präventionsmöglichkeiten zugunsten der Schulung erscheint insoweit bedenklich, als sie das Risiko eröffnet, dass der Arbeitgeber keine weiteren Anstrengungen unternimmt, um Belästigungen vorzubeugen und sich damit allein auf die Schulung beschränkt. Die Effektivität dieser Konzentration auf die alleinige Maßnahme „Schulung" darf indes angezweifelt werden,[495] insbesondere auch unter dem Aspekt, dass von den Betroffenen selbst (im Mobbingbereich) beispielsweise die Einrichtung einer Beratungsstelle oder der Abschluss einer Betriebsvereinbarung als kaum weniger effektiv bezeichnet werden.[496]

2.4.1 Vereinbarkeit mit europäischen Vorgaben

In diesem Zusammenhang stellt sich die Frage, ob eine solche Exkulpation durch den Nachweis des Ergreifens der bestimmten Maßnahme „Schulung" aus dem Bereich der Prävention den europäischen Vorgaben entspricht. Die Vorschrift des Art. 2 Abs. 5 der Richtlinie 2002/73/EG enthält, wie bereits oben erläutert, weder eine Verpflichtung zum Erlass von präventiven Maßnahmen noch eine Beschreibung ihrer Ausgestaltung. Gleichwohl wird in der Bestimmung

---

494 Zu den unterschiedlichen inhaltlichen Anforderungen bei Seminaren im Bereich sexueller Belästigung, Holzbecher u.a., Sexuelle Belästigung am Arbeitsplatz, S. 224ff.

495 Diese Bedenken äußert auch Suckow in Schleusener/Suckow/Voigt, AGG, § 12, Rn. 12ff.

496 Schulungen werden von ca. 68 % der Betroffenen gefordert, Einrichtungen von Beratungsstellen von ca. 60 %, der Abschluss einer Betriebsvereinbarung von immerhin 49 %, Meschkutat u.a. Der Mobbingreport, S. 107f.

selbst der Plural verwendet, was für eine Vielfalt von Maßnahmen spricht und gegen eine Reduzierung auf einen einzelnen Bereich.

Gegen eine derartige Konzentration wendet sich auch die bereits mehrfache genannte Empfehlung der Kommission in Bezug auf die Vermeidung von sexueller Belästigung. Auch hier werden eine Reihe von Maßnahmen genannt, die als geeignet bezeichnet werden, sexuelle Belästigung zu vermeiden. Unter diesen befindet sich auch die Schulung, dort genannt Unterweisung. Weder wird unter den verschiedenen Maßnahmen eine hierarchische Wertung vorgenommen, noch werden einzelne Maßnahmen als effektiver oder weniger effektiv hervorgehoben. Vielmehr ist die Rede von Strategien zur Schaffung und Aufrechterhaltung einer Arbeitsumwelt der Würde und des Respekts[497], was wiederum für eine Mehrzahl verschiedener Maßnahmen spricht.

Ein Verstoß gegen die europäischen Vorgaben wird in der Vorschrift des § 12 Abs. 2 S. 2 AGG trotzdem nicht zu sehen sein. Zwar sprechen die Empfehlungen der Kommission ebenso gegen eine solche Umsetzung, wie auch die Verwendung des Plurals in der Richtlinie selbst. Da die Richtlinie selbst keine Verpflichtung zur Ergreifung präventiver Maßnahmen vorschreibt und den Mitgliedstaaten lediglich aufgibt, Arbeitgeber dazu anzuhalten, ist dem Gesetzgeber kein Vorwurf eines Umsetzungsdefizits zu machen.

2.4.2 Anforderungen an die Schulung

Nach § 12 Abs. 2 S. 2 AGG gelten die Pflicht des Arbeitgebers Schutzmaßnahmen zu treffen dann als erfüllt, wenn er seien Beschäftigten in geeigneter Weise geschult hat.

Was der Gesetzgeber unter einer „Schulung" versteht, wird auch in der Begründung nicht weiter ausgeführt. Generell muss der Begriff weit verstanden werden. Dazu gehört nach allgemeinem Verständnis wohl jede Form der Vermittlung von Wissen, bei der die Beteiligten die Möglichkeit erhalten, weitergehende Fragen zu stellen und sich über den jeweiligen Gegenstand mit fachkundigen Dozenten auszutauschen.[498]

Als nicht ausreichend ist demgegenüber die bloße Informationsvermittlung mittels eines Aushangs oder einer Broschüre anzusehen, wie sie § 12 Abs. 5 zur

497 Anhang zur Empfehlung der Kommission zum Schutz der Würde von Frauen und Männern am Arbeitsplatz v. 27.11.1991, ABl. EG Nr. L 49 v. 24.02.1992, S. 1, 5ff.

498 So auch Bauer/Göpfert/Krieger, AGG, § 12 Rn. 20.

Bekanntmachung des AGG vorschreibt.[499] Auch die bloße Einstellung bestimmter Verhaltensregeln in das bei größeren Unternehmen üblicherweise vorhandene Intranet kann dem Begriff der Schulung im Sinne des § 12 Abs. 2 AGG nicht genügen, eine solche Maßnahme vermag nur unterstützend zu wirken.[500]

Nach dem Wortlaut der Vorschrift bleibt es dem Arbeitgeber überlassen, wie er die Schulung durchführen lässt. Er muss dies nicht in seinem Betrieb selbst durchführen, indem er beispielsweise entsprechende Referenten/Referentinnen engagiert. Auch setzt dies nicht voraus, dass er hierfür externe Personen auswählt.[501] Er kann mit diesen Aufgaben auch eigene Mitarbeiter betrauen. Diese Variante setzt jedoch voraus, dass sie eine entsprechende Eignung aufweisen, also entweder selbst umfassend geschult sind, oder jedoch aufgrund ihrer Ausbildung und Tätigkeit entsprechend qualifiziert sind (beispielsweise Mitarbeiter in Personal- oder Rechtsabteilungen etc.).

Die Entscheidung des Gesetzgebers für die Schulung als bevorzugte Maßnahme hat bereits kurz nach Inkrafttreten des AGG die erwarteten Auswirkungen gezeigt. Das Angebot an AGG-Schulungsveranstaltungen hat in geradezu inflationärer Weise den Markt überschwemmt. Da bislang kein vereinheitlichtes Verfahren zur Überprüfung der Verschiedenen Einrichtungen und ihrer Veranstaltungen auf ihre Tauglichkeit und damit auf ihre Eignung im Sinne des § 12 Abs. 2 S. 2 AGG hin entwickelt wurde, lässt sich diese für den Konsumenten schwerlich feststellen.

Die meisten Veranstalter werben mit den unterschiedlichsten Zertifizierungen und alle beschäftigen ausschließlich Fachexperten, von denen es kurz nach Erlass des AGG bereits eine unüberschaubare Anzahl zu geben scheint. Ein einheitliches Prüfungsverfahren, in welchem anhand zuvor festgelegter Kriterien die Eignung von Schulungsveranstaltungen ermittelt und diese mit einem entsprechenden Zertifikat ausgestattet werden sollte, erscheint daher wünschenswert.

Bei der Bewertung einer Schulung als geeignet im Sinne des § 12 Abs. 2 S. 2 AGG sollten verschiedene Kriterien erfüllt sein. Nicht geeignet ist eine Schulung deren Inhalt sich auf die Vorstellung der Vorschriften des AGG beschränkt. Den Teilnehmern muss Gelegenheit gegeben werden, Fragen zu stellen und Inhalte zu diskutieren. Dies setzt eine gewisse Qualifikation der Dozenten voraus, sowohl bezüglich der zu vermittelnden Materie als auch hinsichtlich der Metho-

499 So auch Falke in Rust/Falke, AGG, § 12, Rn. 20.
500 Bauer/Göpfert/Krieger, AGG, § 12, Rn. 20; Nollert-Borasio/Perreng, AGG, § 12, Rn. 5.
501 So auch Schiek/Schmidt, Allgemeines Gleichbehandlungsgesetz, § 12, Rn. 5.

dik. Getrennt werden sollte zudem zwischen Seminaren für Leitende Angestellte, Betriebsräte und Personalverantwortliche einerseits und solchen für die übrigen Beschäftigten andererseits, da diese jeweils andere Inhalte benötigen.[502] Für beide Zielgruppen bietet sich eine Schulung in Kleingruppen an, da hier die Bereitschaft der Teilnehmer, sich aktiv am Gespräche zu beteiligen und eventuelle Fragen zu stellen, größer ist als in Massenveranstaltungen. Darüber hinaus kann die Schulung in einer Kleingruppe auch dazu genutzt werden, Verhaltensstrategien für den Umgang mit der konkreten Belästigungssituation zu erproben.

Bemerkenswert ist auch, dass verschiedene Veranstalter damit werben, ihre Seminare hätten lediglich eine Dauer von 60 – 90 Minuten. Setzt man voraus, dass den Teilnehmern außer der Nennung der verschiedenen Vorschriften auch Inhalte und gegebenenfalls Verhaltensstrategien vermittelt werden sollen, sowie ein Austausch zwischen Dozenten und Teilnehmern stattfindet, kann ein Zeitraum von lediglich einer Stunde jedenfalls nicht als ausreichend erachtet werden.

2.4.2.1 Schulungen für nicht in leitender Position beschäftigte Arbeitnehmer

Schulungen für Arbeitnehmer, die keine leitende Position innehaben oder in der Personalabteilung beschäftigt sind, benötigen andere Informationen. Aufgrund ihrer beruflichen Position können sie zwar Opfer aller genannten Benachteiligungsarten sein, selbst benachteiligen können sie jedoch (fast) ausschließlich in Form der beiden Belästigungsarten.

Entsprechend sollten auch die Inhalte der Schulung ausgerichtet sein. Aufklärung benötigen sie vordringlich darüber, in welcher Form Belästigungen begangen werden können, damit sie in der Lage sind, ihr persönliches (Arbeits-)Verhalten daraufhin selbst zu überprüfen. Von besonderer Bedeutung sind daneben auch umfassende Informationen über die Rechte, die das AGG Opfern von Benachteiligungen verleiht, so sollten das Beschwerderecht nach § 13 AGG, das Leistungsverweigerungsrecht nach § 14 (hier auch mit Hinweis auf die nachteiligen Folgen eines zu Unrecht ausgeübten Leistungsverweigerungsrecht) aber auch die Pflichten des Arbeitgebers nach § 12 Gegenstand der Schulung sein.

Empfohlen wird für den Bereich der sexuellen Belästigung auch, Schulungen getrennt nach Geschlechtern anzubieten. Insbesondere für Frauen, die besonders häufig Opfer von sexueller Belästigung werden, ist der Besuch einer solchen Gruppe erfolgversprechender, in der sie zunächst nicht mit der männlichen

502 So auch Falke in Rust/Falke, AGG, § 12, Rn. 22.

Sichtweise konfrontiert werden. Auch verhalten sie sich in gemischten Gruppen häufig gehemmt.[503]

Ob diese Erfahrungen auf den Bereich der Belästigung übertragen werden können, bleibt abzuwarten. Insbesondere bei den anderen Belästigungsmerkmalen wie beispielsweise der Religion dürfte es aus rein praktischen Erwägungen schwer fallen, für alle unterschiedlichen Religionen getrennte Gruppen anzubieten. Zudem ist zu bedenken, dass gerade der Sexualbereich als besonders sensibel zu bewerten ist, dieser wird von der Belästigung aufgrund des Geschlechts aber gerade nicht erfasst, eine als gleichwertig zu bezeichnende Notwendigkeit der Trennung liegt hier also nicht vor. Gleichwohl ist es grundsätzlich empfehlenswert, den Beschäftigten sowohl getrennte als auch gemischte Schulungsmöglichkeiten anzubieten, unabhängig davon, ob die Schulungsveranstaltung im Betrieb selbst stattfindet oder extern in einem Schulungszentrum erfolgt.

2.4.2.2 Schulungen für leitende Angestellte und Interessenvertreter

Im Gegensatz zu den Beschäftigten, die nicht in leitender Position arbeiten, ist es leitenden Angestellten und solchen, die mit Personalangelegenheiten betraut sind generell möglich, neben den beiden Belästigungsformen auch gegen die anderen Benachteiligungsformen zu verstoßen, so dass sie auch hierüber Aufklärung erhalten müssen.[504]

Die Personengruppe der leitenden Angestellten, der mit Personalangelegenheiten Betrauten sowie auch der betrieblichen Interessenvertreter sind wichtige Ansprechpartner bei erfolgten Belästigungen (und anderen Benachteiligungen).

Es ist daher unbedingt erforderlich, dass sie sowohl über die Belästigungsthematik selbst, als auch über das diesbezügliche (betriebliche) Verfahren in besonders umfassender Weise informiert sind.[505] Sie sollten in der Lage sein, Betroffenen Auskunft über die ihnen durch das AGG eröffneten Rechte zu geben, aber auch, Konfliktlösungen herbeizuführen. Ein Schwerpunkt der Schulung sollte daher auf den Umgang mit der konkreten Belästigungssituation gelegt werden, beispielsweise mittels der Erprobung in Rollenspielen.

---

503 Holzbecher u.a. Sexuelle Belästigung am Arbeitsplatz, S. 224 f.

504 Da sie gleichwohl auch Opfer einer Benachteiligung, insbesondere einer (sexuellen oder einfachen) Belästigung werden können, darf dieser Bereich ebenfalls nicht vernachlässigt werden.

505 So auch Schiek/Schmidt, Allgemeines Gleichbehandlungsgesetz, § 12, Rn. 6.

Dass in diesem Bereich Handlungsbedarf besteht, haben Praxisbefragungen sowohl für den Bereich der sexuellen Belästigung, als auch für das Mobbing gezeigt. So geben Beschäftigte, die eine sexuelle Belästigung offiziell gemeldet hatten an, dass sie sehr häufig auf Ratlosigkeit stießen, wie mit dieser Beschwerde umgegangen werden sollte.[506]

Ähnliche Einschätzungen liegen auch für den Mobbingbereich vor. Dort wird häufig beobachtet, dass Vorgesetzte entweder gar keine Gesprächsbereitschaft zeigen, oder, falls sie doch dazu bereit sind, sich oftmals mit der Situation überfordert zeigten. Als eine Ursache dafür wird angenommen, dass Führungskompetenzen im Vergleich zu Fachkompetenzen eine untergeordnete Rolle bei der Besetzung von Führungspositionen spielen.[507] Erwiesenermaßen fördert mangelhaftes Führungsverhalten ein entsprechend mangelhaftes Arbeitsklima und damit auch das Entstehen von Mobbing.[508]

Eine ähnliche Auswirkung ist auch für die Belästigung anzunehmen, da auch hier das (Arbeits-)Klima in Form des feindlichen Umfeldes eine entscheidende Rolle spielt. Der Umgang mit der Konfliktsituation sollte daher neben den grundlegenden Informationen über den Problembereich Belästigung (und andere Benachteiligungen) unbedingt Gegenstand der Schulung von leitenden Angestellten sein. Empfohlen wird daher das gemeinsame Anbieten und Erproben verschiedener Lösungswege und Umgangsweisen in der Schulung, welches den Teilnehmern zudem andere Perspektiven auf die Problematik eröffnen kann.[509]

Nicht zu unterschätzen ist auch die Außenwirkung des Besuchs von Fortbildungsveranstaltungen durch leitende Angestellte auf die übrigen Beschäftigten. Diese zeigen, genau wie der Arbeitgeber selbst, dass sie das Problem Belästigung als solches wahr- und ernstnehmen und üben damit auch eine Vorbildfunktion aus, die prägenden Einfluss auf die Beschäftigten hat.[510]

Auch die europäische Kommission legt in ihrer Empfehlung zum Schutz vor sexueller Belästigung besonderen Wert auf Schulungsmaßnahmen/ Unterweisungen für Führungskräfte und Aufsichtspersonen, insbesondere jedoch für solche Personen, die eine offizielle Rolle bei formellen Beschwerdeverfahren zu-

506 Schneble/Domsch, Sexuelle Belästigung, S. 66f.
507 Meschkutat u.a., Der Mobbingreport, S. 130f.
508 Spamer, Mobbing am Arbeitsplatz, S. 36ff, 175.
509 Das ergab eine Befragung von Seminarteilnehmern einer Fortbildungsveranstaltung über sexuelle Belästigung, die im Rahmen der Studie „Sexuelle Belästigung am Arbeitsplatz" vorgenommen wurde, Holzbecher u.a., Sexuelle Belästigung am Arbeitsplatz, S. 227.
510 Dieser prägende Einfluss auf die übrigen Beschäftigten konnte für den Mobbingbereich positiv festgestellt werden, Meschkutat u.a. Der Mobbingreport, S. 135.

kommen, da sie für deren kompetente Wahrnehmung umfassende Kenntnisse benötigen.[511]

Für den hier angesprochenen Personenkreis ist zudem fraglich, ob eine einmalige Schulung als ausreichend angesehen werden kann. Man sollte hier seitens des Arbeitgebers in regelmäßigen Abständen Schulungen vornehmen.[512]

2.5 Enthaftung des Arbeitgebers durch Schulung

Die Pflichten des Arbeitgebers gelten als erfüllt, wenn er seine Beschäftigten in geeigneter Weise geschult hat, es sei denn, das Verhalten Dritter kann ihm nach allgemeinen Vorschriften zugerechnet werden.

Hat eine solche Schulung stattgefunden, kann sich der Arbeitgeber für den Fall, dass gleichwohl eine Belästigung (oder andere Benachteiligung) in seinem Unternehmen stattfindet, darauf berufen, er habe seine Schutzpflichten entsprechend erfüllt. Das Verhalten des Belästigers kann ihm dann nicht zugerechnet werden. Eine Enthaftung kann jedoch nur dann erfolgen, wenn der Arbeitgeber dafür gesorgt hat, dass gerade auch derjenige Arbeitnehmer geschult wurde, der belästigt hat. Als nicht ausreichend ist es demgegenüber anzusehen, wenn der Arbeitgeber nur einen Teil der Beschäftigten schult, beispielsweise die leitenden Angestellten, und der Belästiger nicht zu den Teilnehmern gehört. Dann müsste der Arbeitgeber sich vorhalten lassen, dass sich das Risiko des Eintritts einer Belästigung gerade deswegen realisiert, weil er es unterlassen hat, für entsprechende Aufklärung und Information zu sorgen.

Auch kann sich der Arbeitgeber bei neu eingestellten Arbeitnehmern nicht darauf verlassen, sie seien bei ihrem früheren Arbeitgeber bereits geschult worden. Anders kann sich die Situation darstellen, wenn er Kenntnis von einer vorherigen Schulung hat. Entsprechend muss sich der Arbeitgeber auch erkundigen, ob der von ihm entliehene Arbeitnehmer in einem Leiharbeitsverhältnis vom Verleiher geschult wurde, um sich auf § 12 Abs. 2 S. 2 berufen zu können.[513]

Zu überprüfen ist bei einer trotz erfolgter Schulung gleichwohl aufgetretenen Belästigung, ob die Schulung, auf die sich der Arbeitgeber beruft, auch die entsprechende Eignung aufweist. Ist dies offensichtlich nicht der Fall, wird man

511 Anhang zur Empfehlung der Kommission vom 27.11.1991 zum Schutz der Würde von Frauen und Männern am Arbeitsplatz, ABl. EG Nr. L 49, S. 1, 6.

512 So auch Nollert-Borasio/Perreng, AGG, § 12, Rn. 5.

513 Bauer/Göpfert/Krieger, AGG, § 12 Rn. 27.

nicht davon ausgehen können, der Arbeitgeber habe seinen Schutzpflichten genügt.

§ 12 Abs. 1 verpflichtet den Arbeitgeber diejenigen Maßnahmen zu ergreifen, die erforderlich sind, seine Beschäftigten zu schützen. Wenn eine Belästigung trotz vorheriger Schulung erfolgt, wird man die Schulung allein als unzureichend bewerten müssen, den Schutz der Beschäftigten zu erzielen. In diesen Fällen ist es erforderlich, weitere Maßnahmen als die der Schulung zu ergreifen.[514] Eine Enthaftung des Arbeitgebers tritt hier gleichwohl für den Erstfall einer Benachteiligung nach erfolgter Schulung ein, wenn diese generell als geeignet einzuschätzen ist. Im Falle einer erneuten Belästigung ist darauf abzustellen, ob der Arbeitgeber zwischenzeitlich weitere Schutzmaßnahmen ergriffen hat. Ist er diesbezüglich untätig geblieben, kann er sich nicht mehr auf die Durchführung der Schulung berufen, da er durch den ersten Vorfall bereits Kenntnis darüber erlangt hat, dass diese nicht ausreichend war.

Geht die Belästigung vom Arbeitgeber selbst aus, kann er sich keinesfalls auf Schulungen (oder andere Maßnahmen) berufen, in diesen Fällen haftet er immer.[515] Entsprechendes gilt auch für Belästigungen, die von leitenden Angestellten bzw. der Personalabteilung ausgehen. Deren Verhalten wird ihm nach § 278 BGB zugerechnet, da er sich ihrer bedient, um seine eigenen Pflichten zu delegieren.[516]

Da der Arbeitgeber gegenüber leitenden Angestellten unmittelbar verantwortlich ist, hat einerseits klar anzuweisen, dass sie für ein benachteiligungsfreies Arbeitsumfeld Sorge tragen und ihrerseits keine Benachteiligungen verüben. Darüber hinaus muss er fortlaufend darüber wachen, dass seine Anweisungen auch eingehalten werden und für den Fall eines festgestellten Verstoßes Maßnahmen zur Unterbindung bzw. Sanktionierung treffen.[517]

Geht die Belästigung von einer Dritten Person aus, die nicht im Betrieb des Arbeitgebers beschäftigt ist (Kunden, Lieferanten, Geschäftspartner etc.), kann der Arbeitgeber sich nicht auf die Schulung berufen, da er auf diese Personen keinerlei Einfluss ausüben, bzw. ihnen Verhaltensregeln vorgeben kann. Hier kommt eine Haftung für das erstmalige Auftreten einer Belästigung nicht in Betracht. Er haftet erst wenn er nicht in entsprechender Weise reagiert und damit seine Verpflichtung aus § 12 Abs. 4 AGG nicht erfüllt.

514 So auch HK-AGG/Buschmann, § 12, Rn. 21.

515 HK-AGG/Buschmann, § 12, Rn. 20.

516 Hinsichtlich Schadensersatzansprüchen nach § 15 Abs. 1 S. 1 und 2 AGG i.V.m. § 278 BGB, so auch Nicolai, Gleichbehandlungsgesetz, § 2, Rn. 219.

517 HK-AGG/Buschmann, § 12, Rn. 11.

2.6 Enthaftung des Arbeitgebers durch das Ergreifen anderer Maßnahmen

Dem Wortlaut des § 12 Abs. 1 S. 1 und 2 nach, ist der Arbeitgeber keineswegs verpflichtet, seine Beschäftigten zu schulen, auch wenn der Gesetzgeber in § 12 Abs. 2 S. 2 davon ausgeht, der Arbeitgeber habe die nach § 12 Abs. 1 erforderlichen Schutzmaßnahmen jedenfalls dann getroffen, wenn er den Nachweis einer geeigneten Schulung erbringt.

Diese Entscheidung für die Schulung schließt hingegen nicht aus, dass derjenige Arbeitgeber, der andere Maßnahmen als die Schulung ergreift, seinen Pflichten in gleicher Weise nachkommen kann. Voraussetzung ist auch hier, dass diese Maßnahmen (objektiv) geeignet im Sinne des § 12 Abs. 2 S. 1 sind um dem in Abs. 1 formulierten Schutzzweck zu entsprechen.[518] Wird diese Eignung festgestellt, sind andere Maßnahmen als der Schulung gleichwertig anzusehen und konsequenter Weise führen sie entsprechend zu einer Enthaftung des Arbeitgebers bei einem Erstverstoß eines Beschäftigten gegen das Benachteiligungsverbot.

Für die Gleichwertigkeit anderer Maßnahmen spricht auch die Formulierung in § 12 Abs. 2 S. 2. Das dort verwendete „gilt als“ ist im Sinne einer Mindestanforderung hinsichtlich der Arbeitgeberpflichten anzusehen, nicht jedoch als ausschließliche Anforderung. Damit sind auch andere Maßnahmen denkbar, die bei gleicher Eignung die genannte Rechtsfolge der Enthaftung für den Arbeitgeber auslösen können.

2.7 Andere Maßnahmen der Prävention

Neben der ausdrücklich in § 12 Abs. 2 S. 2 erwähnten Schulung und der Aufklärung im Rahmen von Aus- und Fortbildung nach § 12 Abs. 2 S. 1 gibt es eine Reihe weiterer präventiver Maßnahmen.[519] Für die sexuelle Belästigung und das Mobbing gibt es hierzu anders als für die Belästigung, langjährige Erfahrung. Beide können Vorbild für die Belästigung sein, allerdings ist dabei die jeweilige Besonderheit des Problembereichs zu berücksichtigen.

So sind es bei der sexuellen Belästigung häufig körperliche Angriffe, denen man beispielsweise begegnen kann, indem man innerbetriebliche Verkehrswege breit anlegt und enge Durchgänge vermeidet, um ein problemloses und berührungslo-

518 Meinel/Heyn/Herms, Allgemeines Gleichbehandlungsgesetz, § 12, Rn. 6.

519 Vorschläge zusammengefasst auch bei Nöth, Rechtsschutz, S. 208ff.

ses „aneinander Vorbeigehen“ zu ermöglichen und somit keine unnötige körperliche Nähe zu erzeugen. Bei der Belästigung aufgrund des Geschlechts hingegen wird sich die Konfrontation überwiegend im verbalen Bereich abspielen, so dass Maßnahmen, die den körperlichen Bereich schützen hier eher von nachrangiger Bedeutung sind.

2.7.1 Vorgaben der Richtlinien

Zu den Formen der Prävention enthält die endgültige Richtlinie keine Vorgaben. Der einzige Hinweis zu konkreten Maßnahmen ist im geänderten Kommissionsvorschlag enthalten, dort jedoch allein bezogen auf die sexuelle Belästigung. Nach dem dortigen Art. 1b Abs. 2 erlassen die Mitgliedstaaten Maßnahmen, um die Personen, die gemäß nationalem Recht für den Zugang zu Ausbildung, Beschäftigung, und Berufstätigkeit oder für die entsprechenden Bedingungen zuständig sind, zu verpflichten, Maßnahmen zur Verhütung sexueller Belästigung einzuleiten, die ein System der Beratung durch Vertrauenspersonen umfassen können.[520] Eine inhaltlich weitgehend identische Formulierung ist in Erwägungsgrund 4a enthalten,[521] der jedoch keine Aufnahme in den gemeinsamen Standpunkt des Rates gefunden hat.

Erneut wird die Erwähnung der Vertrauensperson vom Parlament in seiner legislativen Entschließung zum gemeinsamen Standpunkt gefordert[522], letztlich wird dieser vom Parlament geforderte Erwägungsgrund 8a jedoch nicht in die Richtlinie aufgenommen. Die Beratung durch eine Vertrauensperson bleibt die einzige konkrete Maßnahme, die im Entstehungsprozess der Richtlinie 2002/73/EG ausdrücklich erwähnt wird[523].
Verschiedene Maßnahmen werden hingegen im der Empfehlung der Kommission zum Schutz der Würde von Frauen und Männern am Arbeitsplatz angehängten Verhaltenskodex aufgeführt, auf die im folgenden Überblick Bezug genommen wird.

---

520 Geänderter Vorschlag für eine Richtlinie des Europäischen Parlaments und des Rates zur Änderung der Richtlinie 76/207/EWG v. 7.6.2001, ABl. EG Nr. C 270 E v. 25.09.2001, S. 9, 15.

521 Geänderter Vorschlag , s. Fn. 7, S. 10.

522 Legislative Entschließung des Europäischen Parlaments zu dem gemeinsamen Standpunkt des Rates im Hinblick auf den Erlass der Richtlinie zur Änderung der Richtlinie 76/207/EWG v. 24.10.2001, ABl. EG Nr. C 112 E v. 9.5.2002, S. 169.

523 Im Anhang zu der Empfehlung der Kommission zum Schutz der Würde von Frauen und Männern am Arbeitsplatz v. 27.11.1991, ABl. EG Nr. L 49 v. 24.02.1992, S. 1, 5ff hingegen werden verschiedene konkrete Maßnahmen aufgeführt, hierauf wird auch im folgenden Bezug genommen.

2.7.2 Einzelne präventive Maßnahmen

Die nachfolgend skizzierten Maßnahmen wurden insbesondere zum Schutz vor Mobbing und sexueller Belästigung eingesetzt. Da hierzu, anders als für die Belästigung, bereits Untersuchungen vorliegen, kann Bezug auf die darin enthaltenen Ergebnisse hinsichtlich der Geeignetheit der Maßnahme an sich, sowie auf deren Ausgestaltung genommen werden.

2.7.2.1 Organisatorische Maßnahmen

Zu diesen zählt insbesondere die Gestaltung des Arbeitsplatzes. So dienen verschiedene Maßnahmen der Verhinderung insbesondere von sexueller Belästigung wie das Anbringen von Sichtblenden an Schreibtischen, das Vermeiden von durchsichtigen Treppenstufen oder Übergängen, die möglichst breite Gestaltung von Laufwegen sowie das Aufstellen von Kopiergeräten etc. in nicht zu engen Räumen um engem körperlichem Kontakt vorzubeugen, aber auch die ausreichende Beleuchtung von Gebäuden und Parkplätzen, Sichtblenden an Arbeitstischen und freischwebenden Treppen (letztere insbesondere auch zum Schutz vor sexueller Belästigung).[524] Insbesondere die baulichen Maßnahmen setzen jedoch teilweise einen größeren finanziellen Aufwand voraus, den nicht jeder Arbeitgeber zu leisen im Stande ist. Zu berücksichtigen sind daher in diesem Bereich die tatsächlichen Möglichkeiten des Arbeitgebers, auf die in der Gesetzesbegründung bereits hingewiesen werden.[525]

2.7.2.2 Grundsatzerklärung/Verhaltenskodex

Als ersten Schritt zur Vermeidung von sexueller Belästigung und Mobbing wird häufig die Formulierung sogenannter Unternehmensgrundsätze bezeichnet.
Diese werden bereits von der Europäischen Kommission in ihrer Empfehlung von 1992 zum Schutz vor sexueller Belästigung am Arbeitsplatz als Möglichkeit zur Verhinderung von sexueller Belästigung vorgeschlagen.[526] Auch im Bereich des Mobbing wird das Aufstellen von Unternehmensgrundsätzen als eine der Prävention förderliche Maßnahme bezeichnet.[527]

Das Unternehmen macht durch die Formulierung solcher Grundsätze deutlich, dass es sich als eine Wertegemeinschaft begreift, die sich bestimmten Grundsätzen (freiwillig) verpflichtet. Gleichzeitig spricht sich das Unternehmen gegen

---

524 Vergl. hierzu auch ErfK/Schlachter, BeschSchG, § 2, Rn. 3; .

525 BR Drs. 329/06, S. 38f.

526 Anhang zur Empfehlung der Kommission, siehe vorige Fn., S. 1, 5.

527 Wickler/Hänsch, Handbuch Mobbing-Rechtsschutz, S. 228, Rn. 71.

bestimmte Verhaltensweisen (Belästigung, Mobbing, sexuelle Belästigung, Diskriminierung etc.) aus und zeigt damit deutlich seinen Willen, für ein von diesen Verhaltensweisen freies Arbeitsklima einzustehen.[528]

Motiv für das Aufstellen von Unternehmensgrundsätzen ist oftmals die Außenwirkung. Unternehmen wollen durch das Aufstellen und anschließende Veröffentlichen (zumindest auch) an Prestige gewinnen und ihr Ansehen in der Öffentlichkeit verbessern. Daneben können derartige Unternehmensgrundsätze gleichzeitig innerhalb des Unternehmens für Klarheit hinsichtlich der Haltung des Arbeitgebers im Umgang mit den angesprochenen Problembereichen sorgen.

Da die Unternehmensgrundsätze jedoch meist sehr unkonkret bleiben und entgegen der Kommissionsempfehlung oftmals weder ein ausdrückliches Verbot noch das in Aussicht Stellen arbeitsrechtlicher Sanktionen oder ein entsprechendes Verfahren enthalten,[529] stellen sie eine eher schwache Präventionsmöglichkeit dar.

Unter dem Aspekt einer möglichen Enthaftung des Arbeitgebers wegen Erfüllung seiner Schutzpflichten nach § 12 Abs. 1 AGG ist allein das Aufstellen von Unternehmensgrundsätzen daher als unzureichend anzusehen. Jedenfalls dann, wenn es sich dabei um die alleinige Maßnahme des Arbeitgebers handelt.[530]
Das Aufstellen von Unternehmensgrundsätzen ist daher als ein erster Schritt bei der Bekämpfung der genannten Problembereiche anzusehen, dem andere Maßnahmen flankierend zur Seite gestellt werden müssen, als alleinige Maßnahme jedoch keinesfalls als ausreichend zu bewerten.

2.7.2.3 Betriebsvereinbarungen

Aus mehreren Aspekten stellt die Betriebsvereinbarung (entsprechendes gilt auch für die Dienstvereinbarung) ein weit stärkeres Mittel der Prävention dar.[531]
Das ergibt sich bereits durch ihre unmittelbare und zwingende Rechtswirkung in Bezug auf den Arbeitsvertrag. Darüber hinaus jedoch werden durch die Betriebsvereinbarung auch die Arbeitnehmervertreter/Personalvertreter mit in die Bekämpfung der jeweiligen Problembereiche eingebunden.

---

528 Von Saldern, Mobbing, S. 169f.

529 Anhang zur Empfehlung der Kommission zum Schutz der Würde von Frauen und Männern am Arbeitsplatz v. 27.11.1991, ABl. EG Nr. L 49 v. 24.02.1992, S. 1, 5.

530So bereits als unzureichend für den Bereich des Mobbing, Wickler/Hänsch, Handbuch Mobbing-Rechtsschutz, S. 228, Rn. 71.

531 Hierzu auch Baer, Würde oder Gleichheit ?, S. 146.

Auf die wichtige Wirkung einer gemeinsamen Vereinbarung weist auch die Kommission im Anhang zu ihrer Empfehlung hin. Ausdrücklich wird die Arbeitgeberseite dort aufgefordert, die jeweiligen Grundsätze und Verfahren nach Anhörung oder in Abstimmung mit den Arbeitnehmervertretern (oder Gewerkschaften) einzuführen, da Strategien zur Schaffung oder Aufrechterhaltung einer die Würde der Beschäftigten respektierenden Arbeitsumwelt erfahrungsgemäß dann am wirkungsvollsten sind, wenn sie gemeinsam vereinbart werden.[532]

Daneben besteht mit der Betriebsvereinbarung auch die Möglichkeit einer konkreten, detaillierten und umfassenden Regelung der jeweiligen Problematik. Im Gegensatz zu den Unternehmensgrundsätzen richtet sich die Betriebsvereinbarung auch nicht nach außen, sie dient nicht (oder zumindest nicht primär) dem Imagegewinn. Sie wendet sich vielmehr direkt an die im Unternehmen beschäftigten Arbeitnehmerinnen und Arbeitnehmer und erzeugt so ein Klima, das nicht nur deutlich macht, dass der Arbeitgeber eine bestimmte Haltung einnimmt, sondern darüber hinaus auch, dass er diese konsequent verfolgen wird, indem er für den Fall eines Zuwiderhandelns bestimmte arbeitsrechtliche Folgen in Aussicht stellt. Daher kann ihre Wirkung im Vergleich zu den Unternehmensgrundsätzen auch insofern als effektiver bezeichnet werden, als sie sich gezielt an die Beschäftigten und damit an potentielle „Täter" und „Opfer" wendet.

Damit ist die Betriebsvereinbarung auch für die Belästigung geeigneter als die Errichtung von Unternehmensgrundsätzen. Insbesondere unter dem Aspekt, dass im Gegensatz zu sexueller Belästigung und Mobbing, die Belästigung bislang hierzulande nicht problematisiert wurde und daher ohnehin die Gefahr einer Verharmlosung besteht. Wenn sich Arbeitgeber und Arbeitnehmervertreter jedoch gemeinsam in Form der Betriebsvereinbarung dieses Problems annehmen, zeigen sie damit, dass sie es als solches begreifen und ernst nehmen.

Diesbezüglich ist anzumerken, dass die Betriebsvereinbarung, sofern sie (im Idealfall) alle in Betracht kommenden Regelungsbereiche der vorliegenden Thematik aufgreift, nicht ausschließlich präventiven Charakter hat. So sollte sie möglichst auch das betriebliche Verfahren zum Umgang mit Belästigungsfällen inklusive eines Sanktionenkatalogs festlegen, sowie die Bereiche Beratung und Hilfe für Betroffene regeln.

532 Anhang zur Empfehlung der Kommission zum Schutz der Würde von Frauen und Männern am Arbeitsplatz v. 27.11.1991, ABl. EG Nr. L 49 v. 24.02.1992, S. 1, 5.

2.7.2.3.1 Inhalt von Betriebsvereinbarungen

Eine Betriebsvereinbarung/Dienstvereinbarung, die zur Belästigung geschlossen wird, kann sich orientieren an denjenigen, die bereits zum Mobbing, zur sexuellen Belästigung oder zu Diskriminierungen allgemein verschiedentlich vorliegen.[533] Größere Unternehmen haben seit geraumer Zeit entsprechende Vereinbarungen, die jedoch sehr unterschiedlich ausfallen, sowohl betreffend ihren Regelungsgegenstand, als auch die damit zusammenhängenden betrieblichen Folgen.[534]

Als beispielhaft kann in diesem Zusammenhang die Betriebsvereinbarung „Partnerschaftliches Verhalten am Arbeitsplatz"[535] der Volkswagen AG genannt werden, die sich mit den Bereichen sexuelle Belästigung, Mobbing und Diskriminierung (allerdings nur aufgrund der Merkmale Herkunft, Hautfarbe und Religion) befasst.

Eine entsprechende Betriebs-/Dienstvereinbarung sollte die folgenden Bereiche so oder in ähnlicher Formulierung aufweisen. Diese sind nicht nur für die Bereiche sexuelle Belästigung, Mobbing und Diskriminierung zu beachten, sonder auch für die Belästigung. Für diese sollte insbesondere der informative Teil mit Definition und beispielhafter Aufzählung der unerwünschten Verhaltensweisen ausführlich und detailliert ausgestaltet werden, da im Gegensatz zu den anderen Problembereichen die Belästigung noch weitgehend unbekannt ist. Orientieren kann man sich hier auch an verschiedenen Mustervereinbarungen für die Bereiche Mobbing[536] und sexuelle Belästigung[537].

---

533 Die genannten Bereiche können nicht nur, sie sollten gemeinsam in einer entsprechenden Betriebsvereinbarung geregelt werden.

534 Eine Auswahl verschiedener Betriebsvereinbarungen wird auf der Seite der IG-Metall zugänglich gemacht unter: www.igmetall.de/cps/rde/xchg/internet/style.xsl/view_6681.htm/ (Stand: Juli 2008).

535 Enthalten in der für Mitarbeiterinnen und Mitarbeiter der VW AG Wolfsburg herausgegebenen Informationsbroschüre „Partnerschaftliches Verhalten am Arbeitsplatz" , 2. Auflage 5/2000.

536 Eckpunkte für eine Betriebs- bzw. Dienstvereinbarung zur Mobbingproblematik in Wolmerath, Mobbing im Betrieb, S. 320 f; Beispielregelungen in Betriebsvereinbarungen in v. Saldern, Mobbing, S. 172f; Eckpunkte zu einer Betriebsvereinbarung in Pirntke, Mobbing und sexuelle Belästigung, S. 100ff.

537 Dienstvereinbarung „Konfliktbewältigung am Arbeitsplatz" für Beschäftigte des öffentlichen Dienstes der Freien Hansestadt Bremen, Enthalten in der Informationsbroschüre „Konfliktbewältigung am Arbeitsplatz", Stand November 2004; Betriebsvereinbarung „Partnerschaftliches Verhalten am Arbeitsplatz" der VW-AG, enthalten in der für Mitarbeiterinnen und Mitarbeiter der VW AG Wolfsburg herausgegebenen Informationsbroschüre „Partnerschaftliches Verhalten am Arbeitsplatz" , 2. Auflage 5/2000.

2.7.2.3.2 Eckpunkte einer Betriebs- oder Dienstvereinbarung

Die folgenden Eckpunkte findet man verschiedentlich auch in Betriebsvereinbarungen zum Mobbing oder zur sexuellen Belästigung. Sie wurden zum Teil ergänzt. Idealerweise enthalten sie nicht nur ein Verbot der Diskriminierungsformen des AGG sondern nehmen daneben auch den nach wie vor nicht geregelten Mobbingbereich mit auf. Denkbar sind auch andere Varianten oder Zusammensetzungen einer Betriebsvereinbarung, als die nachfolgend zusammengestellte. Als wesentlich haben sich jedoch die genannten Punkte herausgestellt.

- Präambel :

Darin sollte eine grundsätzliche Aussage zur Haltung des Arbeitgebers hinsichtlich der Belästigung (sexuellen Belästigung, Mobbing, Diskriminierung) vorangestellt sein, Grund oder Anlass für den Abschluss der Vereinbarung sowie die in darin enthaltenen Ziele sollten formuliert werden (beispielsweise Schaffung eines von entsprechenden Verhaltensweisen freien Arbeitsumfelds).

- Geltungsbereich

Angabe des Geltungsbereichs (räumlich, persönlich, zeitlich und sachlich) der Vereinbarung.

- Grundsätze

Unter diesem Punkt sollte das ausdrückliche Verbot der Belästigung (sexuellen Belästigung, Mobbing, Diskriminierung) voranstehen. Weiter müssen hier die genannten Begriffe definiert sowie näher erläutert werden, möglichst unter Nennung von Beispielen verbotener Verhaltensweisen.

- Verhaltensregeln oder Verhaltenskodex

Beschreibung des erwünschten Verhaltens (beispielsweise respektvoller Umgang unter den Kollegen), möglicherweise auch des unerwünschten Verhaltens, wenn nicht bereits erfolgt.

- Beschwerdeverfahren

Unbedingt erforderlich sind Angaben zum Ablauf des betrieblichen Beschwerdeverfahrens zur Regelung von Konfliktfällen. Dazu gehört zuvorderst die Benennung der zuständigen betrieblichen Beschwerdestelle, ihrer genauen Besetzung und Funktion sowie die Aufzählung aller Verfahrensschritte, inklusive der dafür vorgesehenen Fristen und der zu ergreifenden Maßnahmen.

- Sanktionen

Aufzählung der Sanktionen (arbeitsrechtliche Maßnahmen), welche vom Arbeitgeber gegen den Belästiger ergriffen werden (z.B. Ermahnung, Abmahnung, Versetzung, Kündigung).

- Vertraulichkeit

Ausdrückliche Zusicherung der Vertraulichkeit über Vorkommnisse, die persönlichen Daten der Beteiligten und die erfolgten Gespräche gegenüber nicht beteiligten Dritten.

- Fördermaßnahmen

Anbieten von Fort- und Weiterbildungsmaßnahmen sowie Seminaren, insbesondere auch für Vorgesetzte und mit Personalangelegenheiten beauftragte Personen sowie betriebliche Interessenvertreter/Innen, Seminare, Festlegung von Informationen und Aufklärungsmaßnahmen, Gesprächsangebote für Betroffene etc.,
Regelungen zur Freistellung der Teilnehmer, inkl. Regelungen zur Kostentragung.

- Schlussbestimmungen

Insbesondere Bekanntmachung, Pflicht zur Umsetzung, Überprüfung etc., Inkrafttreten und Kündigung.[538]

2.7.2.4 Unternehmensrichtlinien

Für Unternehmen für die eine Betriebsvereinbarung als präventive Maßnahme nicht in Betracht kommt, da sie nicht über einen Betriebsrat verfügen, bleibt der Erlass von Unternehmensrichtlinien (auch genannt Ethikrichtlinien, Unternehmensleitlinien etc.). Diese Richtlinien stellen insofern eine Alternative zur Betriebsvereinbarung dar, da sie im Wege des Direktionsrechts vom Arbeitgeber einseitig erlassen werden können.[539]

---

538 Ein Musterbeispiel für eine entsprechende Vereinbarung inklusive entsprechender Formulierungen findet man auf der Seite der IG-Metall unter: www.igmetall.de/cps/rde/xchg/internet/style.xsl/view_6681.htm/ (Stand: Juli 2008), hier jedoch um einige Punkte ergänzt.

539Schuster/Darsow, NZA 2005, 273ff; Richardi/Richardi, § 87 BetrVG, Rn. 195.

2.7.2.5 Aufnahme in Einzelarbeitsverträge

Eine weitere präventive Maßnahme ist die Aufnahme des Verbotes der Belästigung in die einzelnen Arbeitsverträge. Erforderlich ist hierfür nicht nur das einzelvertragliche Festlegen von verbindlichen Verhaltensstandards, sondern auch das Festlegen von Sanktionen für den Fall ihrer Missachtung.[540]

Diese Maßnahme kommt für alle Unternehmen, unabhängig von ihrer Größe in Betracht. Besonders wichtig ist sie insbesondere für Vorgesetzte und Personalverantwortliche, sowie auch für mit der Ausbildung beauftragte Beschäftigte.[541] Sie beinhaltet in besonderer Weise eine Warnfunktion und weist bereits bei der Anbahnung des Arbeitsverhältnisses auf die Haltung des Arbeitgebers hin.

2.7.2.6 Information der Beschäftigten

Eine wichtige Bedeutung innerhalb der präventiven Maßnahmen kommt dem Bereich Information zu. Der Gesetzgeber hat diesen Umstand gewürdigt, indem er dem Arbeitgeber in § 12 Abs. 2 S. 1 aufgegeben hat, auf die Unzulässigkeit von Benachteiligungen hinzuweisen. Eine ausdrückliche Verpflichtung ergibt sich hieraus nicht, die Vorschrift ist (lediglich) eine Aufforderung an den Arbeitgeber, sie hat gleichsam Appellcharakter.[542]

Das Zugänglichmachen von Informationen hat für die Belästigung besondere Bedeutung, da sie für das deutsche Arbeitsrecht neu ist. Beschäftigte benötigen daher Aufklärung und Information darüber, welche Verhaltensweisen belästigen können und welche Möglichkeiten bestehen, sich dagegen zur Wehr zu setzen.

Besonderes Gewicht ist darauf zu legen, dass die Belästigung nicht als Bagatelle, sondern als ein ernsthaftes Problem verstanden wird.
Erfahrungen aus Studien zur sexuellen Belästigung haben gezeigt, dass dies oftmals nicht der Fall ist. Vielmehr neigen viele Beschäftigte diesbezüglich zur Verharmlosung und nehmen Kollegen oder Kolleginnen, die Opfer einer sexuellen Belästigung werden, nicht ernst.[543] Das Problem der Verharmlosung zeigt sich auch im Mobbingbereich. So gaben bei einer Umfrage nahezu alle Befrag-

540 Wickler/Wickler, Handbuch Mobbing-Rechtsschutz, S. 95, Rn. 45a.

541 Pirntke, Mobbing und sexuelle Belästigung, S. 97.

542 Bauer/Göpfert/Krieger, AGG, § 12, Rn. 12; HK-AGG/Buschmann, § 12, Rn. 18.

543 Immerhin ca. ein Drittel der Kolleginnen, denen sich Opfer sexueller Belästigung anvertrauten nahmen nach dieses nicht ernst, so die Ergebnisse der Studie „Sexuelle Belästigung am Arbeitsplatz“, Holzbecher u.a., Sexuelle Belästigung am Arbeitsplatz, S. 198.

ten an, die Mobbinghandlungen ausgesetzt waren, dass sie sich wünschen, dass dieses Problem in den Betrieben ernster genommen wird.[544]

Solche oder zumindest ähnliche Ergebnisse sind auch für die Belästigung zu erwarten. Wenn in den Bereichen Mobbing und sexuelle Belästigung derartige Fehlvorstellungen und Verharmlosungen herrschen, die bereits seit geraumer Zeit nicht nur als sprachliche sondern auch als rechtliche Begriffe bekannt sind und als solche diskutiert werden, besteht das Risiko bei der weitgehend unbekannten Belästigung in noch weit erheblicherem Maße. Dem ist zuvorderst mittels umfangreicher Information und Aufklärung über die verschiedenen Facetten belästigenden Verhaltens und ihre Auswirkungen auf die Betroffenen zu begegnen. Informiert werden sollte jedoch auch über die gängigen Vorschriften, eventuell vorhandene Betriebsvereinbarungen, Unternehmensrichtlinien und Grundsatzerklärungen sowie betriebliche Ansprechpartner und den Gang des entsprechenden Beschwerdeverfahrens.

Die in Betracht kommenden Informationsmöglichkeiten sind vielfältig. Sie können beispielsweise mittels eines Aushanges erfolgen, durch Informationsbroschüren oder, falls vorhanden, auf der homepage oder in der Firmenzeitung des Unternehmens.

Ein geeignetes Forum für die Information ist schließlich die Betriebs- oder Personalversammlung insbesondere da hier der direkte Zugang zu den Beschäftigten garantiert ist. Durch die schwerpunktartige Thematisierung von Belästigung durch Interessenvertreter tritt (wie auch durch Vorgesetzte und Unternehmensleitung/den Arbeitgeber) eine Art von Aufwertungseffekt der Thematik ein, wie er schon im Mobbingbereich beobachtet werden kann.[545]
Dieser Effekt könnte noch verstärkt werden durch ein gemeinsames Auftreten von Interessenvertretern und Arbeitgeber, sowie durch die Einladung auswärtiger Referenten.

Unabhängig davon, welches Informationsmedium gewählt wird, sollte darauf geachtet werden, dass sich dessen Inhalt nicht auf die Wiedergabe der einschlägigen Vorschriften beschränkt. Unerlässlich sind weitergehende Erläuterungen zu den Begrifflichkeiten, beispielsweise den Definitionen der verschiedenen Diskriminierungsformen. Dabei sollte auf eine klare und verständliche Sprache und Formulierung geachtet werden, da sich die Informationen häufig an Beschäftigte mit unterschiedlichem Bildungs- und Ausbildungsstand richtet und alle gleichermaßen zu erfassen sind.

---

544 Dies gaben 98,4 % der Befragten an, Meschkutat u.a., Mobbingreport S. 106.
545 So Meschkutat u.a., Mobbingreport S. 135.

2.7.2.7 Einrichtung und Förderung von Gesprächsgruppen

Als Hilfe für Betroffene wird für die Bereiche Mobbing und sexuelle Belästigung häufig die Einrichtung und Förderung von regelmäßig stattfindenden Gesprächsgruppen empfohlen. Dabei handelt es sich allerdings um eine Maßnahme, die keinen rein präventiven Charakter hat. Zwar ist sie, soweit sie die Bereiche Information und Aufklärung betrifft auch präventiv tätig, bietet zudem Hilfe und Unterstützung für Betroffene, die bereits mit einer belästigenden Situation konfrontiert sind und hat somit zwei Aspekte. Die Einrichtung solcher Gesprächsgruppen ist allerdings nur für größere Unternehmen denkbar, da sie unter anderem einen größeren finanziellen Aufwand erfordern.

3. Bekanntmachung nach § 12 Abs. 5 AGG

Nach § 12 Abs. 5 S. 1 sind das AGG selbst und § 61b des ArbGG (die maßgebliche Klagefrist) sowie Informationen über die für die Behandlung von Beschwerden nach § 13 zuständigen Stellen im Betrieb oder der Dienststelle bekannt zu machen. Angegeben ist in Satz 2 auch, mittels welcher Medien dies erfolgen kann. Dazu gehören der Aushang oder das Auslegen an geeigneter Stelle oder der Einsatz der im Betrieb oder der Dienststelle üblichen Informations- und Kommunikationsmethoden.

Der Gesetzgeber weist in seiner Begründung daraufhin, dass mit dieser Vorschrift die Vorgaben der Art. 10 der RL 2000/43/EG, Art. 12 der RL 2000/78/EG, Art. 8 der RL 77/207/EWG umgesetzt werden.[546] Nicht von den Richtlinien vorgegeben ist die Verpflichtung zur Information über die Behandlung von Beschwerden. Den Betroffenen soll hierdurch die Wahrnehmung ihrer Rechte erleichtert werden.

Auf welche Weise die Bekanntmachung erfolgt, bleibt dem Arbeitgeber überlassen. Erforderlich ist dabei jedoch, dass der Adressatenkreis von der Bekanntmachung Kenntnis erlangen kann.[547] Der Arbeitgeber hat folglich darauf zu achten, dass das von ihm gewählte Medium allen Beschäftigten zugänglich ist. Nicht ausreichen kann daher ein Aushang in Räumlichkeiten, die nur bestimmten Beschäftigten zur Verfügung stehen.
Möglich ist, neben den ausdrücklich genannten Varianten Aushang und Auslegung, eine Bekanntmachung im firmeneigenen Intranet bzw. der homepage des Unternehmens, jedenfalls dann, wenn dieses allen Mitarbeitern zugänglich ist.[548]

---

546 BR Drs. 329/06, S. 39.
547 BR Drs. 329/06, S. 39.
548 Roesner, Gleichbehandlungsgesetz, S. 143; Nicolai, Gleichbehandlungsgesetz, § 12, Rn. 22.

Der Gesetzgeber hat keine Sanktionen für den Verstoß gegen die Bekanntmachungspflicht nach § 12 Abs. 5 vorgesehen. Da sie nicht zu den Pflichten nach § 12 Abs. 1 und 2 zählt, ist für den Fall einer Belästigung oder anderen Benachteiligung auch nicht zu Lasten des Arbeitgebers anzunehmen, er habe mangels Bekanntmachung nicht die erforderlichen Maßnahmen zum Schutz vor Benachteiligungen getroffen. Konsequenter Weise kann das Fehlen der Bekanntmachung auch nicht als ein Indiz für eine verbotene Benachteiligung im Sinne des § 22 AGG herangezogen werden.[549]

Für den Fall einer Verurteilung des Arbeitgebers zur Zahlung von Schadensersatz oder Entschädigung nach § 15 AGG wegen Verstoßes gegen das Benachteiligungsverbot müsste ein neben der Verletzung seiner Pflichten aus § 12 Abs. 1 und 2 AGG festgestellter Verstoß gegen die Bekanntmachungspflicht des § 12 Abs. 5 bei der Höhe der Zahlung berücksichtigt werden.

4. Ergebnis

Die Pflicht des Arbeitgebers, seine Beschäftigten vor Belästigungen (und anderen Benachteiligungen) zu schützen, ist in § 12 Abs. 1 als eine Art Generalklausel formuliert, die sich in die Aspekte „Prävention" und „Reaktion" untergliedert und in den folgenden Absätzen weiter konkretisiert wird, für den Bereich der Prävention in § 12 Abs. 2. Sie umfasst die zum Schutz erforderlichen Maßnahmen, wobei es von verschiedenen Faktoren abhängt, welche Maßnahmen letztlich im Einzelfall geboten sind. § 12 Abs. 2 sieht eine Exkulpationsmöglichkeit des Arbeitgebers vor, wenn er seine Beschäftigten in geeigneter Weise geschult hat, so dass die Schulung eine herausragende Stellung innerhalb der verschiedenen Präventionsmöglichkeiten erhält, wobei diese von einiger Qualität zu sein hat, um die Eignung nach § 12 Abs. 2 zu erfüllen und auf die verschiedenen Beschäftigtengruppen abgestimmt sein sollte. Die Erwähnung der präventiven Maßnahme „Schulung" schließt hingegen nicht aus, dass derjenige Arbeitgeber, der in anderer aber ebenso geeigneter Weise präventiv tätig wird, sich gleichermaßen exkulpieren kann. Neben der Schulung gibt es verschiedene andere Arten der Prävention, dazu gehören organisatorische Maßnahmen bezüglich des Arbeitsumfeldes, Grundsatzerklärungen/Verhaltenskodizes, Betriebsvereinbarungen, Unternehmensrichtlinien, Aufnahme eines Diskriminierungsverbotes in Einzelarbeitsverträge, Informationsmaßnahmen sowie die Einrichtung und Förderung von Gesprächsgruppen. Diese genannten Maßnahmen haben verschiedene Ansatzpunkte, ihre Effektivität ist je nach Unternehmensart und –größe unterschiedlich hoch einzuschätzen oder zeigt sich erst in einer Kombination mehrerer Maßnahmen.

549 Bauer/Göpfert/Krieger, AGG, § 12, Rn. 43.

10. Kapitel: Pflichten des Arbeitgebers bei Verstoß gegen das Benachteiligungsverbot

§ 12 Abs. 3 AGG verpflichtet den Arbeitgeber, Maßnahmen zur Unterbindung der Benachteiligung zu ergreifen, wenn Beschäftigte gegen das Benachteiligungsverbot des § 7 Abs. 1 AGG verstoßen. Diese Maßnahmen haben nur mittelbar präventiven Charakter, da der Arbeitgeber durch ihr Ergreifen deutlich macht, dass er keine Diskriminierung in seinem Einflussbereich duldet und damit demonstriert, welche Folgen dem Belästiger im Falle einer Wiederholung und den übrigen Beschäftigten im Falle eines Erst-Verstoßes gegen das Benachteiligungsverbot drohen.

I. Vorgaben der Richtlinien

Die Richtlinie 2002/73/EG überlässt es den Mitgliedstaaten, Regeln für die Sanktionen, die bei einem Verstoß gegen die einzelstaatlichen Vorschriften zur Umsetzung der Richtlinie zu verhängen sind, festzulegen. So sieht es Art. 8d Abs. 1 der Richtlinie vor. Um welche Sanktionen es sich im Einzelnen handeln soll, wird weitgehend offengelassen, in Art. 8 d Abs. 2 wird lediglich erwähnt, dass diese auch Schadensersatzleistungen umfassen können.

Zu den Anforderungen an die von den Mitgliedstaaten zu wählenden Sanktionen wird in Art. 8 d Abs. 2 ausgeführt, dass diese wirksam, verhältnismäßig und abschreckend zu sein haben.

Für die Belästigungsformen konkretisiert Erwägungsgrund 9, dass der Arbeitgeber und die für Berufsbildung zuständigen Personen ersucht werden sollten, Maßnahmen zu ergreifen, um im Einklang mit den innerstaatlichen Rechtsvorschriften und Gepflogenheiten gegen alle Formen der sexuellen Diskriminierung vorzugehen.[550]

II. Umsetzung in § 12 Abs. 3 und 4 AGG

Der deutsche Gesetzgeber hat mit § 12 Abs. 3 und 4 eine nach dem Verursacher der Belästigung bzw. Benachteiligung nach § 7 Abs. 1 AGG differenzierte Umsetzung vorgenommen. § 12 Abs. 3 gilt für diejenigen Fälle, in denen die Belästigung von einem Beschäftigten ausgeht, § 12 Abs. 4 erfasst dagegen Konstellationen, in denen Beschäftigte bei Ausübung ihrer Tätigkeit durch Dritte belästigt werden.

---

550 RL 2002/73/EG ABl. EG Nr. L 269 v. 5.10.2002, S. 15, 16.

1. § 12 Abs. 3 AGG

Nach § 12 Abs. 3 AGG ist der Arbeitgeber bei einem Verstoß gegen das Benachteiligungsverbot des § 7 Abs. 1, der durch Beschäftigte erfolgt, verpflichtet, die im Einzelfall geeigneten, erforderlichen und angemessenen Maßnahmen zur Unterbindung der Benachteiligung zu ergreifen. Ausdrücklich werden die Maßnahmen Abmahnung, Umsetzung, Versetzung oder Kündigung genannt.

Die Formulierung des § 12 Abs. 3 AGG ist derjenigen des § 4 Abs. 1 UAbs. 1 BeschSchG nachgebildet. Hiernach hatte der Arbeitgeber bei sexueller Belästigung die im Einzelfall angemessenen arbeitsrechtlichen Maßnahmen wie Abmahnung, Umsetzung, Versetzung oder Kündigung zu ergreifen.[551]

Wie schon in § 4 Abs. 1 BeschSchG ist auch die Aufzählung in § 12 Abs. 3 AGG nicht abschließend, darauf weist der Gesetzgeber ausdrücklich hin.[552] In Betracht kommen somit auch weitere als die genannten Maßnahmen. Denkbar sind beispielsweise die nicht aufgeführte Ermahnung, die Betriebsbuße, die Verpflichtung zum Besuch einer Fortbildungsmaßnahme oder auch die Vornahme baulicher Veränderungen beispielsweise zur Teilung eines Großraumbüros, sofern die finanziellen und räumlichen Gegebenheiten vorliegen. Voraussetzung für alle Maßnahmen ist allein, dass sie im Einzelfall geeignet, erforderlich und angemessen sind, mithin also, dass sie einer Verhältnismäßigkeitsprüfung standhalten.

1.1 Verstoß gegen das Benachteiligungsverbot

Nach § 12 Abs. 3 ist Voraussetzung für ein Tätigwerden des Arbeitgebers der Verstoß gegen das Benachteiligungsverbot des § 7 A Abs. 1 AGG, mithin eine vollendete Belästigung (oder andere Benachteiligung). Folglich stellt sich die Frage, ob der Arbeitgeber bei einem Verdacht einer Belästigung nicht verpflichtet sein soll, entsprechend tätig zu werden.

Der Wortlaut des § 12 Abs. 3 spricht gegen ein Vorgehen bei bloßem Verdacht. Damit wäre der Schutz der Beschäftigten im Vorfeld einer Belästigung durch die präventiven Maßnahmen des Arbeitgebers vorhanden, würde für den Zeitraum, in welchem eine Belästigung noch nicht erwiesen ist, unterbrochen und erst wieder greifen, wenn der Nachweis erbracht werden kann. Der betroffene Arbeitnehmer verbliebe folglich bis zu dem Zeitpunkt, in welchem sich der Belästigungsverdacht bestätigt, schutzlos.

---

551 Auch hier handelte es sich um eine Konkretisierung der Schutzpflicht aus § 2 Abs. 1 BeschSchG.

552 BR Drs. 329/06, S. 39.

Diese Interpretation setzt eine isolierte Anwendung des § 12 Abs. 3 voraus. Dagegen spricht nicht nur die Systematik der Norm, sondern auch der ausdrückliche Wille des Gesetzgebers,[553] der mit § 12 Abs. 1 eine Generalklausel verankert hat, die den Arbeitgeber ohne jegliche Einschränkung verpflichtet, die erforderlichen Maßnahmen zum Schutz vor Benachteiligungen zu treffen. Dieser Schutz ist umfassend formuliert und lässt keine Ausnahmen zu. Erfasst sind davon auch Fälle des Benachteiligungsverdachtes.

Um seiner Pflicht zur Reaktion nach § 12 Abs. 3 oder Abs. 4 (abhängig von der Person des Belästigers) nachzukommen, muss der Arbeitgeber daher bei entsprechendem Verdacht sorgfältig untersuchen, ob sich dieser bestätigt, um anschließend die nach § 12 Abs. 3 erforderlichen Maßnahmen zu ergreifen.[554]

Da der Schutz des betroffenen Arbeitnehmers auch während des Zeitraumes der Überprüfung eines Belästigungsverdachtes, beispielsweise im Rahmen einer Beschwerde nach § 13 AGG, gewährleistet werden muss, ist der Arbeitgeber in konsequenter Anwendung des § 12 Abs. 1 auch verpflichtet, vorläufige Maßnahmen zu treffen, falls er zu dem Ergebnis gelangt, dass genügend Anhaltspunkte vorliegen. Anders als bei den Maßnahmen nach § 12 Abs. 3 oder 4 handelt es sich hierbei nicht um Maßnahmen, die nach Abschluss der Überprüfung aufgrund einer nachgewiesenen Belästigung zu ergreifen sind, sondern um eine vorläufige Reaktion des Arbeitgebers, der gerade zu Beginn der Überprüfung noch keine näheren Erkenntnisse vorliegen hat.

Um einen vorläufigen Schutz des belästigten Arbeitnehmers zu erreichen kann es beispielsweise erforderlich sein, dass der Arbeitgeber die belästigende Person unverzüglich auffordert, die Belästigung einzustellen und diese auch nicht zu wiederholen, sowie gegebenenfalls sonstige geeignete Maßnahmen zu treffen, um weitere Belästigungen zu verhindern.[555]

Hierzu kann er beispielsweise eine sofortige räumliche Trennung der betroffenen Parteien herbeiführen, oder, falls es ihm rechtlich möglich ist, den unter Belästigungsverdacht stehenden Arbeitnehmer vorläufig zu suspendieren.[556] Dabei ist jedoch zu berücksichtigen, dass nicht der Sanktions- sondern vielmehr der Schutzgedanke bei der Wahl der Maßnahme ausschlaggebend ist.

553 BR Drs. 329/06, S. 38.

554 Göpfert/Siegrist, ZIP 2006, 1710, 1711.

555 So bereits die Gesetzesbegründung zum Beschäftigtenschutzgesetz § 3, BT-Drs. 12/5468, S. 47.

556 So auch Meinel/Heyn/Herms, Allgemeines Gleichbehandlungsgesetz, § 12, Rn. 19.

Ebenfalls nicht ausgeschlossen wird durch die Formulierung in § 12 Abs. 3 die generell umstrittene Verdachtskündigung. Es ist nicht ersichtlich, dass der AGG-Gesetzgeber hierdurch eine entsprechende Privilegierung des der Diskriminierung verdächtigen Arbeitnehmers gegenüber anderen unter dem Verdacht einer Straftat stehenden Arbeitnehmern bezwecken wollte. Für die Kündigung aufgrund des Verdachts einer Belästigung oder anderen Benachteiligung wird daher auch künftig auf die von der Rechtsprechung entwickelten Voraussetzungen zurückzugreifen sein.[557]

1.2 Maßnahmen nach § 12 Abs. 3 AGG

§ 12 Abs. 3 verpflichtet den Arbeitgeber, die im Einzelfall geeigneten, erforderlichen und angemessenen Maßnahmen zur Unterbindung der Benachteiligung zu ergreifen, wenn Beschäftigte gegen das Benachteiligungsverbot des § 7 Abs. 1 AGG verstoßen.

Obgleich die Formulierung „..wenn Beschäftigte verstoßen..“ im Plural gehalten ist, sind damit alle Verstöße gegen § 7 Abs. 1 AGG gemeint, es genügt daher, wenn ein einzelner Beschäftigter belästigt (oder anderweitig benachteiligt), nicht erforderlich ist, wie man dem Wortlaut nach annehmen könnte, dass eine Gruppe von Beschäftigten belästigt. Zwar wird die Wahl des Plural in der Gesetzesbegründung nicht erläutert, es ist jedoch nicht davon auszugehen, dass der Gesetzgeber mit § 12 Abs. 3 AGG, anders als in § 4 BeschSchG, den Arbeitgeber erst dann zu einer Reaktion auf in Form der Unterbindung belästigenden (oder anderweitig benachteiligenden Verhaltens) verpflichten wollte, wenn mehrere seiner Beschäftigten gegen § 7 Abs. 1 verstoßen. Dafür spricht auch die Verwendung des Singular in § 7 Abs. 1, wonach Beschäftigte nicht wegen eines in § 1 genannten Grundes benachteiligt werden dürfen, was selbst dann gilt, wenn die Person (Singular), die die Benachteiligung begeht, das Vorliegen eines in § 1 genannten Grundes bei der Benachteiligung nur annimmt.

Nach § 12 Abs. 3 muss der Arbeitgeber bei Verstößen gegen das Benachteiligungsverbot Maßnahmen ergreifen. Da der Verstoß selbst gem. § 7 Abs. 3 eine vertragliche Pflichtverletzung darstellt, ist es dem Arbeitgeber möglich, alle Maßnahmen zu ergreifen, die er im Einzelfall zulässigerweise ergreifen kann und darf. Hinsichtlich der Maßnahmen selbst ist er insofern eingeschränkt, als er zu beachten hat, dass diese jeweils geeignet, erforderlich und angemessen, mithin verhältnismäßig sind.

557 So auch Thüsing, Arbeitsrechtlicher Diskriminierungsschutz, S. 275, Rn. 686; die Verdachtskündigung für AGG-Fälle generell ablehnend: HK-AGG/Buschmann, § 12, Rn. 27.

Für die Eignung der Maßnahme ist entscheidend, ob mit ihrer Ergreifung die Belästigung einerseits unterbunden werden und andererseits eine Wiederholung vermieden werden kann um den betroffenen Arbeitnehmer vor künftigen Belästigungen durch den Belästiger zu schützen.

Im Rahmen seiner Organisationsgewalt hat der Arbeitgeber dafür die im Einzelfall in Betracht kommende Maßnahme auszuwählen. In seinem Ermessen steht somit lediglich die Wahl zwischen zwei gleichermaßen geeigneten Maßnahmen,[558] ansonsten hat er das jeweils mildeste Mittel auszuwählen.

Ob die Maßnahme angemessen ist, hängt im Wesentlichen von der Art und der Schwere der belästigenden Verhaltensweise ab. Darüber hinaus hat der Arbeitgeber zu berücksichtigen, ob ein Verhalten erstmalig stattfindet, oder ob es sich um einen Wiederholungsfall handelt.[559] Denn Sinn und Zweck der arbeitsrechtlichen Maßnahme ist nicht nur, den belästigten Arbeitnehmer zu schützen, indem noch andauernde Belästigungen beendet und Wiederholungsfälle vermieden werden, sondern darüber hinaus auch, dem Belästiger sein Fehlverhalten deutlich zu machen und dieses zu sanktionieren. Daher ist bei der Auswahl der Maßnahme außer der Schwere des Verhaltens und der Wiederholung oder Erstmaligkeit auch das persönliche Verhalten des Belästigers und dessen Einsichtsfähigkeit zu berücksichtigen, sowie die Frage, ob er die Unerwünschtheit seines Verhaltens kannte oder hätte kennen müssen.[560]

Für den Tatbestand der sexuellen Belästigung nach dem Beschäftigtenschutzgesetz, der nur vorsätzlich verwirklicht werden konnte, spielte das Verschulden bei der Frage nach der Angemessenheit der Maßnahme keine Rolle.

Anders ist dies bei den Belästigungstatbeständen nach dem AGG zu beurteilen. Zum einen kommt es, wie oben dargestellt, sowohl bei der Belästigung als auch bei der sexuellen Belästigung nach § 3 Abs. 3 (bzw. 4) nicht auf das Verschulden des Handelnden an. Darüber hinaus setzt § 12 Abs. 3 lediglich einen Verstoß gegen § 7 Abs. 1 voraus. Ob der Verstoß gegen das Benachteiligungsverbot schuldhaft oder unverschuldet erfolgt, ist vom Arbeitgeber daher nicht bei der Frage zu berücksichtigen, ob er eine Maßnahme gegen den Belästiger ergreift, da er diesbezüglich keine Wahl hat, sondern erst bei der Auswahl der Maßnahme selbst.

---

558 ErfK/Schlachter, BeschSchG, § 4, Rn. 1.

559 HK-AGG/Buschmann, § 12, Rn. 26; Rebhahn Gleichbehandlungsgesetz, §§ 6-7, Rn. 51; ErfK/Schlachter, AGG, § 12, Rn. 3; Mästle BB 2002, 250ff.

560 Holzbecher u.a., Sexuelle Belästigung am Arbeitsplatz, S. 387; Wolmerat, Mobbing im Betrieb, S. 208, Rn. 217.

Eine verschuldete Belästigung erfordert nicht nur aufgrund ihres Unrechtsgehalts eine andere Sanktion als eine unverschuldete, sondern auch aufgrund der Effektivität der Maßnahme. So wird beispielsweise ein bloßer Hinweis bei demjenigen Belästiger, der den Erfolgseintritt beim Opfer beabsichtigt, kaum dazu führen, dass er künftig derartige Verhaltensweisen unterlässt. Beim vorsatzlos handelnden Arbeitnehmer kann hingegen ein Hinweis auf die belästigende Wirkung seines Verhaltens bereits ausreichen.

Eine Überschneidung mit den oben genannten Kriterien ist hier wahrscheinlich. So wird der vorsatzlos handelnde Arbeitnehmer die belästigende Verhaltensweise eher nicht wiederholen, wenn er von ihrer Auswirkung in Kenntnis gesetzt wurde. Beim absichtlich belästigenden Arbeitnehmer ist eine Wiederholung demgegenüber grundsätzlich als wahrscheinlicher anzunehmen.

Bei der Beurteilung ob eine Maßnahme dem Grundsatz der Verhältnismäßigkeit entspricht, dürfen sonstige entgegenstehenden Interessen vom Arbeitgeber nicht berücksichtigt werden. Es ist in diesem Zusammenhang unerheblich, ob der betreffende Arbeitnehmer eine leitende Position einnimmt oder für das Unternehmen aufgrund seiner Qualifikation von besonderer Bedeutung ist und der Arbeitgeber auf ihn nicht verzichten oder ihn nicht verärgern will.[561] Lediglich zu bewerten ist das rechtswidrige Verhalten des Beschäftigten, unabhängig von sonstigen Kriterien.

Welche Maßnahme der Arbeitgeber zu ergreifen hat, hängt letztlich auch von der jeweiligen Betriebsgröße und Struktur ab. So kommen Umsetzung und Versetzung nur in Betrieben von einer bestimmten Größe in Betracht, in kleinen oder mittleren Unternehmen sind diese weitgehend unmöglich. Dem Arbeitgeber kann dies nicht angelastet werden, er muss in solchen Fällen auf die ihm möglichen Maßnahmen ausweichen, darauf weist, wie schon oben erwähnt, die Gesetzesbegründung ausdrücklich hin.[562]

Welche der genannten oder aufgrund der beispielhaften Aufzählung in § 12 Abs. 3 AGG nicht genannten Maßnahmen im Einzelfall als verhältnismäßig erachtet werden, ist für die Belästigung noch nicht durch Rechtsprechung näher konkretisiert worden. Anders hingegen für die sexuelle Belästigung, bei der aufgrund der weitgehenden Übereinstimmung mit dem Beschäftigtenschutzgesetz auf vorhandene Rechtsprechung der nationalen Arbeitsgerichte zurückgegriffen werden kann.

---

561 Schiek u.a., Frauengleichstellungsgesetze, § 4 BeschSchG, Rn. 2763; ErfK/Schlachter, BeschSchG, § 4, Rn. 1.

562 BR Drs. 329/06, S. 38f.

Teilweise wird man diese auf die Belästigung übertragen können, insbesondere wenn sich die sexuelle Belästigung im verbalen oder schriftlichen Bereich bewegt. Handelt es sich dagegen um körperliche Übergriffe, die bei der sexuellen Belästigung häufig zu verzeichnen sind, wird man eine Übertragung nur eingeschränkt vornehmen können. Einerseits sind derartige Verhaltensweisen bei der Belästigung seltener zu erwarten als bei der sexuellen Belästigung. Andererseits haben sie eine andere Zielrichtung. Wo sie bei der sexuellen Belästigung überwiegend auf eine sexuelle Annäherung gerichtet sind, ist das Ziel der Belästigung nicht der Intimbereich. Körperliche Verhaltensweisen werden hier überwiegend als Körperverletzung bzw. Bedrohung und Zeichen der Abneigung anzusehen sein. Herangezogen werden kann grundsätzlich aufgrund der bereits mehrfach angesprochenen Parallelen auch die Rechtsprechung zum Mobbing.

1.2.1 Abmahnung

Die erste von § 12 Abs. 3 genannte Maßnahme ist die Abmahnung. Wie bereits im Beschäftigtenschutzgesetz ist sie als eigenständige Maßnahme aufgeführt und damit nicht nur in ihrer Funktion als Voraussetzung für eine Kündigung.

Innerhalb der aufgeführten Skala ist sie das verhältnismäßig mildeste Mittel. Grundsätzlicht ist sie, ausgehend von ihrem Sinn und Zweck ist nur dann geeignet, wenn das beanstandete Verhalten des Arbeitnehmers steuerbar ist und zu erwarten ist, der Arbeitnehmer werde sich künftig vertragsgemäß verhalten und zudem die Aussicht besteht, dass das zerstörte Vertrauensverhältnis zum Arbeitgeber wieder hergestellt werden kann. Nicht erforderlich ist die Abmahnung, wenn der Arbeitnehmer von Anfang an nicht damit rechnen konnte, sein Verhalten werde vom Arbeitgeber hingenommen werden. Aus diesem Grund kommt die Abmahnung auch nur in Fällen von weniger erheblicher Schwere in Betracht, denn andernfalls kann der Arbeitnehmer nicht davon ausgehen, seine Verhaltensweise werde toleriert werden.[563]

Belästigungen sind wie auch sexuelle Belästigungen und Mobbinghandlungen steuerbare Verhaltensweisen. Insofern besteht generell die Möglichkeit, dass der Arbeitgeber aufgrund der durch die Abmahnung erfolgten Hinweise und der ihr zudem innewohnenden Warnung sein Verhalten für die Zukunft ändert. Es bleibt jedoch zu bedenken, dass es sich bei der Belästigung, wie auch bei den beiden anderen genannten Bereichen und grundsätzlich bei jeglicher Diskriminierung um Verhaltensweisen handelt, von denen ein Arbeitnehmer grundsätzlich nicht annehmen kann, sie werden vom Arbeitgeber toleriert werden. Man

---

563 BAG-NZA 2001, 421, 426; BAG-NZA 1999, 1270ff; Schaub/Linck, § 132, Rn. 28, 25ff m. w. Nachweisen.

kann jedenfalls in Fällen von einer gewissen Erheblichkeit und Schwere davon ausgehen, dass dem belästigenden Arbeitnehmer nicht nur die mögliche Unerwünschtheit, sondern auch die Rechtswidrigkeit und damit gleichzeitig die Vertragswidrigkeit seines Verhaltens bewusst ist. Belästigt er gleichwohl, so wird man davon ausgehen können, dass eine Abmahnung nicht nur als Voraussetzung für eine Kündigung entbehrlich ist, sondern auch, dass sie nicht das geeignete Mittel zur Unterbindung der Belästigung und zur Verhinderung weiterer Vorfälle ist.

Letztlich hat der Arbeitnehmer mit seinem belästigenden Verhalten bereits gezeigt, dass er nicht gewillt ist, sich vertragsgemäß zu verhalten, da er, obwohl er nicht davon ausgehen konnte, sein Verhalten werde die Billigung seines Arbeitgebers finden, dieses gleichwohl nicht unterlassen hat. Jedenfalls in gravierenden Belästigungsfällen ist daher die Abmahnung bereits keine geeignete Maßnahme. Erst Recht ist hiervon auszugehen, wenn der betreffende Arbeitgeber seiner diesbezüglichen Pflicht aus § 12 Abs. 1 S. 2 AGG entsprechend für präventive Maßnahmen gesorgt hat, da diese wie oben dargestellt auch Aufklärungs- und Informationsmaßnahmen umfassen.[564]

Als geeignete Maßnahme ist eine Abmahnung daher nur in den Konstellationen zu ergreifen, in denen der belästigende Arbeitnehmer nicht von vornherein davon ausgehen musste, sein Verhalten würde vom Arbeitgeber nicht gebilligt werden, mithin in minderschweren Fällen. Darüber hinaus besteht auch nur dann die erforderliche Aussicht, dass das gestörte Vertrauensverhältnis wieder hergestellt werden kann.[565]

Für den Belästigungstatbestand des § 3 Abs. 3 AGG hat dies zur Folge, dass man hinsichtlich der Eignung der Abmahnung zwischen der Bezweckens- und der Bewirkensalternative zu unterscheiden hat. Als geeignete Maßnahme kommt die Abmahnung lediglich für die Bewirkensfälle in Betracht und zwar auch nur dann, wenn der Arbeitnehmer die belästigenden Auswirkungen durch sein Verhalten zwar hervorgerufen, diese jedoch nicht beabsichtigt hat und auch nicht hätte erkennen müssen, dass diese aufgrund seines Verhaltens eintreten werden. In diesen Fällen ist die Abmahnung geeignet, da ihre Hinweis- und Warnfunktion nicht ins Leere läuft.

Für Belästigungen hingegen, die in Form der Bezweckens-Variante erfolgen, in denen es dem Arbeitnehmer gerade darauf ankommt, die belästigenden Folgen

564 So auch für den Bereich Mobbing: Wickler/Hänsch, Handbuch Mobbing-Rechtsschutz, S. 237, Rn. 84.

565 Meinel/Heyn/Herms, Allgemeines Gleichbehandlungsgesetz, § 12, Rn. 22.Rebhahn Gleichbehandlungsgesetz, §§ 6-7, Rn. 61.

herbeizuführen, ist die Abmahnung keine geeignete Maßnahme. An der Eignung mangelt es bereits deswegen, weil die Hinweis- und Warnfunktion der Abmahnung dann nicht zum Tragen kommt, wenn der Arbeitnehmer sich seines pflichtwidrigen Verhaltens nicht nur bewusst ist, sondern dieses sogar bezweckt hat. Durch dieses beabsichtigte rechtswidrige Verhalten, zerstört der Belästiger das Vertrauensverhältnis zum Arbeitgeber nachhaltig.

Diese Wertung muss auch auf die Konstellationen übertragen werden, in denen der Arbeitgeber umfassend präventive Maßnahmen ergriffen hat, indem er das Belästigungsverbot arbeitsvertraglich geregelt hat, er Betriebsvereinbarungen geschlossen, oder Unternehmensleitlinien erlassen hat.[566] Dann ist grundsätzlich von der Kenntnis des Arbeitnehmers über die Rechtswidrigkeit seines Verhaltens auszugehen, weswegen die Hinweis- und Warnfunktion der Abmahnung ins Leere läuft und aus diesem Grund keine geeignete Maßnahme im Sinne des § 12 Abs. 3 AGG ist.

1.2.2 Versetzung und Umsetzung

Als weitere Maßnahmen nennt § 12 Abs. 3 Umsetzung und Versetzung. Auch diese sind eigenständige Maßnahmen, weswegen grundsätzlich davon auszugehen ist, dass sie vom Arbeitgeber auch einzeln und nicht nur zusätzlich zu einer der anderen Maßnahmen ergriffen werden können.

Sowohl Umsetzung als auch Versetzung kommen nur dann als Maßnahmen in Betracht, wenn sie dem Arbeitgeber einerseits möglich und andererseits auch zumutbar sind. Das setzt entsprechende Betriebsstruktur und Betriebsgröße voraus, mithin muss ein freier Arbeitsplatz vorhanden sein. Ausgehend von dem ausdrücklichen Hinweis in der Gesetzesbegründung, die Verpflichtung des Arbeitgebers könne immer nur so weit gehen, wie der Arbeitgeber dazu rechtlich und tatsächlich in der Lage ist,[567] wird man in kleineren Betrieben selten von einer tatsächlichen Möglichkeit zur Umsetzung oder Versetzung ausgehen können, so dass beide Maßnahmen überwiegend für mittlere und größere Unternehmen in Betracht kommen.

Grundsätzlich sind Umsetzung und Versetzung gegenüber der Kündigung die milderen Mittel. Der Arbeitgeber kann sie durch die Ausübung seines Direktionsrechtes ergreifen, wenn sich die Umstände der neuen Tätigkeit im Rahmen

566 Wickler/Hänsch, S. 237, Rn. 84, für den Bereich Mobbing.
567 BR Drs. 329/06, S. 38f.

des vertraglich Vereinbarten bewegen. Ansonsten hat der Arbeitgeber eine Änderungskündigung auszusprechen.[568]

Generell kommt eine Umsetzung oder Versetzung, falls diese aufgrund eines freien Arbeitsplatzes möglich ist, nur dann in Betracht, wenn der Arbeitgeber davon ausgehen kann, dass der betreffende Arbeitnehmer sein beanstandetes Verhalten dort nicht weiter fortsetzen wird.[569] Eine Eignung im Sinne des § 12 Abs. 3 ist daher immer nur dann anzunehmen, wenn die noch andauernde Belästigung hierdurch beendet, bzw. die Gefahr der Wiederholung beseitigt werden kann. Bestehen hieran starke Zweifel, weil beispielsweise der Belästiger bereits vor der Umsetzung zum Ausdruck bringt, er werde sich durch eine räumliche Trennung nicht von einer erneuten Belästigung abhalten lassen, kann diese von Vornherein nicht als geeignet erachtet werden.

Kommt man hinsichtlich des Erfolgs der Maßnahme hingegen zu einer positiven Prognose, stellt sich die Frage, welche der beiden Parteien sie betreffen soll. Betrachtet man die Maßnahme allein im Hinblick auf ihr Ziel, der Deeskalation der Situation mittels einer räumlichen Trennung der Parteien, stünde sowohl die Entfernung des Belästigers als auch die seines Opfers zur Wahl.

Gegen eine Um- oder Versetzung des Belästigungsopfers sprechen entscheidende Argumente. Eine Umsetzung oder Versetzung bedeutet nicht nur eine Änderung der beruflichen und persönlichen Lebenssituation, sondern geht häufig einher mit deren Verschlechterung. Das hätte zur Konsequenz, dass das Belästigungsopfer in diesen Fällen durch die Maßnahme des Arbeitgebers eine weitere Benachteiligung gegenüber dem Belästiger erleiden würde, wenn dieser auch künftig auf seinem gewohnten Arbeitsplatz verbliebe. Auch wenn Um- oder Versetzung des betroffenen Arbeitnehmers nicht zu einer Verschlechterung führen würde, könnte sie gleichwohl zu einer Demotivierung führen. [570]

Gegen eine solche Benachteiligung wendet sich jedoch ausdrücklich § 16 Abs. 1 AGG[571], wonach der Arbeitgeber Beschäftigte nicht wegen der Inanspruchnahme von Rechten nach diesem Abschnitt (...) benachteiligen darf. Nach dem Wortlaut des § 16 werden alle Vorschriften von Abschnitt 2 erfasst, mithin die §§ 6 – 18 AGG.

568 Wickler/Hänsch, Handbuch Mobbing-Rechtsschutz, S. 238, Rn. 86; Wolmerath, Mobbing im Betrieb, S. 209ff; Herzog, Sexuelle Belästigung, S. 145ff; Kollmer, Mobbing, S. 50, Rn. 77ff. .

569 K/D/Z-Däubler, § 1 KSchG, Rn. 163.

570 So auch ErfK/Schlachter, AGG, § 12, Rn. 5.

571 Umsetzung von Art. 9 RL 2000/43/EG, Art. 11 RL 2000/78/EG und Art. 7 RL 2002/73/EG.

Der Schutz des § 16 bezieht sich daher auch auf das Recht des Arbeitnehmers auf Schutz nach § 12 Abs. 3.[572] Folglich darf der Arbeitgeber denjenigen Arbeitnehmer, der sich gegen eine Belästigung zur Wehr setzt nicht aus diesem Grund benachteiligen, wenn er Schutzmaßnahmen nach § 12 Abs. 3 ergreift. Handelt es sich bei der Maßnahme um eine Umsetzung oder Versetzung, hat sich diese daher grundsätzlich gegen den Verursacher der Belästigung zu richten.

Eine Ver- oder Umsetzung des Belästigungsopfers anstelle des Belästigers, der damit unverändert auf seinem ursprünglichen Arbeitsplatz verbliebe, würde nach außen den Anschein erwecken, der Arbeitgeber toleriere das belästigende Verhalten. Das birgt zudem die Gefahr einer Stärkung des Belästigers, da für ihn nicht nur faktisch, sondern auch für seine Kollegen ersichtlich kein offenkundiger Nachteil durch sein diskriminierendes Verhalten entsteht. Insbesondere in Fällen, in denen die Position des Belästigungsopfers innerhalb des Betriebes durch die Belästigungssituation gelitten hat, würde dies auch die soziale Rehabilitation des Opfers verhindern.[573]

Schließlich entspräche eine Versetzung oder Umsetzung des Belästigungsopfers auch nicht dem Sanktionsgedanken, der allen genannten arbeitsrechtlichen Maßnahmen innewohnt.[574] Bezug kann in diesem Zusammenhang auch auf § 4 Abs. 1 BeschSchG genommen werden, in welchem Umsetzung und Versetzung als Maßnahmen aufgeführt waren. In der zugehörigen Gesetzesbegründung wurde ausdrücklich ausgeführt, dass eine räumliche Trennung in schweren Fällen die geeignete Maßnahme zur Unterbindung der sexuellen Belästigung sein könne, was jedoch nicht zu Lasten des Opfers gehen dürfe.[575]

Anders stellt sich die Situation allerdings dar, wenn das Belästigungsopfer selbst eine Umsetzung oder Versetzung auf eigene Initiative wünscht. Hierin liegt keine Benachteiligung durch den Arbeitgeber, da die Maßnahme auf die Initiative der belästigten Person betrieben und nicht vom Arbeitgeber angeordnet wird.
Fraglich ist dann jedoch, ob der Arbeitgeber seine Pflichten aus § 12 Abs. 3 AGG erfüllt, wenn er statt des Belästigers dessen Opfer von seinem bisherigen Arbeitsplatz entfernt.

---

572 So auch Thüsing, Arbeitsrechtlicher Diskriminierungsschutz, Rn. 598f; für einen demgegenüber engeren Schutzbereich: Bauer/Göpfert/Krieger, AGG, § 16, Rn. 7 und HK-AGG/Deinert, § 16, Rn. 15, wonach entgegen dem Wortlaut des § 16 nur die Rechte nach §§ 13, 14 und 15 erfasst sein sollen.

573 Wickler/Hänsch, Handbuch Mobbing Rechtsschutz, S. 238, Rn. 87.

574 Wolmerath, Mobbing im Betrieb, S. 208, Rn. 217.

575 BT-Drs. 12/5468, S. 47.

Im Ergebnis wird der Zweck des § 12 Abs. 3, die Unterbindung der Benachteiligung, durch die Um- oder Versetzung des Belästigungsopfers in gleicher Weise erreicht, wie durch die des Belästigers.

Problematisch ist in dieser Konstellation, dass sich auch hier Konsequenzen lediglich für das Belästigungsopfer, wenn auch von diesem gewünscht, nicht jedoch für den Belästiger ergeben. Um dem Sanktionsgedanken zu entsprechen und dem Belästiger die Rechtswidrigkeit seines Verhaltens deutlich zu machen, wird der Arbeitgeber daher in diesen Fällen eine weitere arbeitsrechtliche Maßnahme ergreifen müssen. In Betracht kommen hierfür insbesondere die Ermahnung oder die Abmahnung des Belästigers, jeweils abhängig von der Erheblichkeit und Dauer des Vorfalls.

Grundsätzlich kommen Umsetzung oder Versetzung also dann in Betracht, wenn eine Abmahnung allein nicht als ausreichend erachtet, und/oder dem Opfer die räumliche Nähe zum Belästiger nicht weiter zugemutet werden kann.

1.2.3 Kündigung

Die letzte der ausdrücklich genannten Maßnahmen aus dem Katalog des § 12 Abs. 3 AGG ist die Kündigung. Auf die Beendigung des Arbeitsverhältnisses gerichtet, stellt sie die härteste der in Betracht kommenden Maßnahmen dar und ist daher nur in Fällen von erheblicher Schwere zu ergreifen.

Kündigungsgrund ist eine steuerbare Handlung, somit ein Verhalten des Arbeitnehmers. Dass es sich bei dieser um die erforderliche arbeitsvertragliche Pflichtverletzung handelt, legt der AGG in § 7 Abs. 3 ausdrücklich fest. Grundsätzlich ist bei einer verhaltensbedingten Kündigung eine Negativprognose erforderlich, also die Gefahr einer Wiederholung des in Rede stehenden, pflichtwidrigen Verhaltens. Diese ist insbesondere dann gegeben, wenn das Verhalten trotz erfolgter Abmahnung wiederholt wird.[576] Daher hat einer Kündigung, die aufgrund eines Verhaltens des Arbeitnehmers ausgesprochen wird grundsätzlich eine Abmahnung vorauszugehen.

576 Schaub-Linck § 133, Rn. 5; K/D/Z-Däubler § 1 KSchG, Rn. 158ff; GK-Etzel § 1 KSchG, Rn. 405ff.

1.2.3.1 Abmahnungserfordernis

Die Abmahnung ist nach der Rechtsprechung des BAG[577] auch im Vertrauensbereich nicht grundsätzlich entbehrlich, sondern vielmehr immer dann erforderlich, wenn ein steuerbares Verhalten in Rede steht und zu erwarten ist, dass das Vertrauen, welches durch das pflichtwidrige Verhalten verletzt wurde, wieder hergestellt werden kann. Insbesondere ist dies der Fall, wenn der Arbeitnehmer mit vertretbaren Gründen annehmen konnte, sein Verhalten sei nicht vertragswidrig oder es werde vom Arbeitgeber nicht als so erheblich betrachtet, dass hierdurch der Bestand des Arbeitsverhältnisses gefährdet werde.

Da die Abmahnung jedoch im Katalog des § 12 Abs. 3 als eigenständiges Sanktionsinstrument erscheint, ist sie nicht lediglich auf ihre Funktion als „Vorstufe" zur Kündigung beschränkt. Das bedeutet auch, dass sie einer Kündigung dann nicht vorauszugehen hat, wenn sie dem Vorfall nicht angemessen ist, und damit als Sanktion nicht genügt.[578]

Bei besonders schwerwiegenden Verstößen, deren Rechtswidrigkeit dem Arbeitnehmer ohne weiteres erkennbar ist, und bei denen von vornherein offenkundig ausgeschlossen ist, dass der Arbeitgeber diese dulden wird, ist eine Abmahnung daher entbehrlich. Grund ist, dass in diesen Fällen davon auszugehen ist, dass das für den Bestand eines Arbeitsverhältnisses notwendige Vertrauen durch das pflichtwidrige Verhalten auf Dauer zerstört wurde.[579]

Für die Möglichkeit des Ausspruchs einer Kündigung ohne vorherige Abmahnung spricht auch der Wortlaut des § 12 Abs. 3 AGG. Dort werden Abmahnung und Kündigung als eigenständige Maßnahmen aufgeführt, woraus sich ergibt, dass beide auch voneinander getrennt ergriffen werden können. Eine Kündigung kann daher ohne vorherige Abmahnung ausgesprochen werden, wenn das Verhalten so schwerwiegend ist, dass eine bloße Abmahnung als Sanktionsmittel nicht genügt.[580]

Wie oben erörtert, muss bei der Belästigung hinsichtlich der Eignung einer Abmahnung als Maßnahme zwischen der Bezweckens- und der Bewirkensalternative unterschieden werden. Die Abmahnung ist dabei grundsätzlich nur in Fällen

---

577 BAG, Urteil v. 12.08.1999, DB 2000, 48 = NZA 2000, 421ff; BAG, Urteil v. 01.07.1999, DB 1999 2216 = NZA 1999, 1270ff.

578 ErfK/Schlachter, BeschSchG, § 4, Rn. 2, noch ausschließlich für die sexuelle Belästigung und Maßnahmen nach dem dortigen § 4 Abs. 1 Nr. 1, der ebenfalls die Abmahnung als eigenständige Maßnahme enthielt.

579 BAG-NZA 2000, 421, 426; BAG-NZA 1999, 1270, 1272.

580 Für die sexuelle Belästigung ErfK/Schlachter, BeschSchG, § 4, Rn. 1; Mästle, BB 2002, 250f.

des Bewirkens geeignet, und auch nur dann, wenn die belästigende Wirkung für den handelnden Arbeitnehmer nicht offensichtlich erkennbar war, mithin in minder schweren Fällen. Liegen diese Voraussetzungen allerdings vor, ist die Abmahnung die geeignete Maßnahme und vom Arbeitgeber auszusprechen, bevor er eine Kündigung in Betracht ziehen kann.

In den Bezweckens-Fällen hingegen, in denen es dem Arbeitnehmer gerade darauf ankommt, die Belästigung herbeizuführen, ist die Abmahnung als entbehrlich anzusehen. Hier zeigt der belästigende Arbeitnehmer, dessen erklärtes Ziel die Belästigung des Opfers ist, dass er sich bewusst pflichtwidrig verhält. Damit entfällt die Hinweis- und Warnfunktion der Abmahnung, denn der Arbeitnehmer ist sich seines rechtswidrigen Verhaltens bewusst und kann auch nicht damit rechnen, dieses werde vom Arbeitgeber toleriert werden. Zudem ist in diesen Fällen auch davon auszugehen, dass das Vertrauen des Arbeitgebers in den belästigenden Arbeitnehmer durch dessen bewusst rechts- und pflichtwidriges Verhalten dauerhaft zerstört ist. In diesen Fällen kann eine Kündigung daher auch ohne vorherige Abmahnung ausgesprochen werden.

Dies trifft auch auf die Fälle zu, in den Bewirkens-Fällen zu, wenn das Verhalten von solcher Erheblichkeit ist, dass der belästigende Arbeitnehmer dessen Rechtswidrigkeit hätte erkennen müssen. Auch dann ist die Abmahnung entbehrlich und je nach Schwere des Verhaltens kann eine Kündigung direkt ausgesprochen werden. Schließlich ist die Abmahnung vor Ausspruch einer verhaltensbedingten Kündigung auch in den Fällen entbehrlich, in welchen der handelnde Arbeitnehmer deutlich zu erkennen gibt, dass er nicht in der Lage oder Willens ist, sich vertragstreu zu verhalten[581]. Damit erklärt er gleichzeitig, dass er auch künftig Vertragsverletzungen begehen wird, wodurch die mit der Abmahnung verbundene Warnfunktion von vornherein als überflüssig erachtet werden kann.

1.2.3.2 Kündigungsformen

Entsprechend dem im Kündigungsschutzrecht geltenden ultima-ratio-Prinzip kommt eine Kündigung nur dann in Betracht, wenn andere, mildere Maßnahmen nicht geeignet sind, die Belästigung zu unterbinden. Angesichts der Härte der Maßnahme setzt dies auch voraus, dass das belästigende Verhalten von einiger Erheblichkeit ist. Zwar kann grundsätzlich auch ein weniger schwerwiegendes Verhalten den Ausspruch einer Kündigung rechtfertigen, dafür muss es allerdings in einer gewissen Häufigkeit vorkommen, bzw. muss der Arbeitnehmer

581 BAG Urteil v. 12. 7.1984, AP BetrVG 1972 § 102 Nr. 32; BAG Urteil v. 17.02.1994, AP BGB § 626 Nr. 116.

hierfür bereits abgemahnt worden sein, oder jedoch klar erkennen lassen, dass er sich auch weiterhin vertragswidrig verhalten wird. Auch ist, bevor eine Kündigung ausgesprochen werden kann, wie oben dargestellt, an eine Umsetzung bzw. Versetzung des Arbeitnehmers zu denken.

Ist die negative Zukunftsprognose gegeben, besteht also die Gefahr einer Wiederholung des Verhaltens oder ist die Grundlage für das Fortführen der Vertragsbeziehung nachhaltig zerstört, kann der Arbeitgeber eine Kündigung aussprechen. Je nach Schwere und Nachhaltigkeit des Verhaltens hat er die Wahl zwischen einer ordentlichen oder einer außerordentlichen Kündigung, wobei sich diese nach dem Grundsatz der Verhältnismäßigkeit richtet.

Die Frage, welche Verhaltensweisen den Schweregrad erfüllen, um eine ordentliche oder eine außerordentliche Kündigung zu rechtfertigen, wurde speziell für die Belästigung noch nicht von den Gerichten geklärt. Bislang liegen hierzu noch keine Urteile deutscher Gerichte vor, auch der EuGH hat sich zur Belästigung bisher noch nicht geäußert.

Rechtsprechung ist dagegen sowohl für den Bereich der sexuellen Belästigung als auch für den des Mobbing vorhanden, auf die wegen der vorhandenen Parallelen generell Bezug genommen werden kann. Dabei ist zu berücksichtigen, dass die unerwünschten Verhaltensweisen bei der sexuellen Belästigung vorwiegend körperlicher Art sind, was bei der Belästigung eher selten der Fall sein wird.

Als hinreichend schwerwiegend für das Aussprechen einer ordentlichen Kündigung ohne vorherige Abmahnung wurden beispielsweise das flüchtige Berühren der Brust, nach dem Vorausgehen verschiedener sexueller Bemerkungen angesehen,[582] ebenso der wiederholte Versuch eines vorgesetzten Arbeitnehmers, eine ihm nachgeordnete Mitarbeiterin auf Mund und Augen zu küssen[583], wobei erschwerend hinzukam, dass es sich um die Konstellation zwischen Vorgesetztem und nachgeordneter Mitarbeiterin handelte.

Die Verhältnismäßigkeit einer ordentlichen Kündigung wurde ebenfalls bestätigt in dem Fall eines Angestellten im öffentlichen Dienst, welcher sich mit Bewerberinnen für eine Stelle als Gärtnerin in einem U-Bahnhof traf, sich anschließend mit ihnen in eine Sauna begab und die Bewerbungsgespräche dort in Badekleidung führte, so dass bei den Bewerberinnen der Eindruck erweckt wurde, sie könnten durch das Erbringen sexueller Gegenleistungen die Chancen auf den

---

582 LAG-Hamm, Urteil v. 22.10.1996, 6 Sa 730/96, BB 1997, 99 = NZA 1997, 769, 770f, allerdings wurde hier auch eine Umsetzung bzw. Versetzung erörtert, welche jedoch aufgrund der betrieblichen Gegebenheiten nicht möglich war.

583 ArbG-Aachen, Urteil v. 4.7.1991, 3 d Ca 218/91, Streit 1991, 151f.

Erhalt der Stelle vergrößern.[584] Eine ordentliche verhaltensbedingte Kündigung wurde zudem bei massiven und wiederholten sexuellen Belästigungen in Form von obszönen Angeboten, verbal dargestellten sexuellen Bildern und deren Untermalung mit keuchenden Geräuschen als zulässig erachtet.[585]

Als gravierendste Maßnahme kann der Arbeitgeber schließlich auch die außerordentliche Kündigung des Arbeitnehmers aussprechen. Dafür muss nach § 626 Abs. 1 BGB ein wichtiger Grund vorliegen, der eine so schwerwiegende Störung darstellt, dass eine auch nur vorübergehende Fortsetzung des Arbeitsverhältnisses bis zum Ablauf der Kündigungsfrist oder der vereinbarten Beendigung des Arbeitsverhältnisses unzumutbar ist.

Der an sich wichtige Grund liegt hier im belästigenden Verhalten des Arbeitnehmers. Dieses muss, um die sofortige Beendigung des Arbeitsverhältnisses zu rechtfertigen, eine erheblich Schwere aufweisen. Bei der Frage, ob ein Verhalten diesen Erheblichkeitsgrad erreicht, kommt es entscheidend auf dessen Umfang und Intensität, sowie auf die Abwägung der beiderseitigen Interessen an.[586]

Mangels Rechtsprechung zur Belästigung ist für die Anforderungen an den Schweregrad einer für die außerordentliche Kündigung erforderlichen Verhaltensweise auch hier auf diejenige zur sexuellen Belästigung und zum Mobbing zurückzugreifen.

Das LAG-Thüringen hat in diesem Zusammenhang zum Mobbing ausdrücklich festgestellt, dass ein entsprechendes Verhalten jedenfalls dann zur Rechtfertigung einer außerordentlichen Kündigung geeignet ist, wenn dadurch das allgemeine Persönlichkeitsrecht, die Ehre oder die Gesundheit des Opfers in schwerwiegender Weise verletzt werden.[587] Für die Frage nach dem für eine außerordentliche Kündigung erforderlichen Gewicht des Verhaltens, ist daher darauf abzustellen, mit welcher Intensität es betrieben wird, denn je intensiver dieses ist, und je mehr menschenrechts- und damit zugleich arbeitsvertragswidrige Energie eingesetzt wird, um so schwerwiegender und nachhaltiger wird dadurch auch die Vertrauensgrundlage für die Fortführung des Arbeitsverhältnis gestört. Ganz konkret ist dies jedenfalls erreicht, wenn der Arbeitnehmer erkennt, dass

---

584 LAG-Berlin, Urteil v. 15.8.1989, 13 Sa 50/89, LAGE Nr. 24 zu § 1 KSchG, S. 1, 3.

585 LAG-Berlin, Urteil v. 30.01.1991, 13 Sa 98/90, Streit 1991, 148ff.

586 Preis in Ascheid/Preis/Schmidt, § 4 BeschSchG, Rn. 7; ErfK/Schlachter, BeschSchG, § 4, Rn. 2; LAG-Thüringen, Urteil v. 15.02.2001, 5 Sa 102/00, NZA-RR 2001, 577, 579; LAG-Hamm, Urteil v. 22.10.1996, 6 Sa 730/96, NZA 1997, 769ff; ArbG-Lübeck, Urteil v. 02.11.2000, 1 Ca 2479/00, NZA-RR 2001, 140ff.

587 LAG-Thüringen, NZA-RR 2001, 577, 579.

das Opfer in Folge seines Verhaltens gesundheitliche Beeinträchtigungen erleidet, und er das Verhalten gleichwohl fortsetzt.[588]

Für den Mobbingbereich wurde ein entsprechend schwerwiegendes Verhalten angenommen bei wiederholtem Beschimpfen, Beleidigen und Vorenthalten der Pausenzeiten eines Arbeitnehmers durch seinen Vorgesetzten, welches bei diesem nicht nur zu gesundheitlichen Beeinträchtigungen wie erhöhtem Blutdruck führte, sondern sogar zu einem Selbstmordversuch.[589]

Als Grund für eine außerordentliche Kündigung wurde auch das Anbringen eines Blechschildes mit der Aufschrift „Arbeit macht frei“ am Arbeitsplatz eines türkischen Auszubildenden, sowie das wiederholte Singen von Naziliedern in seiner Gegenwart für zulässig erachtet.[590]

Eine außerordentliche Kündigung wegen sexueller Belästigung wurde in einem Fall bestätigt, in welchem ein Arbeitnehmer seine Kollegin immer Montags nach ihren sexuellen Aktivitäten befragte, ihr wiederholt sexuelle Avancen machte, versuchte sie zu umarmen und sie an der Brust berührte. Einen massiveren Angriff auf die Würde des Opfers hielt das Gericht kaum für vorstellbar und eine außerordentliche Kündigung auch aufgrund der Wiederholung des Verhaltens für die richtige Maßnahme des Arbeitgebers zum Schutz seiner Beschäftigten.[591]

Als unverhältnismäßig wurde eine außerordentliche Kündigung wegen sexueller Belästigung hingegen in einem Fall erachtet, in welchem der Belästiger das Opfer wiederholt gegen ihren Willen umarmt und über ihr Haar gestreichelt hatte sowie in einem schmalen Durchgang mit seinem ganzen Körper an sie herangetreten war. Diese Verhaltensweisen waren nach Ansicht des Gerichts nicht gravierend genug, eine außerordentliche Kündigung zu begründen, als arbeitgeberseitige Maßnahme hätten sie lediglich eine ordentliche Kündigung gerechtfertigt.[592]

Bezieht man diese grundsätzliche Wertung auf die Belästigung, so ist zu berücksichtigen, dass beim Mobbing keine einzelnen Handlungen, sondern die Gesamtheit der schädigenden Verhaltensweisen betrachtet werden. Kennzeichen des Mobbing ist die Systematik des Handelns, mithin eine Mehrzahl von Verhal-

588 LAG-Thüringen aaO, S. 582.
589 LAG-Thüringen, NZA-RR 2001, 577ff.
590 BAG Urteil v. 1.7.1999 AP BBiG § 15 Nr. 11= NZA 1999, 1270ff.
591 ArbG-Lübeck, Urteil v. 02.11.2000, 1 Ca 2479/00, NZA-RR 2001, 140, 141.
592 LAG-Hamburg, Urteil v. 21.10.1998, 4 Sa 53/98, LAGE Nr. 3 zu § 4 BeschSchG.

tensweisen, die in ihrer Zielrichtung gleichgelagert sind. Auch die genannten Entscheidungen betreffen in der Regel eine Reihe von Verhaltensweisen.

Diese Wertung wird man auf die Belästigung übertragen müssen. Ein einmaliges Verhalten wird eher selten den Schweregrad erreichen, der eine außerordentliche Kündigung des Arbeitgebers rechtfertigt. Gleichwohl wird es sich bei der Belästigung, wie auch beim Mobbing, häufig um sich wiederholende Verhaltensweisen handeln, insbesondere wenn Fälle von Belästigung in Form der Bezweckensalternative begangen werden, es dem Belästiger hier gerade darauf ankommt, die entsprechenden Folgen beim Opfer hervorzurufen, so dass mit einem einmaligen Verhalten eher nicht zu rechnen ist.

1.2.4 Einflussnahme des Betriebsrates nach § 104 BetrVG

Das Betriebsverfassungsgesetz sieht in § 104 vor, dass der Betriebsrat vom Arbeitgeber die Entlassung oder Versetzung von Arbeitnehmern verlangen kann, die den Betriebsfrieden wiederholt ernstlich gestört haben. Das Gesetz nennt zwei Alternativen einer solchen Störung, das gesetzwidrige Verhalten sowie die grobe Verletzung der in § 75 Abs. 1 BetrVG enthaltenen Grundsätze, wobei hier insbesondere die rassistische und fremdenfeindliche Betätigung genannt werden.

§ 75 BetrVG verpflichtet Arbeitgeber und Betriebsrat, Benachteiligungen aus Gründen der Rasse, der ethnischen Herkunft, der Abstammung oder sonstigen Herkunft, der Nationalität, der Religion oder Weltanschauung, der Behinderung, des Alters, der politischen oder gewerkschaftlichen Betätigung oder Einstellung oder wegen des Geschlechts oder der sexuellen Identität zu bekämpfen, bzw. darüber zu wachen, so der Wortlaut, dass diese unterbleiben. Der Katalog des § 1 AGG wird dort nicht nur vollständig übernommen, sondern sogar um einige Merkmale erweitert. Erfasst sind Benachteiligungen, mithin alle in § 3 AGG aufgeführten Benachteiligungsformen einschließlich Belästigungen nach § 3 Abs. 3 AGG.

Einschränkungen nimmt § 104 BetrVG selbst vor, indem er nur solches Verhalten erfasst, welches eine grobe Verletzung des § 75 BetrVG darstellt und zudem eine wiederholte ernstliche Störung des Betriebsfriedens verlangt. Für den Betriebsrat eröffnet sich daher nur dann die Möglichkeit, bei Belästigungen nach § 104 BetrVG tätig zu werden, wenn es sich um schwerwiegende, sich wiederholende Vorfälle handelt.[593] Ein einmalig auftretendes Verhalten genügt hierfür nicht, genau wie eine Reihe von weniger gravierenden Belästigungshandlungen.

593 Bachner in D/K/K/W, Betriebsverfassungsgesetz, § 104, Rn. 2b; Nollert-Borasio/Perreng, AGG, § 17, Rn. 6.

Darüber hinaus fordert § 104 BetrVG die Störung des Betriebsfriedens. Damit fallen alle diejenigen Verhaltensweisen aus dem Anwendungsbereich der Norm, die sich in ihrer negativen Auswirkung allein auf den Adressaten beschränken. Erst bei einer Auswirkung auf die Belegschaft oder zumindest auf einen größeren Teil der übrigen Arbeitnehmer, kann der Betriebsrat von seinem Recht Gebrauch machen und vom Arbeitgeber die Kündigung oder Versetzung des Störers verlangen.[594]

Dem Betriebsrat wird mit § 104 BetrVG ein Instrument an die Hand gegeben, den Arbeitgeber zu einer Reaktion zu zwingen, sollte dieser nicht von sich aus Maßnahmen nach § 12 AGG ergreifen. Dieses Recht wird jedoch massiv eingeschränkt durch die hohen Anforderungen, die insbesondere mit der Störung des Betriebsfriedens gestellt werden. Erfasst werden daher nur solche Belästigungen, die besonders schwerwiegend sind und unter Einbeziehung oder im Beisein eines nicht unerheblichen Teils der Belegschaft stattfinden.

1.2.5 Weitere Maßnahmen

Da der in § 12 Abs. 3 AGG aufgeführte Katalog nicht abschließend ist, sind auch weitere arbeitsrechtliche Maßnahmen möglich, die der Arbeitgeber zur Unterbindung der Belästigung ergreifen kann.

Die Ermahnung als das mildeste arbeitsrechtliche Mittel, welches im Gegensatz zur Abmahnung keine Sanktionen für den Wiederholungsfall androht, kommt nur in Fällen von sehr geringer Erheblichkeit in Betracht. Zu denken ist hierbei an einen vereinzelten leichten Fall von Belästigung.[595] Auch hier ist zwischen der Bezweckens- und der Bewirkensalternative zu unterscheiden. In Betracht kommt eine Ermahnung, ausgehend von ihrer Hinweisfunktion, nur in einmaligen Fällen des Bewirkens, in denen der belästigende Arbeitnehmer nicht von vornherein erkennen konnte, dass seine Verhaltensweise belästigende Auswirkungen auf das Opfer hat.

In bestimmten Fällen kann der Arbeitgeber den Belästiger auch suspendieren. Jedoch werden an die Zulässigkeit einer Suspendierung hohe Anforderungen gestellt.[596] Wenn diese nicht bereits arbeitsvertraglich für den Eintritt bestimmter Ereignisse vereinbart wurde, darf der Arbeitgeber einseitig nur dann von ihr Gebrauch machen, wenn hierfür ein berechtigter Grund vorliegt. Dies kann ins-

---

594 Schlochauer in H/S/W/G/N, Kommentar zum Betriebsverfassungsgesetz, § 104, Rn. 6.

595 Herzog, Sexuelle Belästigung, S. 143; Worzalla, NZA 1994, 1016, 1020.

596 Vergl. zu den Anforderungen: Preis in Ascheid/Preis/Schmidt, Grundlagen K., Rn. 76 ff mit weiteren Nachweisen.

besondere dann der Fall sein, wenn der Verdacht einer Straftat oder einer schweren Pflichtverletzung vorliegt.[597]

Eine Suspendierung kommt in Belästigungsfällen daher in Betracht, wenn der Verdacht eines schweren Falles von Belästigung vorliegt und der Arbeitgeber befürchtet, von dem im Verdacht stehenden Arbeitnehmer drohe Wiederholungsgefahr wenn er für den Zeitraum der arbeitgeberseitigen Ermittlung im Betrieb verbliebe.[598]

Als weitere, nicht genannte Maßnahme ist die bereits als Präventive Maßnahme genannte bauliche Veränderung des Arbeitsplatzes zu nennen. So kann beispielsweise die Teilung eines Großraumbüros unter Umständen geeignet sein, die belästigende Situation zu unterbinden. In diesem Bereich muss jedoch die jeweilige wirtschaftliche Situation des Arbeitgebers berücksichtigt werden, denn das Gesetz verpflichtet ihn, so ausdrücklich die Gesetzesbegründung, wozu er auch tatsächlich (und rechtlich) in der Lage ist.[599] Daneben werden als Maßnahmen Gehaltskürzungen, Herabsetzung des Dienstgrades oder sogar Hausverbote (eher in Zusammenhang mit § 12 Abs. 4 von Relevanz) genannt.[600]

Ein Beispiel für eine gänzlich ungeeignete Maßnahme in Zusammenhang mit den Voraussetzungen des Leistungsverweigerungsrechts nach dem dortigen § 4 Abs. 2, enthält die Gesetzesbegründung zum Beschäftigtenschutzgesetz. Als solche sind interne schriftliche Vermerke zu erachten, zu denen weder Opfer noch Täter befragt werden, mithin, ohne dass weitere Folgen daraus resultieren.[601]

2. § 12 Abs. 4 AGG

Eine zu § 12 Abs. 3 AGG parallele Vorschrift enthält § 12 Abs. 4. Im Unterschied zur erstgenannten Regelung geht die Belästigung hier nicht von einem Kollegen, Vorgesetzten oder dem Arbeitgeber selbst, sondern von einem Dritten aus.
Anders als § 12 Abs. 3 hat der Absatz 4 kein Vorbild im deutschen Recht.

---

597 ErfK/Müller-Glöge, BGB, § 620, Rn. 43; Vergl. zur Suspendierung für Mobbingfälle, Kollmer, Mobbing, S. 51, Rn. 78a ff..
598 So auch Göpfert/Siegrist, ZIP 2006, 1711, 1714.
599 BR-Drs. 329/06, S. 39.
600 ErfK/Schlachter, BeschSchG, § 3, Rn. 4, für die sexuelle Belästigung.
601 BT- Drs. 12/5468.

Hiervon sollen Situationen erfasst werden, in denen Beschäftigte während der Ausübung ihrer Tätigkeit durch Personen benachteiligt werden, bei denen es sich um betriebsfremde Dritte handelt. Die Gesetzesbegründung nennt als Beispiel für eine solche Konstellation einen Belästigungsfall, der den Auslieferungsfahrer betrifft, der von einem Kunden wegen seiner ethnischen Herkunft schikaniert wird.[602] Weitere Beispiele sind in vielfältigen Variationen denkbar. Eine solche wäre der Wunsch einer Kundin nach einer weiblichen Verkäuferin in einem Bekleidungsgeschäft oder die Weigerung eines Geschäftspartners, mit der weiblichen Angestellten zu verhandeln.

Ganz überwiegend wird die Vorschrift des § 12 Abs. 4 Fälle von einfacher oder sexueller Belästigung erfassen, da Situationen, in denen sie von Dritten unmittelbar oder mittelbar benachteiligt werden, aufgrund der fehlenden Vertragsbeziehung schwerlich denkbar sind. Auch bei der Verwirklichung einer Belästigung könnten sich Probleme mit dem Tatbestandsmerkmal des feindlichen Umfeldes ergeben. Zwar können, wie dargestellt, auch einmalige Handlungen den Tatbestand der Belästigung erfüllen, wenn sie von entsprechender Schwere sind. Jedoch wird gerade wenn es sich bei dem belästigenden Dritten um einen Kunden handelt, der den Betrieb nur unregelmäßig aufsucht eine feindliche Kennzeichnung des Umfeldes kaum angenommen werden können.[603] Demgegenüber ist diese bei Kunden, die den Betrieb regelmäßig aufsuchen, bei Geschäftspartnern, die in ständigem Kontakt zu dem Unternehmen stehen oder bei Lieferanten eine ausreichende Häufigkeit der Präsenz zu bejahen.

Weniger Schwierigkeiten mit dem Merkmal des feindlichen Umfeldes ergeben sich bei der sexuellen Belästigung. Da die Kennzeichnung des Umfeldes nach § 3 Abs. 4 hier lediglich ein besonderes Beispiel für die Folgen einer sexuellen Belästigung darstellt und damit nicht notwendigerweise vorzuliegen hat.

Wie § 12 Abs. 3 verpflichtet auch Abs. 4 den Arbeitgeber, die im Einzelfall geeigneten, erforderlichen und angemessenen Maßnahmen zum Schutz der Beschäftigten zu ergreifen. Jedoch hat der Gesetzgeber hier darauf verzichtet, einen Beispielkatalog aufzuführen. Da zwischen Arbeitgeber und benachteiligendem Dritten keine arbeitsvertragliche Beziehung besteht, kommt eine entsprechende Anwendung der in Absatz 3 genannten Maßnahmen nicht in Betracht. Auch der Gesetzesbegründung ist lediglich zu entnehmen, dass gerade in Kundenbeziehungen die Form der angemessenen Reaktion anhand der konkreten Umstände des Einzelfalles zu bestimmen ist.[604]

---

602 BR-Drs. 329/06, S. 39.

603 ErfK/Schlachter, AGG, § 12, Rn. 4, mit starken Bedenken, das Eintreten einer Belästigung aufgrund des feindlichen Umfeldes nur in seltenen Fällen prognostizierend.

604 BR-Drs. 329/06, S. 39.

Gegenüber der Konstellation des § 12 Abs. 3, in der eine arbeitsvertragliche Beziehung zum Belästiger vorliegt, sind die Reaktionsmöglichkeiten des Arbeitgebers gegenüber betriebsfremden Dritten deutlich eingeschränkt, obgleich ihm auch hier ein Beurteilungsspielraum bezüglich der im Einzelfall verhältnismäßigen Maßnahme verbleibt.

Als mögliche Maßnahme kommt zunächst eine Aufforderung an den Belästiger in Betracht, sein benachteiligendes Verhalten zu unterlassen. Aus der Aufforderung muss für den Adressaten klar hervorgehen, dass sich der Arbeitgeber von dem benachteiligenden Verhalten nicht nur distanziert, sondern dieses auch künftig unter keinen Umständen dulden wird. Diese Ermahnung sollte verbunden werden mit einem Hinweis auf die gesetzlichen Vorschriften und kann einhergehen mit der Ankündigung weiterer Konsequenzen für den Fall einer Wiederholung, beispielsweise dergestalt, die geschäftliche Verbindung zum Belästiger andernfalls abzubrechen.[605] Eine andere Reaktion kann ein Gespräch des Arbeitgebers mit dem Vorgesetzten oder Arbeitgeber des Dritten sein mit der Aufforderung, auf diesen einzuwirken.[606]

Eine weitere Reaktionsmöglichkeit des Arbeitgebers liegt darin, das Belästigungsopfer vor dem direkten Kontakt zu der betreffenden Person zu schützen. Dies kann insbesondere durch eine Umverteilung der Zuständigkeiten erfolgen, ist aber nicht in jeder Konstellation möglich. Handelt es sich bei dem Belästiger um einen Geschäftspartner oder Kunden, dem das Opfer als Ansprechpartner ausdrücklich zugewiesen ist, kann dieser jedenfalls dann unproblematisch einem anderen Arbeitnehmer zugewiesen werden. Schwieriger gestaltet sich diese Lösung in Fällen, in denen eine Umverteilung nicht oder nur schwerlich möglich ist. Beispielsweise wenn gerade keine direkte Zuweisung zu bestimmten Sachbearbeitern vorliegt, weil es sich beim Belästiger um einen Kunden eines Ladengeschäftes handelt, welches lediglich einen Verkäufer pro Schicht beschäftigt. Hier kann eine Umverteilung nicht stattfinden, der Arbeitgeber hat daher auf andere Maßnahmen auszuweichen.

Als weitere Maßnahme steht dem Arbeitgeber der Ausspruch eines Hausverbotes, insbesondere gegenüber Kunden, beispielsweise bei Unternehmen mit Laufkundschaft oder gegenüber Lieferanten, bzw. der Abbruch der Geschäftsbeziehungen mit dem belästigenden Geschäftspartner zur Verfügung. Diese ist gegenüber betriebsfremden Dritten die schwerwiegendste Reaktion des Arbeitgebers und für ihn unter Umständen mit erheblichen finanziellen Nachteilen verbunden. Sie ist daher nur dann verhältnismäßig in besonders erheblichen Fällen

---

605 Thüsing, Arbeitsrechtlicher Diskriminierungsschutz, S. 277, Rn. 691.
606 Falke in Rust/Falke, AGG, § 12, Rn. 55.

von Belästigung, in denen die anderen Maßnahmen keinen Erfolg hatten oder haben würden.[607]

Bei der Auswahl der Maßnahme befindet sich der Arbeitgeber häufig in einem Spannungsfeld zwischen dem Schutz des Arbeitnehmers einerseits und den vertraglichen Verpflichtungen gegenüber dem jeweiligen Dritten andererseits. Auch hier ist zu berücksichtigen, dass die Pflichten des Arbeitgebers nur soweit gehen, wie er rechtlich und tatsächlich in der Lage ist.[608] Sie finden gegenüber betriebsfremden Dritten ihre Grenzen insbesondere auch dort, wo der aus der jeweiligen Maßnahme resultierende wirtschaftliche Nachteil für den Arbeitgeber eine unzumutbare Belastung bedeuten würde. So kann von ihm der Ausspruch eines Hausverbotes gegenüber einem Geschäftspartner nicht verlangt werden, wenn das Unternehmen von dessen Auftragserteilungen wirtschaftlich abhängig ist.[609] In einem solchen Fall hat der Arbeitgeber andere Schutzmaßnahmen zu ergreifen, beispielsweise die oben genannte Umverteilung der Zuständigkeit für eben diesen Geschäftspartner.

3. Kenntnis des Arbeitgebers von der Belästigung

Jegliches Einschreiten setzt, unabhängig ob das belästigende Verhalten nach § 12 Abs. 3 von Beschäftigten oder nach § 12 Abs. 4 von betriebsfremden Dritten ausgeht, Kenntnis des Arbeitgebers voraus.
Ein Untätigbleiben kann ihm denknotwendiger Weise nicht zur Last gelegt werden, wenn ihm der Vorfall nicht bekannt geworden ist.

Auf diesen Umstand wurde bereits bei der Entstehung der RL 2002/73/EG hingewiesen. So betonte der Wirtschafts- und Sozialausschuss in seiner Stellungnahmen zum Richtlinienvorschlag, dass der Arbeitgeber zwar die Verantwortung für das Vorbeugen und die Verhinderung von (sexueller) Belästigung am Arbeitsplatz trägt, aus Gründen der Rechtssicherheit jedoch darauf hinzuweisen ist, dass ein Arbeitgeber auf einen konkreten Vorfall erst dann reagieren kann, wenn er Kenntnis von diesem erlangt hat[610]

Voraussetzung für ein Ergreifen von Maßnahmen ist also, dass der Arbeitgeber von der Belästigung wusste oder hätte wissen müssen. Da der Arbeitgeber in den seltensten Fällen persönlich Zeuge einer Belästigung ist, kann er nur dann

607 So auch Meinel/Heyn/Herms, § 12, Rn. 26.
608 BR-Drs. 329/06, S. 39.
609 So auch ErfK/Schlachter, AGG, § 12, Rn. 4.
610 Stellungnahme des Wirtschafts- und Sozialausschusses zu dem Vorschlag für eine Richtlinie des Europäischen Parlaments und des Rates zur Änderung der RL 76/207/EG v. 25.01.2001, ABl. EG Nr. C 123 v. 25.04.2001, S. 81.

einschreiten, wenn er über den jeweiligen Vorfall informiert wird. Eine generelle Nachforschungspflicht dahingehend, ob Belästigungen in seinem Betrieb stattfinden, trifft den Arbeitgeber nicht, es sei denn, es liegen entsprechende Anhaltspunkte vor. Anders als bei der sexuellen Belästigung wird man bei der Belästigung auch selten eine Situation vorfinden, in welcher der Arbeitgeber Belästigungen beispielsweise durch die Anordnung bestimmter Kleidervorschriften wesentlich begünstigt hat, und man zu der Annahme gelangen könnte, schon deswegen hätte er von sexuellen Belästigungen wissen müssen.[611]

Letztlich ist der Arbeitgeber darauf angewiesen, dass ihm die Belästigung angezeigt wird. Man wird daher von einer Mitwirkungspflicht des betroffenen Arbeitnehmers der Gestalt ausgehen müssen, dass dieser eine erfolgte Belästigung meldet. In § 13 AGG ist hierfür eigens ein Beschwerdeverfahren geregelt, wobei es dem Belästigungsopfer, abweichend von der offiziellen Beschwerde auch möglich sein muss, den Arbeitgeber auf anderem Wege zu informieren.

III. Ergebnis

§ 12 Abs. 3 AGG verpflichtet den Arbeitgeber zur Reaktion auf einen Verstoß gegen das Benachteiligungsverbot, welches von Beschäftigten ausgeht. Lediglich beispielhaft aufgeführt sind die Maßnahmen der Abmahnung, Umsetzung, Versetzung oder Kündigung, in Betracht kommt auch eine Ermahnung, Suspendierung oder bauliche Veränderung des Arbeitsplatzes. Der Schutz der Beschäftigten beinhaltet auch vorläufige Maßnahmen, beispielsweise bis zur Klärung einer Beschwerde, wenn genügend Anhaltspunkte für einen Verstoß gegen das Benachteiligungsverbot vorliegen. Welche Maßnahme der Arbeitgeber zu ergreifen hat, unterliegt im Einzelfall der Verhältnismäßigkeitsprüfung, wobei dem Arbeitgeber lediglich die Wahl zwischen zwei gleichermaßen geeigneten Maßnahmen verbleibt. Entscheidend ist dabei nicht nur, dass die Belästigung unterbunden wird, sondern auch die Vermeidung einer künftigen Wiederholung.
Erstmals spielt hier, neben weiteren Kriterien, auch die Frage nach dem Verschulden eine Rolle, da dieses sich auf die Wahl der richtigen Maßnahme auswirkt. Bezüglich der Maßnahme selbst kann teilweise Bezug genommen werden auf die vorhandene Rechtsprechung zur sexuellen Belästigung und zum Mobbing.
Geht der Verstoß von Dritten aus, hat der Arbeitgeber die Verpflichtung nach § 12 Abs. 4 AGG, angemessene Maßnahmen zu ergreifen. Hier ist, mangels ar-

611 So Rebhahn Gleichbehandlungsgesetz, §§ 6-7, Rn.50, der davon ausgeht, dass ein Arbeitgeber, der das Tragen von Kleidung, die darauf abzielt, Sexualität auszustrahlen, Belästigungen im Betrieb wesentlich begünstigt und in weiterer Folge davon ausgegangen werden kann, er hätte von der Belästigung „wissen müssen".

beitsvertraglicher Beziehung, die Auswahl der Reaktionsmöglichkeiten des Arbeitgebers stark eingeschränkt. In Betracht kommt eine Unterlassungsaufforderung, Umverteilung der Zuständigkeiten oder aber der Ausspruch eines Hausverbotes.

11. Kapitel: Das Beschwerdeverfahren nach § 13 AGG

In § 13 Abs. 1 AGG wird den Beschäftigten, die sich im Zusammenhang mit dem Beschäftigungsverhältnis vom Arbeitgeber, von Vorgesetzten, anderen Beschäftigten oder Dritten wegen eines in § 1 genannten Grundes benachteiligt fühlen.

Vorläufer für das Beschwerderecht gab es auch hier bereits im Bereich der sexuellen Belästigung. So empfiehlt die europäische Kommission die Einrichtung des Beschwerdeverfahrens in erster Linie, um dem (sexuellen) Belästigungsopfer zu zeigen, dass das Unternehmen/die Verwaltung Klagen der Betroffenen ernst nimmt.[612]

Die Richtlinien selbst gaben ein betriebliches Beschwerdeverfahren nicht direkt vor. Einige Bestimmungen setzen jedoch die Möglichkeit einer betrieblichen Beschwerde in gewisser Weise voraus. In Art. 7 der RL 2002/73/EG werden die Mitgliedstaaten verpflichtet, Maßnahmen zu treffen, um die Arbeitnehmer (sowie die aufgrund der innerstaatlichen Rechtsvorschriften und/oder Gepflogenheiten vorgesehenen Arbeitnehmervertreter) vor Entlassung oder anderen Benachteiligungen zu schützen, die als Reaktion auf eine Beschwerde innerhalb des betreffenden Unternehmens (...) erfolgen.[613] Demgegenüber ist der in Art. 6 der RL 2002/73/EG[614] enthaltene Hinweis auf die Möglichkeit der Einrichtung eines Schlichtungsverfahrens aus zwei Gründen ein eher schwaches Argument für ein dem § 13 entsprechendes Beschwerderecht. Zum einen werden die Mitgliedstaaten nicht zur Einrichtung des Schlichtungsverfahrens verpflichtet, da die Richtlinie dieses lediglich anregt, wenn die Mitgliedstaaten es für angezeigt halten, zum anderen fehlt hier ein Zusatz, der auf ein innerbetriebliches Verfahren hindeutet. Die Richtlinien setzen offenbar die Möglichkeit einer innerbetrieblichen Beschwerde voraus, zur Einrichtung eines entsprechenden Verfahrens unter Einrichtung einer offiziellen Beschwerdestelle hingegen verpflichten sie die Mitgliedstaaten nicht.

Im deutschen Recht war das Beschwerderecht vor Erlass des AGG bereits für Fälle der sexuellen Belästigung in § 3 BeschSchG gesetzlich geregelt. Die Abschaffung des Beschwerderechts hätte eine nach den Richtlinien verbotene Ab-

---

612 Anhang zur Empfehlung der Kommission vom 27.11.1991 zum Schutz der Würde von Frauen und Männern am Arbeitsplatz, ABl. EG Nr. L 49, S. 1, 7.

613 Demgegenüber ist in den anderen Richtlinien lediglich die Rede von einer Beschwerde, der Zusatz „innerhalb des betreffenden Unternehmens" fehlt hier, vergl. Art. 9 der RL 2000/43/EG, Art. 11 der RL 2000/78/EG und Art. 10 der RL 2004/113(EG.

614 Entsprechend geregelt in Art. 7 Abs. 1 der RL 2000/43/EG, Art. 9 Abs. 1 der RL 2000/78/EG und Art. 8 Abs. 1 der RL 2004/113/EG.

senkung des von den Mitgliedstaaten bereits garantierten Schutzniveaus bedeutet.[615] Das Beschwerdeverfahren des § 13 ist demjenigen des § 3 BeschSchG nachgebildet, jedoch um die übrigen Benachteiligungsformen des § 3 AGG erweitert, die nunmehr ebenfalls Anlass einer Beschwerde sein können. Grund für die Übernahme des Beschwerderechts in das AGG ist nach der Gesetzesbegründung, dass die Beschwerde Grundlage für Maßnahmen des Arbeitgebers sowie auch für weitere Ansprüche des oder der Beschäftigten sein kann. Weiter wird darauf hingewiesen, dass die Vorschrift keine Neuerungen enthält, da entsprechende Beschwerdemöglichkeiten nach geltendem Recht bereits bestehen.[616]

Angesprochen ist damit einerseits das bis zum Inkrafttreten des AGG geltende Beschwerderecht nach § 3 BeschSchG, andererseits das Beschwerderecht nach § 84 BetrVG, wonach jeder Arbeitnehmer das Recht hat, sich bei der zuständigen Stelle des Betriebes zu beschweren, wenn er sich vom Arbeitgeber oder von Arbeitnehmern des Betriebes benachteiligt, ungerecht behandelt oder in sonstiger Weise beeinträchtigt fühlt.

Anders als vom Gesetzgeber ausgeführt, stellt das Beschwerderecht nach § 13 AGG diesen gegenüber eine Erweiterung dar. War § 3 BeschSchG noch auf die sexuelle Belästigung beschränkt, erfasst § 13 AGG alle in § 3 AGG definierten Formen der Benachteiligung, die somit Gegenstand einer Beschwerde sein können. Eine Erweiterung wurde auch gegenüber dem Beschwerderecht nach § 84 BetrVG erreicht. Einerseits findet dieses nur Anwendung in Betrieben, die über einen Betriebsrat verfügen, wohingegen sich § 13 AGG auch auf betriebsratslose Betriebe erstreckt. Andererseits werden von § 84 BetrVG lediglich Benachteiligungen erfasst, die vom Arbeitgeber selbst oder von Arbeitnehmern des Betriebes ausgehen. Nach § 13 AGG können Gegenstand einer Beschwerde jedoch auch Benachteiligungen sein, die von betriebsfremden Dritten verübt werden.

I. Einrichtung betrieblicher Stellen

Nach § 13 Abs. 1 AGG haben die Beschäftigten das Recht, sich bei den zuständigen Stellen des Betriebes (des Unternehmens oder der Dienststelle) zu beschweren, wenn sie sich im Zusammenhang mit dem Beschäftigungsverhältnis von den genannten Personen wegen eines in §1 genannten Grundes benachteiligt fühlen.

---

615 Art. 6 Abs. 2 RL 2000/43/EG, Art. 8 Abs. 2 RL 2000/78/EG, Art. 8e Abs. 2 RL 2002/73/EG, Art. 7 Abs. 2 RL 2004/113/EG.

616 BR-Drs. 329/06, S. 39.

Im Gesetzentwurf von 2004 war demgegenüber noch von der zuständigen Stelle die Rede,[617] diese Formulierung wurde durch den Plural ersetzt. Damit wurde deutlich gemacht, dass eine Beschwerde nicht nur an eine Stelle, die als die zuständige benannt wurde, gerichtet werden muss, sondern alternativ auch an andere Stellen gerichtet werden kann.

Dies setzt zuallererst das Vorhandensein zumindest einer im Betrieb befindlichen Stelle voraus, die für Beschwerden nach dem AGG als zuständig erklärt wird.

Bereits in der Kommissionsempfehlung von 1991 wird die Einrichtung einer betrieblichen Stelle als Maßnahme zum Schutz vor (sexueller) Belästigung benannt. Zu ihrer Ausgestaltung wird, abhängig nach der Größe des jeweiligen Unternehmens differenziert. Bei größeren Unternehmen sollte es sich um eine eigens einzurichtende Stelle handeln, bei kleineren oder mittleren Unternehmen kommt die Beauftragung einzelner Personen in Betracht. Zu den Aufgaben wird weiter ausgeführt, dass sie eine Art von Doppelfunktion ausüben sollte, indem sie einerseits beratend und unterstützend tätig wird, andererseits eingebunden ist in die informelle und/oder formelle Problemlösung.[618]

Wie schon § 3 BeschSchG enthält auch § 13 AGG keine Vorgaben zur Art oder Ausgestaltung der Stelle, damit verbleibt dem Arbeitgeber hierfür, im Rahmen eventuell vorhandener kollektivvertraglicher Regelungen,Dispositionsfreiheit. In der Gesetzesbegründung wird lediglich ausgeführt, dass der Begriff der zuständigen Stelle umfassend zu verstehen ist, als Beispiele werden ein Vorgesetzter, eine Gleichstellungsbeauftragte oder eine betriebliche Beschwerdestelle genannt.[619]

Damit ist auch klargestellt, dass der Arbeitgeber nicht eigens eine Beschwerdestelle zu errichten hat. Vielmehr kann er auch auf eine bereits vorhandene Einrichtung, beispielsweise die Beschwerdestelle nach § 86 BetrVG, sofern vorhanden, zurückgreifen und sie um den Aufgabenbereich des § 13 AGG erweitern. Erforderlich ist für alle Varianten der Stelle, ob sie eigens errichtet oder eine bestehende Einrichtung erweitert wird, dass der Arbeitgeber die Zuständigkeit für das Beschwerdeverfahren ausdrücklich zuweist und dies nach außen kenntlich macht. Findet eine entsprechende Bekanntgabe nicht statt, ist es für die Beschäftigten kaum möglich zu erkennen, wer in Benachteiligungsfällen Empfänger der Beschwerde ist.

617 Vergl. BT- Drs. 15/4538, S. 34.

618 Anhang zur Empfehlung der Kommission vom 27.11.1991 zum Schutz der Würde von Frauen und Männern am Arbeitsplatz, ABl. EG Nr. L 49, S. 1, 6.

619 BR-Drs. 329/06, S. 39.

Die Gesetzesbegründung nennt beispielhaft für die zuständige Stelle einen Vorgesetzten, die Gleichstellungsbeauftragte oder eine betriebliche Beschwerdestelle. Sie beschränkt die Stelle damit gerade nicht auf den Arbeitgeber selbst oder den Dienstvorgesetzten,[620] bzw. darauf, dass die Stelle mit Arbeitgeberfunktion ausgestattet ist, um dem Arbeitnehmer direkten Zugang zum Arbeitgeber zu ermöglichen.[621] Dabei sollte jedoch berücksichtigt werden, dass eine Gleichstellungsbeauftragte sowie die Zuweisung zu einer bereits vorhandenen Beschwerdestelle (nach § 86 BetrVG), eine bestimmte Unternehmensgröße bzw. das Vorhandensein einer Arbeitnehmervertretung voraussetzen. In kleineren oder mittleren Betrieben fallen diese Alternativen somit weg.

Der Alternative, die Stelle beim Arbeitgeber selbst oder einem einzelnen Vorgesetzten anzusiedeln ist hingegen mit Vorsicht zu begegnen und, wenn möglich, zu vermeiden. Zum einen werden beide in § 13 Abs. 1 S. 1 als potentielle Täter benannt, wobei sie in Fällen der unmittelbaren oder mittelbaren Benachteiligung auch die einzigen in Betracht kommenden sind. Darüber hinaus ist der Arbeitgeber derjenige, der in letzter Konsequenz darüber zu entscheiden hat, ob auf eine Beschwerde hin Maßnahmen gegen den Beschuldigten Belästiger unternommen werden, jedoch anders als in § 3 Abs. 2 BeschSchG nicht notwendigerweise auch gleichzeitig die Überprüfung der Beschwerde zu übernehmen hat.[622] Vorzuziehen ist aufgrund der hierdurch eher gewährleisteten Unabhängigkeit der Behandlung von Beschwerden, wenn die zuständige Stelle auch gleichzeitig die Überprüfung vornimmt und anschließend dem Arbeitgeber vorlegt. Die genannten Aspekte sprechen daher gegen eine Ansiedlung der Beschwerdestelle direkt beim Arbeitgeber.

Die Betrauung eines Vorgesetzten ist, wie oben dargestellt, aufgrund der Möglichkeit, dass er selbst als Belästiger (oder Täter einer anderen Form der Benachteiligung) in Betracht kommt, ebenfalls kritisch zu bewerten. Unerlässlich ist für das Beschwerdeverfahren, dass die beschuldigte Person in keiner Weise am Beschwerdeverfahren beteiligt ist.[623] Zumindest sollte der Arbeitgeber daher in Fällen, in denen er sich dafür entscheidet, eine oder einen bestimmten Vorge-

620 Entgegen der ausdrücklichen Aufzählung in der Gesetzesbegründung jedoch Thüsing, Arbeitsrechtlicher Diskriminierungsschutz, S. 237, Rn. 587.

621 So auch Bauer/Göpfert/Krieger, AGG, § 13, Rn. 6; Meinel/Heyn/Herms, Allgemeines Gleichbehandlungsgesetz, § 13, Rn. 11; a. A. Schiek/Kocher, Allgemeines Gleichbehandlungsgesetz, § 13, Rn. 13 und Suckow in Schleusener/Suckow/Voigt, AGG, § 13, Rn. 14.

622 So schon Buhr/Klein-Schonnefeld in Schiek u.a., Frauengleichstellungsgesetze, § 3 BeschSchG, Rn. 2732.

623 So auch die Empfehlung der Kommission vom 27.11.1991 zum Schutz der Würde von Frauen und Männern am Arbeitsplatz, ABl. EG Nr. L 49, S. 1, 7.

setzten mit der Entgegennahme von Beschwerden zu betrauen, eine weitere Person benennen, an die eine Beschwerde gerichtet werden kann, falls es sich bei dem ursprünglich ausgewählten Vorgesetzten um den Belästiger handelt, oder dieser aus anderen Gründen, beispielsweise aufgrund enger Verbundenheit mit dem Belästiger, ein für das Belästigungsopfer untauglicher Ansprechpartner ist.[624]

Bei größeren Unternehmen kommt eine vermittelnde Lösung in Betracht, die so bereits für den Bereich der sexuellen Belästigung vorgeschlagen wurde.[625] Dabei wird sowohl auf Arbeitgeberseite als auch auf Seiten der Interessenvertreter jeweils eine Vertrauensperson benannt wird, an die sich die Beschäftigten zunächst inoffiziell wenden können. Ergänzend wird zudem eine offizielle Beschwerdestelle in Form einer Kommission benannt, die ebenfalls gemischt zusammengesetzt wird. Diese Form der Stelle ist zugegebenermaßen für kleine und mittlere Unternehmen nicht praktikabel, und scheitert dort überwiegend bereits am nicht vorhandenen Betriebsrat. In ähnlicher Weise scheitert für diese Betriebe die für größere Unternehmen mögliche Ansiedlung der Zuständigkeit bei der Personalabteilung.

Generell bestünde weiterhin die Möglichkeit, die Stelle nicht im Unternehmen selbst, sondern außerhalb des Unternehmens anzusiedeln, gleichsam im Wege des „Outsourcing“. Hierbei stellt sich zunächst die Frage, ob diese Variante mit dem Gesetzeswortlaut vereinbar wäre. Nach § 13 Abs. 1 AGG haben die Beschäftigten das Recht, sich bei den zuständigen Stellen des Betriebes (...) zu beschweren. Die Formulierung klärt nicht abschließend, ob diese Stellen sich „im Betrieb“ selbst befinden müssten, oder ob die „Stellen des Betriebes“ auch außerhalb liegen können. Auch die Gesetzesbegründung beantwortet diese Frage nicht. Unter den dort aufgeführten Beispielen für die zuständigen Stellen wird neben einem Vorgesetzten und der Gleichstellungsbeauftragten auch eine betriebliche Beschwerdestelle genannt. Ob diese im Betrieb selbst verortet zu sein hat oder nicht, geht hieraus nicht hervor. Der weitere Hinweis, der Begriff der Stellen sei umfassend zu verstehen, spricht gegen eine enge, auf die Grenzen des Betriebes selbst bezogene Auslegung. Daher wird man eine Auslagerung der zuständigen Stellen als mit dem Wortlaut des Gesetzes vereinbar anzusehen haben.[626]

---

624 Der Möglichkeit, sich diesbezüglich um den nächsthöheren gemeinsamen Vorgesetzten zu bedienen, ist mit Vorsicht zu begegnen, da hier eine zu enge Verbundenheit mit dem Belästiger nicht auszuschließen ist, so jedoch ErfK/Schlachter, BeschSchG, § 3, Rn. 1.

625 Holzbecher u.a., Sexuelle Belästigung am Arbeitsplatz, S. 384f.

626 Gegen die komplette Auslagerung der Stelle jedoch Meinl/Heyn/Herms, Allgemeines Gleichbehandlungsgesetz, § 13, Rn. 13; Schiek/Kocher, Allgemeines Gleichbehandlungsgesetz, § 13, Rn. 12.

Fraglich ist jedoch, ob eine externe Verortung der Stellen sich mit dem Sinn und Zweck der Vorschrift des § 13 AGG vereinbaren lässt. Dieser besteht darin, dass Beschäftigte, die sich im Zusammenhang mit dem Beschäftigungsverhältnis (...) benachteiligt fühlen, die Möglichkeit der Beschwerde erhalten. Das Beschwerderecht in der vorgesehenen Weise ausüben zu können setzt zunächst voraus, dass der Zugang zu den zuständigen Stellen auch allen Beschäftigten unproblematisch möglich sein muss. Ähnlich wie auch eine betriebsinterne Installierung der Stellen ist dafür erforderlich, dass alle Beschäftigten Kenntnis nicht nur davon haben, dass entsprechende Stellen existieren, sondern auch, wie diese für potentielle Beschwerdeführer erreichbar sind. Problematisch erscheint dabei, dass eine räumliche Distanz der Stellen zum eigentlichen Betrieb auch eine Erschwernis der Beschwerde nach sich zieht. Es steht zu befürchten, dass ein belästigter Arbeitnehmer, der eine Beschwerde in Erwägung zieht und diese nur erheben kann, wenn er aufgrund der Entfernung der Stellen zum Betrieb einen entsprechenden organisatorischen, zeitlichen und räumlichen Aufwand in Kauf nimmt, eher zögern wird, diese zu erheben, als wenn sich diese in unmittelbarer Nähe zu seinem Arbeitsplatz befinden. Diesem Problem müsste damit begegnet werden, dass die externen Stellen regelmäßige Sprechstunden in den Betrieben einrichten, zu denen sie einen oder mehrere ihrer Mitarbeiter entsenden und es den Arbeitnehmern dadurch ermöglichen, den oben geschilderten Aufwand zu vermeiden. Insbesondere für behinderte Arbeitnehmer wäre dies im Rahmen des barrierefreien Zugangs zur Beschwerdemöglichkeit zu berücksichtigen. Keine entsprechend gleichwertige Alternative ist der ausschließliche Verweis auf die Nutzung von Telefon, Telefax oder Internet zur Erhebung der Beschwerde. Diese sind als zusätzliche Möglichkeiten neben der persönlichen Entgegennahme denkbar, beispielsweise mittels der Einrichtung einer „Beschwerdehotline", ersetzen können sie diese jedoch nicht, da es sich insbesondere bei Beschwerden über Belästigung oder sexuelle Belästigung um derart sensible Bereiche handelt, die es erfordern, dass den Betroffenen persönlicher Kontakt angeboten wird.

Ambivalent zu sehen ist der Umstand, dass ein Outsourcing der Stellen auch gleichzeitig eine Distanz zum Betrieb und seine Strukturen und Abläufen nach sich sieht.
Als Nachteil könnten sich hier die aus der fehlenden Integration der Stellen in das Unternehmen resultierenden Informationsdefizite über innerbetriebliche Abläufe und Hierarchien, Arbeitsplatzgestaltung etc. erweisen. Da solche Informationen bei der Beschwerdebearbeitung erforderlich sind, wird der Arbeitgeber diese möglichst umfangreich zur Verfügung stellen müssen. Nützlich wäre auch, dass sich der oder die mit der Betreuung eines Betriebes beauftragten Personen ein umfassendes Bild vor Ort machen und ihnen entsprechende Ansprechpartner im Betrieb, beispielsweise aus der Personalabteilung, zugewiesen werden. Hingegen kann die Distanz zum Betrieb bei der Entgegennahme und Bearbeitung

von Beschwerden auch von Vorteil sein, da aufgrund der fehlenden persönlichen Kontakte zu Mitarbeitern und Vorgesetzten eine objektivere Sicht auf die jeweilige Beschwerde möglich ist, die ohne Ansehen der beteiligten Personen auf die sachlichen Aspekte beschränkt wird.

Vorteil einer externen Ansiedlung der Stellen ist darüber hinaus auch, dass eine Personenidentität zwischen Verursacher der Belästigung (oder anderen Benachteiligung) und Ansprechpartner der Beschwerde weitgehend ausgeschlossen sein dürfte. Jedenfalls kann dies dann angenommen werden, wenn mit der Auslagerung verbunden ist, dass gerade keine ständige Anwesenheit einer bestimmten Person im Betrieb stattfindet, da zwischen den Arbeitnehmern des Betriebes und den in den Beschwerdestellen beschäftigten Personen lediglich dann ein Kontakt stattfinden wird, wenn diese die Erhebung einer Beschwerde erwägen oder vornehmen wollen.

Positiv kann sich die externe Verortung der Stellen auswirken, wenn sie mit einer fachlichen Kompetenz ausgestattet ist, die möglicherweise im Unternehmen selbst nicht vorhanden ist. Diese setzt § 13 AGG zwar in keiner Weise voraus, so dass es mit dem Gesetz vereinbar ist, die Stellen auch dort einzurichten oder anzusiedeln, wo jegliche fachliche Kenntnis über die Gleichbehandlungsthematik fehlt, gleichwohl ist sie sowohl für die Betroffenen als auch für den Arbeitgeber wünschenswert. Insbesondere für kleinere oder mittlere Unternehmen bei denen die interne Alternative darin bestehen wird, einen Vorgesetzten, den Arbeitgeber selbst oder einen Kollegen mit der Aufgabe der Stelle zu betrauen, bei denen entsprechende Informationen nicht vorausgesetzt werden können, kann daher die Auslagerung der Stellen von Vorteil sein.

Unabhängig davon, für welche Variante(n) der Stelle(n) sich der Arbeitgeber entscheidet, sollte generell bei der Auswahl der Vertrauensperson(en) darauf geachtet werden, dass (sofern möglich) beide Geschlechter vertreten sind. Mehr noch als bei der Belästigung ist dies für die sexuelle Belästigung von Bedeutung, da sich (sexuell) belästigte Frauen überwiegend eher einer weiblichen Person anvertrauen als einer männlichen.[627] Wenn auch nicht in gleichem Maße, so spielt dieser Aspekt gleichwohl auch eine Rolle bei der Belästigung aufgrund des Geschlechts. Ebenso ist dies bei der Belästigung wegen der sexuellen Ausrichtung nach der RL 2000/78/EG zu erwarten. Es sollte daher grundsätzlich darauf geachtet werden, die Stelle mit Vertretern beiderlei Geschlechts zu besetzten.

627 Holzbecher u.a., Sexuelle Belästigung am Arbeitsplatz, S. 286.

Nach der Gesetzesbegründung können Beschwerden neben den als zuständig benannten Stellen auch an die Arbeitnehmervertretung gerichtet werden,[628] die damit ihrerseits als zuständig im Sinne des § 13 Abs. 1 zu erachten sind.

II. Die Beschwerde

Die Beschwerde richtet sich auf die Feststellung der behaupteten Belästigung (oder anderen Benachteiligung). Ausreichend für eine Beschwerde ist, dass sich der Beschwerdeführer von einer (oder mehreren) der genannten Personen belästigt fühlt.

Mangels entsprechender Angaben in der gesetzlichen Regelung, ist die Beschwerde selbst weder an eine Form oder Frist gebunden, diese dürfen daher auch nicht vom Arbeitgeber einseitig vorgegeben werden.[629] Da nach § 13 Abs. 2 AGG die Rechte der Arbeitnehmervertretung jedoch unberührt bleiben, spricht einiges dafür, eine entsprechende Anwendung des § 86 BetrVG heranzuziehen, wonach die Einzelheiten des Beschwerdeverfahrens durch Tarifvertrag oder Betriebsvereinbarung geregelt werden können.[630] Generell kann die Beschwerde jedoch auf vielfältige Weise erhoben werden. Neben der mündlichen Erhebung vor Ort kann sie daher auch telefonisch, schriftlich oder per E-mail erfolgen.[631]

Fraglich ist, ob die Beschwerde durch die betroffene Person selbst vorzubringen ist, oder ob sie sich durch eine andere Person vertreten lassen kann. Gegen die Variante der Vertretung spricht jedoch schon der Gesetzeswortlaut des § 13 Abs. 1 S. 1, nach dem die Beschäftigten, die sich benachteiligt fühlen, das Recht haben, sich bei den zuständigen Stellen zu beschweren. Auch ist das Ergebnis der Beschwerde nach § 13 Abs. 1 S. 2 dem Beschwerde führenden Beschäftigten mitzuteilen, was ebenfalls höchstpersönliche Erledigung durch die betroffene Person voraussetzt.[632]

Für die Möglichkeit einer Vertretung durch eine Vertrauensperson kann auch nicht die Richtlinienbestimmung des Art. 6 Abs. 3 der RL 2002/73/EG[633] heran-

628 BR-Drs. 329/06, S. 39.

629 HK-AGG/Buschmann, § 13, Rn. 21.

630 Nollert-Borasio/Perreng, AGG, § 13, Rn. 10.

631 Meinl/Heyn/Herms, Allgemeines Gleichbehandlungsgesetz, § 13, Rn. 15; Schiek/Kocher, Allgemeines Gleichbehandlungsgesetz, § 13, Rn. 12; Suckow in Schleusener/Suckow/Voigt, AGG, § 13, Rn. 20.

632 So auch ErfK/Schlachter, AGG, § 13, Rn. 1;

633 Entsprechende Regelungen sind in Art. 7 Abs. 2 der RL 2000/43/EG, Art. 9 Abs. 2 der RL 2000/78/EG und Art. 8 Abs. 3 der RL 2004/113/EG enthalten.

gezogen werden. Hiernach stellen die Mitgliedstaaten sicher, dass Verbände, Organisationen oder andere juristische Personen, die (...) ein rechtmäßiges Interesse daran haben, für die Einhaltung der Bestimmungen dieser Richtlinie zu sorgen, sich entweder im Namen der beschwerten Person oder zu deren Unterstützung und mit deren Einwilligung an den in dieser Richtlinie zur Durchsetzung der Ansprüche vorgesehenen Gerichts- und /oder Verwaltungsverfahren beteiligen können. Hier wird in keiner Weise Bezug genommen auf das innerbetriebliche Beschwerdeverfahren, ausdrücklich erwähnt sind Gerichts- und Verwaltungsverfahren. [634]

Die Regelung des § 13 AGG ist wie diejenige des § 84 BetrVG auf eine höchstpersönliche Wahrnehmung des Beschwerderechtes zugeschnitten, eine Vertretung durch eine andere Person ist daher abzulehnen. Das schließt jedoch die Unterstützung oder Vermittlung durch eine Vertrauensperson nicht aus. Diese muss der Beschwerde führenden Person jederzeit ermöglicht werden.[635] Diese sollte jedoch nicht wie in § 84 BetrVG vorgegeben auf ein Mitglied des Betriebsrates beschränkt sein, möglich sollte auch das Hinzuziehen einer anderen Vertrauensperson sein, beispielsweise kommen hier auch Vorgesetzte oder Psychologen in Betracht.

Auch wenn die von der Belästigung betroffene Person es vorzieht, sich bei der zuständigen Stelle, die nicht bei der Arbeitnehmervertretung angesiedelt ist, zu beschweren, muss es ihr entsprechend der Regelung in § 84 Abs. 1 S. 2 BetrVG ermöglicht werden, ein Mitglied der Arbeitnehmervertretung zur Unterstützung oder Vermittlung hinzu zu ziehen.

III. Adressat der Beschwerdeprüfung

Nach § 13 Abs. 1 S. 2 AGG ist die Beschwerde zu prüfen und das Ergebnis der oder dem Beschwerde führenden Beschäftigten mitzuteilen.

Offen bleibt dabei, anders als beim Beschwerderecht nach § 3 Abs. 2 BeschSchG, in dem explizit der Arbeitgeber oder der Dienstvorgesetzte als diejenige Instanz angegeben war, welche die Beschwerde zu prüfen hatte, wer diejenige Instanz ist, der die Prüfung der Beschwerde nach § 13 AGG obliegen soll.

Auch die Entwurfsbegründung nennt den oder die Adressaten der Prüfungspflicht nicht. Jedoch verweist sie darauf, dass die Regelung des § 13 Abs. 1 AGG keine Neuerungen enthalte und entsprechend dem § 3 BeschSchG aufge-

---

634 A. A. HK-AGG/Buschmann, § 13, Rn. 13ff.

635 So auch Nollert-Borasio/Perreng, , AGG, § 13, Rn. 11.

nommen wurde.[636] Ob der Gesetzgeber damit auch die Prüfungspflicht entsprechend § 3 BeschSchG regeln wollte, erscheint jedoch fraglich.

In § 3 BeschSchG wurde, im Gegensatz zu § 13 Abs. 1 ausdrücklich unterschieden zwischen der Entgegennahme der Beschwerde durch die zuständige Stelle nach § 3 Abs. 1 S. 1 und der Prüfung der Beschwerde durch den Arbeitgeber oder Dienstvorgesetzten nach § 3 Abs. 2 BeschSchG, wobei teilweise, abweichend vom Wortlaut, vertreten wurde, der Arbeitgeber hätte diese Prüfungspflicht auch auf die zuständige Stelle delegieren können, sofern sie nicht bereits beim Arbeitgeber selbst angesiedelt wäre.[637]

Eine ausdrückliche Trennung zwischen der Entgegennahme der Beschwerde durch die zuständige Stelle und der Prüfung der Beschwerde durch den Arbeitgeber wird auch in § 84 BetrVG vorgenommen.

Dagegen wurde in § 13 Abs. 1 gerade keine ausdrückliche Differenzierung der Zuständigkeiten festgelegt. Der Wortlaut ist, anders als in § 3 BeschSchG und § 84 BetrVG, hinsichtlich der Beschwerdeprüfung und der Ergebnismitteilung gänzlich offen und nennt keinen Adressaten. Zwar richtet sich das AGG in erster Linie an den Arbeitgeber, der auch derjenige ist, der die jeweiligen Maßnahmen nach § 12 treffen kann und gegebenenfalls treffen muss, jedoch lässt sich hieraus nicht zwingend eine Zuständigkeit des Arbeitgebers für die Überprüfung der Beschwerde ableiten.[638] Neben dem offenen Wortlaut des § 13 Abs. 1 S. 2 sprechen auch inhaltliche Gründe dafür, die Überprüfung der Beschwerde von derjenigen Stelle vornehmen zu lassen, die vom Arbeitgeber als zuständig benannt wurde. Aufgrund der ausdrücklichen Aufgabenzuweisung ist ihr eine entsprechende Erfahrung und Kompetenz zu unterstellen. Zudem wird sie bereits durch die Entgegennahme der Beschwerde mit dem jeweiligen Sachverhalt betraut und tritt in diesem Stadium des Verfahrens bereits mit dem Beschwerde führenden Arbeitnehmer in Kontakt.

In Fällen, in denen der Arbeitgeber nicht zugleich die Funktion einer zuständigen Stelle ausübt, sondern diese an anderem Ort ansiedelt, würde ein Auseinanderfallen beider Verfahrensabschnitte zudem zu einer unnötigen zeitlichen Verlängerung führen, die insbesondere in schweren Fällen von Belästigung zu vermeiden ist. Wird ein sofortiges Einschreiten des Arbeitgebers erforderlich, so kann ihn die zuständige Stelle unverzüglich über den Sachverhalt und dessen Dringlichkeit informieren, so dass eine erneute Einarbeitung des bislang nicht

636 BR-Drs. 329/06, S. 39.

637 So ErfK/Schlachter, BeschSchG, § 3, Rn. 3; A. A. Buhr/Klein-Schonnefeld in Schiek u.a., Frauengleichstellungsgesetze, § 3 BeschSchG, Rn. 2760.

638 So jedoch Thüsing, Arbeitsrechtlicher Diskriminierungsschutz, S. 238, Rn. 588.

informierten Arbeitgebers und die damit einhergehende Verzögerung nicht eintritt. Aus alledem folgt, dass die Überprüfung der Beschwerde grundsätzlich von derjenigen Institution vorzunehmen ist, die der Arbeitgeber als zuständig benannt hat. [639]

IV. Inhalt der Beschwerdeprüfung

Nach § 13 Abs. 1 S. 2 ist die Beschwerde zu prüfen und das Ergebnis der oder dem Beschwerde führenden Beschäftigten mitzuteilen.

Weder § 13 Abs. 1 S. 2 noch der Gesetzesbegründung ist zu entnehmen, auf welche Weise die Überprüfung zu erfolgen hat, lediglich letztere beschränkt sich auf den Hinweis, dass die Beschwerde inhaltlich zu überprüfen ist.[640]

Die beschwerdeprüfende Stelle verfügt generell nur über ein beschränktes Arsenal an Möglichkeiten zur Sachverhaltsaufklärung. Sie beschränkt sich auf die genannte Anhörung der Parteien sowie gegebenenfalls vorhandener Zeugen und der Auswertung von Dokumenten.[641] Weitere Möglichkeiten wie ein formelles Verfahren zur Sachverhaltsaufklärung oder den Einsatz von Zwangsmitteln gegenüber Personen, die eine Aussage verweigern, bestehen nicht.[642] Da nicht vorgeschrieben ist, in welcher Weise der Beschwerde nachgegangen wird, besteht hier ein entsprechender Spielraum, wenngleich berücksichtigt werden muss, dass dieser eine Einschränkung durch die Pflichten des Arbeitgebers nach § 12 erfährt. Liegen daher im Rahmen der Beschwerdeprüfung genügend Anhaltspunkte vor, die für das Vorliegen einer Belästigungssituation sprechen und die das Ergreifen sofortiger (vorläufiger) Schutzmaßnahmen erforderlich machen, muss umgehend reagiert werden, ohne dass der Sachverhalt zuvor vollständig ausermittelt wird. Das Ergreifen vorläufiger Sofortmaßnahmen geht dann der weiteren Überprüfung zunächst vor.

Nach der Gesetzesbegründung zu § 3 BeschSchG, die aufgrund der ausdrücklichen Bezugnahme in der Entwurfsbegründung zur Auslegung herangezogen werden kann, hatte der Arbeitgeber die Beschwerde im Rahmen eines fairen und ausgewogenen Beschwerdeverfahrens zu prüfen, wozu auch die (bereits genann-

---

639 So auch Bücker in Rust/Falke, AGG, § 13, Rn. 9; Bauer/Göpfert/Krieger, AGG, § 13, Rn. 9; HK-AGG/Buschmann, § 13, Rn. 27; A. a. Nollert-Borasio/Perreng, AGG, § 13, Rn. 4ff; Thüsing, Arbeitsrechtlicher Diskriminierungsschutz, S. 238, Rn. 588.

640 BR-Drs. 329/06, S. 39.

641 Bücker in Rust/Falke, AGG, § 13, Rn. 10.

642 Siehe auch Noller-/Borasio/Perreng, § 13, Rn. 6.

te) Ermittlung des Sachverhaltes mittels einer Anhörung beider Seiten und gegebenenfalls Dritter gehörte.[643]

Ein faires und ausgewogenes Verfahren setzt nicht nur voraus, dass den Beteiligten ein rechtliches Gehör zu gewähren ist, sondern auch, dass bei der Überprüfung Neutralität und Unparteilichkeit gewahrt bleiben.[644] Hierzu ist die mit der Überprüfung betraute Stelle entsprechend zu besetzen. Insbesondere muss gewährleistet sein, dass die beschuldigte Person in keiner Weise am Verfahren beteiligt wird. Daher sollten für derartige Fälle immer alternative Personen benannt werden.[645]

Soweit und solange wie möglich, ist das Verfahren selbst, sowie die Person des Beschwerde führenden Arbeitnehmers vertraulich zu behandeln.[646] Einen ausdrücklichen Anspruch auf Vertraulichkeit hat die betroffene Person hingegen nicht.[647] Auch ist diese nicht in jedem Falle möglich, so kann es schon bei der Aufklärung des Sachverhaltes erforderlich sein, bestimmte Informationen offen zu legen.

Die Beschwerde ist zeitnah zu untersuchen, was auch beinhaltet, dass für ihre Bearbeitung eine entsprechende Frist eingeräumt wird, sofern nicht bereits diesbezüglich Regelungen beispielsweise in einer Betriebsvereinbarung getroffen wurden.[648] Die Durchführung eines fairen Verfahrens beinhaltet darüber hinaus auch, dass den Parteien ermöglicht wird, von ihnen ausgewählte Vertrauenspersonen hinzuzuziehen.

V. Mitteilungspflicht nach § 13 Abs. 1 S. 2 AGG

Ist die Überprüfung der Beschwerde abgeschlossen, ist das Ergebnis der oder dem Beschwerde führenden Beschäftigten nach § 13 Abs. 1 S. 2 AGG mitzutei-

---

643 Siehe hierzu auch Göpfert/Siegrist, ZIP 2006, 1710, 1712.

644 Vergl. hierzu Schlachter in AR-Blattei SD, 425, Rn. 77 zum Beschäftigtenschutzgesetz, sowie Bücker in Rust/Falke, AGG, § 13, Rn. 7f.

645 So auch die Empfehlung der Kommission vom 27.11.1991 zum Schutz der Würde von Frauen und Männern am Arbeitsplatz, ABl. EG Nr. L 49, S. 1, 7.

646 Empfehlung der Kommission s. o. Fn. 48; v. Saldern, Mobbing S. 173; Holzbecher u.a., Sexuelle Belästigung am Arbeitsplatz S. 384.

647 So auch Bücker in Rust/Falke, AGG, § 13, Rn. 8; ErfK/Schlachter, AGG, § 13, Rn. 2; Nollert-Borasio/Perreng, AGG, § 13, Rn. 5.

648 Die Kommission empfiehlt für die Dauer der Frist eine Anlehnung an die gesetzlichen Bestimmungen über das Führen einer Beschwerde auf dem Rechtsweg, Empfehlung der Kommission vom 27.11.1991 zum Schutz der Würde von Frauen und Männern am Arbeitsplatz, ABl. EG Nr. L 49, S. 1, 7.

len. Wichtig sind diese Mitteilung und ihre Begründung, darauf weist die Gesetzesbegründung hin, insbesondere dann, wenn infolge der Beschwerde keine konkreten Maßnahmen getroffen werden.[649]

Mit der ausdrücklichen Mitteilungspflicht weicht die Vorschrift des § 13 Abs. 1 von derjenigen des § 3 BeschSchG ab und entspricht insoweit eher § 84 Abs. 2 BetrVG, wonach der Arbeitgeber den Arbeitnehmer über die Behandlung der Beschwerde zu bescheiden hat. Anders als in § 84 Abs. 2 BetrVG ist der Adressat der Mitteilungspflicht in § 13 Abs. 1 S. 2 genauso wenig benannt, wie derjenige der Überprüfungspflicht. Die bereits genannten Argumente sprechen auch hier dafür, die Mitteilungspflicht für diejenige(n) Stelle(n) zu verorten, die vom Arbeitgeber als die zuständige(n) benannt wurde(n).

Fraglich ist jedoch, wie umfangreich die Mitteilung zu erfolgen hat. Nach § 13 Abs. 1 S. 2 AGG ist dem Beschwerde führenden Beschäftigten das Ergebnis der Beschwerde mitzuteilen, so dass sich die Mitteilung darauf beschränken könnte, ob nach Überprüfung des Sachverhalts eine Belästigung (oder andere Benachteiligung) festgestellt werden konnte oder nicht. Die Gesetzesbegründung erweitert diese um die Information über das Zustandekommen des Prüfungsergebnisses. Der Beschwerdeführer hat damit auch einen Anspruch darauf zu erfahren, wie das Ergebnis der Prüfung begründet wird. Wie in der Gesetzesbegründung zu Recht ausgeführt wird, sind diese Informationen für den Beschwerdeführer insbesondere dann von Bedeutung, wenn auf seine Beschwerde hin keine Maßnahmen ergriffen werden. Denn in diesem Fall kann er weitere Rechte nach dem AGG geltend machen.

Diese bestehen jedoch nicht nur für den Fall, dass der Arbeitgeber überhaupt nicht tätig wird, sondern auch dann, wenn er in offensichtlich ungeeigneter Weise tätig wird. So geben beide Varianten einer arbeitgeberseitigen Fehlentscheidung dem Belästigungsopfer ein Leistungsverweigerungsrecht nach § 14 AGG.

Das setzt nicht nur voraus, dass der betroffene Arbeitnehmer Kenntnis davon erlangt, ob der Arbeitgeber nach Abschluss der Beschwerdeprüfung Maßnahmen ergriffen hat oder nicht, sondern darüber hinaus auch, welche Maßnahmen er ergriffen hat. Sofern es sich dabei nicht um eine Um- oder Versetzung oder eine Kündigung handelt, wird der Beschwerdeführer darüber kaum Auskunft erlangen können. Man wird daher den Umfang der Mitteilungspflicht auch auf

649 BR-Drs. 329/06, S. 39.

Informationen über die konkret vom Arbeitgeber zum Schutz des Belästigungsopfers getroffenen Maßnahmen zu erweitern haben.[650]

VI. Ergebnis

Das Beschwerdeverfahren nach § 13 AGG ist von den Richtlinien nicht vorgegeben, hat im deutschen Recht jedoch einen Vorläufer im Beschäftigtenschutzgesetz. Es gibt den Beschäftigten das Recht, sich bei den zuständigen Stellen des Betriebes zu beschweren, wenn sie sich benachteiligt fühlen. Dies setzt voraus, dass im Betrieb eine oder mehrere zuständige Stellen errichtet oder benannt werden, wobei auch die Möglichkeit einer externen Ansiedlung der Stelle besteht, das Gesetz schränkt hier nicht weiter ein. Die Beschwerde selbst kann erhoben werden, wenn sich der Beschwerdeführer belästigt (oder sonst wie benachteiligt) fühlt, sie ist weder an Formen noch an Fristen gebunden. § 13 nennt den Adressaten der Beschwerdeprüfung nicht, dies kann neben dem Arbeitgeber selbst auch die zuständige Stelle sein, falls diese nicht identisch sind. Die Beschwerde ist zu prüfen und das Ergebnis dem Beschwerde führenden Beschäftigten mitzuteilen, so § 13 Abs. 1 S. 2. Für die Beschwerdeführer ist dabei nicht nur von Belang, ob Maßnahmen getroffen wurden, sondern auch, um welche konkreten Maßnahmen es sich handelt, damit sie entscheiden können, ob die Voraussetzungen für das Leistungsverweigerungsrecht nach § 14 AGG vorliegen, falls keine oder offensichtlich ungeeignete Maßnahmen ergriffen wurden.

650 So auch Bücker in Rust/Falke, AGG, § 13, Rn. 12; Schiek/Kocher, Allgemeines Gleichbehandlungsgesetz, § 13, Rn. 21.

12. Kapitel: Das Recht zur Leistungsverweigerung nach § 14 AGG

Kommt der Arbeitgeber seinen Schutzpflichten nach § 12 nicht oder nicht in der erforderlichen Weise nach, sieht das AGG für den betroffenen Arbeitnehmer die Möglichkeit eines Leistungsverweigerungsrechtes vor.

Diese Norm stellt keine Umsetzung von Richtlinienvorgaben dar sondern wurde vielmehr § 4 Abs. 2 BeschSchG nachgebildet,[651] der ein entsprechendes Recht zur Leistungsverweigerung für Fälle der sexuellen Belästigung enthielt. Der deutsche Gesetzgeber war insoweit gehalten, dieses Recht in das AGG aufzunehmen und zumindest für die sexuelle Belästigung zu erhalten, da dessen Abschaffung eine nach den Richtlinien verbotene Absenkung des von den Mitgliedstaaten (hier dem Mitgliedstaat Deutschland) bereits garantierten Schutzniveaus bedeutet hätte.[652]

Das Leistungsverweigerungsrecht des § 4 Abs. 2 BeschSchG wurde in § 14 AGG fast wortgleich übernommen und noch um den Tatbestand der Belästigung erweitert. Es erfasst ohne Einschränkung Belästigungen oder sexuelle Belästigungen aufgrund aller in § 1 genannten Gründe. Gegenüber dem Vorgängerentwurf von 2004 wurde der Schutzbereich des § 14 deutlich eingeschränkt. Dieser umfasste nicht nur Fälle der einfachen und sexuellen Belästigung, sondern auch solche der unmittelbaren Benachteiligung nach § 3 Abs. 1, der mittelbaren Benachteiligung nach § 3 Abs. 2 und der Anweisung zu Benachteiligung nach § 3 Abs. 5 AGG.[653]

Dem Leistungsverweigerungsrecht nach § 14 AGG ähnliche Rechte ergeben sich aus § 273 BGB, dem Zurückbehaltungsrecht des Schuldners gegenüber seinem Gläubiger. Dieses verbleibt somit für diejenigen Fälle von Diskriminierung, in denen mangels Vorliegens einer Belästigung oder sexuellen Belästigung § 14 AGG nicht zur Anwendung kommen kann. Ein weiteres Recht zur Leistungsverweigerung ergibt sich aus § 9 Abs. 3 ArbSchG, der impliziert, dass Beschäftigte, wenn sie sich in unmittelbarer erheblicher Gefahr befinden, berechtigt sind, den Arbeitsplatz sofort zu verlassen, um sich in Sicherheit zu bringen und darüber hinaus dem Arbeitgeber aufgibt, das Verlassen des Arbeitsplatzes dadurch zu ermöglichen, dass er entsprechende Maßnahmen ergreift.

---

651 BR-Drs. 329/06, S. 39.

652 Art. 6 Abs. 2 RL 2000/43/EG, Art. 8 Abs. 2 RL 2000/78/EG, Art. 8e Abs. 2 RL 2002/73/EG, Art. 7 Abs. 2 RL 2004/113/EG.

653 Vergl. BT-Drs. 15/4538, S. 7.

Sinn und Zweck des Leistungsverweigerungsrechts ist der Schutz des Arbeitnehmers vor der Fortsetzung oder Wiederholung einer Belästigung (oder sexuellen Belästigung), die deswegen besteht, weil der Arbeitgeber seine Schutzpflichten nicht oder nicht in der erforderlichen Weise erfüllt. § 14 korrespondiert insoweit mit § 12 AGG, dessen Verletzung von § 14 vorausgesetzt wird. [654]

I. Vorliegen einer Belästigung oder sexuellen Belästigung am Arbeitsplatz

In § 14 AGG wird das Recht zur Ausübung des Leistungsverweigerungsrechts an die Untätigkeit des Arbeitgebers oder die Ergreifung offensichtlich ungeeigneter Maßnahmen zur Unterbindung einer Belästigung oder sexuellen Belästigung geknüpft. Das setzt zwingend voraus, dass über das Vorliegen einer Belästigung nach § 3 Abs. 3 (oder sexuellen Belästigung nach § 3 Abs. 4) kein Zweifel besteht, diese somit erwiesenermaßen vorliegt oder zumindest festgestellt wurde.[655] Das bloße Gefühl des Arbeitnehmers, er werde belästigt oder sei belästigt worden, wie er für das Beschwerderecht nach § 13 genügt, reicht damit für § 14 nicht aus.[656]

Diese Wertung ergibt sich auch aus § 12 Abs. 3 und 4, dessen Verletzung mithin Voraussetzung für § 14 ist. Der Arbeitgeber ist danach verpflichtet, Maßnahmen zu ergreifen, wenn Beschäftigte (im Falle des § 12 Abs. 3) oder Dritte (bei Vorliegen von § 12 Abs. 4) gegen das Benachteiligungsverbot des § 7 Abs. 1 verstoßen. Beides setzt einen festgestellten beziehungsweise nachgewiesenen Verstoß voraus.[657]

Gleiches muss auch für vorläufige Maßnahmen gelten, die der Arbeitgeber zum Schutz der Beschäftigten zu ergreifen hat. Auch hier kann der bloße Anfangsverdacht eines Verstoßes nicht ausreichen, der Arbeitgeber muss vielmehr aufgrund der vorläufig vorliegenden Anhaltspunkte überzeugt sein, eine Belästigung habe stattgefunden, diese mithin festgestellt haben. Dafür spricht zum einen der ausdrückliche Wortlaut des § 14 S. 1, der von der Unterbindung der Belästigung ausgeht und nicht, wie § 13, von dem Gefühl einer Benachteiligung. Zum anderen handelt es sich bei § 14 gerade nicht um eine Norm die ausschließ-

---

654 Vergl. insgesamt Eggert-Weyand in Rust/Falke, AGG, § 14.

655 So schon die Begründung zum BeschSchG, BT-Drs. 12/5468, S. 47.

656 Meinl/Heyn/Herms, Allgemeines Gleichbehandlungsgesetz, § 14, Rn. 7; Suckow in Schleusener/Suckow/Voigt, AGG, § 14, Rn. 7.

657 So auch Thüsing, Arbeitsrechtlicher Diskriminierungsschutz, S. 231, Rn. 569; Suckow in Schleusener/Suckow/Voigt, AGG, § 14, Rn. 7; a. A. Meinl/Heyn/Herms, Allgemeines Gleichbehandlungsgesetz, § 14, Rn. 7; Schiek/Kocher, § 14, Rn. 5.

lich dann greifen soll, wenn der Arbeitgeber seiner Präventionspflicht nicht nachkommt.[658]

Das Leistungsverweigerungsrecht nach § 14 setzt vielmehr voraus, dass der Arbeitgeber auf eine (erfolgte) Belästigung nicht, oder nicht in erforderlicher Weise reagiert, indem er es unterlässt, Maßnahmen zu ergreifen, oder diese Maßnahmen offensichtlich nicht geeignet sind, die Belästigung zu unterbinden, beziehungsweise deren Wiederholung zu vermeiden.

Anspruchsberechtigt ist nach der ausdrücklichen Formulierung des § 14 S. 1 ausschließlich derjenige Arbeitnehmer, der persönlich betroffen ist, mithin das Opfer der Belästigung oder sexuellen Belästigung selbst. Kollegen, die Kenntnis von der Belästigung haben, sind nicht berechtigt, aus Gründen der Verbundenheit oder weil sie befürchten, ebenfalls Opfer einer Belästigung zu werden, die Leistung zu verweigern. Es ist auch unerheblich, ob sie selbst Träger desjenigen Merkmales sind, aus dem die Belästigung erfolgt, es sei denn, sie sind aus diesem Grund selbst Opfer der Belästigung. Beispiel hierfür wäre, wenn eine Belästigung aufgrund des Merkmals Geschlecht in Form verbaler Beleidigungen erfolgt, die sich gegen eine ganze Gruppe von Angehörigen dieses Geschlechts richtet. In dieser Konstellation wäre jedes Gruppenmitglied persönlich betroffen, da alle Opfer einer Belästigung geworden sind.

§ 14 erfasst nur solche Belästigungen und sexuellen Belästigungen, die am Arbeitsplatz erfolgen. Da der Zweck der Vorschrift im Schutz der Arbeitnehmer liegt, muss das Merkmal „Arbeitsplatz" weit ausgelegt werden. Eine Beschränkung auf den konkreten, ortsbezogenen Arbeitsplatz ist daher abzulehnen. Zu Grunde zu legen ist vielmehr ein funktionaler Arbeitsplatzbegriff, der den gesamten beruflichen Bereich umfasst, auf den der Arbeitgeber Einfluss nehmen kann.[659] Zu diesem gehört, neben dem gegenständlichen Arbeitsplatz auch jeder andere Ort, an dem eine Tätigkeit oder Veranstaltung stattfindet, die im Zusammenhang mit der Beschäftigung steht, wie andere Büros, die Gänge des Gebäudes, Kantinen, Wasch- oder Umkleideräume, aber auch Dienstreisen, Betriebsausflüge, Betriebsfeiern, Seminare oder Lehrgänge.[660]

---

658 So jedoch HK-AGG/Buschmann, § 14, Rn. 5.

659 Thüsing in Henssler/Willemsen/Kalb, Arbeitsrecht, § 1 BeschSchG, Rn. 2; Worzalla, AGG, S. 154; a. A.: Ring/Siebeck/Woitz, in: Flohr/Ring, Gleichbehandlungsgesetz, Rn. 283.

660 ErfK/Schlachter, BeschSchG, § 2, Rn. 2; Buhr/Klein-Schonnefeld in Schiek u.a., Frauengleichstellungsgesetze, BeschSchG, § 1, Rn. 2562; Herzog, Sexuelle Belästigung, S. 193 ff.

Findet die Tätigkeit der betroffenen Arbeitnehmerin beispielsweise in einem Büro statt, in dem sie dem Belästiger eher selten begegnet und erfolgt die Belästigung überwiegend an anderen Orten im Unternehmen, beispielsweise beim täglichen Gang zur Kantine oder beim Besuch von Lehrgängen, liefe es dem Sinn und Zweck des § 14 zu wider, wenn die Arbeitnehmerin in diesem Bereich schutzlos verbliebe.

Problematisch sind jedoch die Konstellationen, in denen die Belästigung von Arbeitskollegen oder Vorgesetzten ausgeht, diese aber im privaten Bereich stattfindet. Generell hat der Arbeitgeber hier weder Möglichkeiten noch Verpflichtungen einzugreifen, auch wenn der Kontakt zwischen Belästiger und Opfer über die berufliche Tätigkeit zustande gekommen ist.

Bereits zum Leistungsverweigerungsrecht nach § 4 Abs. 2 BeschSchG wurde für diese Konstellation danach differenziert, ob sich aus der im privaten Bereich erfolgten (sexuellen) Belästigung konkret beeinträchtigende Folgen für das Arbeitsverhältnis ergaben, indem sie beim Opfer beispielsweise zu Störungen im Leistungsbereich oder im Bereich der betrieblichen Verbundenheit führten. Für diesen Fall war der Arbeitgeber berechtigt, das Belästigungsopfer mit den ihm zur Verfügung stehenden Mitteln zu schützen.[661]

Für die Belästigung nach § 3 Abs. 3 AGG kann eine solche Konstellation überdies insbesondere dann vorliegen, wenn sich das Umfeld des Belästigungsopfers aufgrund der im privaten Bereich erfolgten Belästigung in der geforderten Weise negativ verändert. Beispielsweise wäre das anzunehmen, wenn die im privaten Bereich erfolgte Belästigung dazu führt, dass sich das Umfeld des betroffenen Arbeitnehmers auch bei der Beschäftigung dergestalt ändert, dass er auch für den beruflichen Bereich mit einer Wiederholung rechnet. Damit würde die Belästigung in den beruflichen Bereich derart ausstrahlen, dass sich die von § 3 Abs. 3 geforderten Folgen auch hier manifestieren, so dass es dem Arbeitgeber nicht nur möglich wäre, den betroffenen Arbeitnehmer zu schützen, sondern er hierzu auch eine Verpflichtung aus § 12 AGG hätte.

II. Arbeitgeberseitiges Untätigbleiben

Das Leistungsverweigerungsrecht setzt neben dem Vorliegen einer Belästigungssituation voraus, dass der Arbeitgeber keine oder offensichtlich ungeeignete Maßnahmen zu deren Unterbindung ergreift.

---

661 So für die sexuelle Belästigung und das Leistungsverweigerungsrecht nach § 4 Abs. 2 BeschSchG: LAG Hamm v. 10.3.1999, NZA-RR 1999, 623 ff.; ErfK/Schlachter, BeschSchG, § 2, Rn. 2; ausführlich zur Abgrenzung: Schlachter, NZA 2001, 121 ff.

Hier wird das Zusammenspiel von § 12 und § 14 AGG erkennbar. Verletzt der Arbeitgeber seine Pflicht zur Reaktion nach § 12 Abs. 3 oder Abs. 4, kann der Arbeitnehmer seinerseits mit der Reaktion des § 14 aufwarten. Verletzt der Arbeitgeber hingegen seine generelle Pflicht zur Prävention nach § 12 Abs. 1 S. 2 und Abs. 2 bleibt dem Arbeitnehmer das Recht aus § 14 verwehrt. Dagegen spricht bereits der Wortlaut des § 14, der voraussetzt, dass keine oder offensichtlich ungeeignete Maßnahmen zur Unterbindung einer Belästigung seitens des Arbeitgebers ergriffen werden. Dies setzt zwingend eine bereits erfolgte, beziehungsweise noch andauernde Belästigungssituation voraus, nicht jedoch die aufgrund fehlender Prävention möglicherweise bestehende Gefahr. § 14 betrifft somit nur konkrete Situationen, mithin besteht es nur für den jeweiligen Einzelfall.[662]

Das Eingreifen des Arbeitgebers setzt zunächst die Kenntnis von der Belästigungssituation voraus.[663] Ohne entsprechende Informationen über die konkrete Belästigungssituation ist es ihm schlechthin unmöglich, den betreffenden Arbeitnehmer durch das Ergreifen von Maßnahmen zu schützen und die Belästigung zu unterbinden.[664] Ein Untätigbleiben kann ihm daher auch nur dann zur Last gelegt werden, wenn er trotz Kenntnis von der Belästigung keine Reaktion gezeigt hat. In welcher Weise der Arbeitgeber Nachricht von der Belästigung erlangt, ist unerheblich. Zwar ist das Beschwerderecht numerisch dem § 14 AGG vorangestellt, so dass man hieraus schließen könnte, die Information müsse dem Arbeitgeber durch die offizielle betriebliche Beschwerde zukommen. Jedoch weist die Gesetzesbegründung zu § 13 ausdrücklich darauf hin, dass die Durchführung des Beschwerdeverfahrens keine Voraussetzung für das Geltendmachen von Ansprüchen ist. [665] Der Arbeitnehmer muss daher vor der Geltendmachung seines Rechtes zur Leistungsverweigerung keine offizielle Beschwerde bei der zuständigen Stelle erheben. Er kann den Arbeitgeber somit auch auf andere Weise über die Belästigung informieren, beispielsweise indem er ihn unter Umgehung der zuständigen Stelle (sofern diese nicht beim Arbeitgeber selbst angesiedelt ist), direkt oder mittels der Einschaltung Dritter in Kenntnis setzt.

Die Nutzung des betrieblichen Beschwerdeverfahrens hat für den Arbeitnehmer Vorteile. Zunächst hat eine Überprüfung der Beschwerde stattzufinden, deren Ergebnis dem Arbeitnehmer mitzuteilen ist, so dass, falls dieses Ergebnis positiv

---

662 Schrader/Schubert, Das AGG in der Beratungspraxis, S. 153, Rn. 475; Ring/Siebeck/Woitz, in: Flohr/Ring, Gleichbehandlungsgesetz, Rn. 282.

663 LAG Frankfurt a. M. v. 26.8.1997- 7 Sa 535/97, S. 11.; Reiserer/Lemke, MDR 2002, 250.

664 Meinl/Heyn/Herms, Allgemeines Gleichbehandlungsgesetz, § 14, Rn. 12.

665 BR-Drs. 329/06, S. 39.

ausfällt, die für § 14 erforderliche Feststellung einer Belästigungssituation bereits im Beschwerdeverfahren getroffen wird. Weiterhin ist dem Beschwerde führenden Arbeitnehmer nach § 13 Abs. 1 S. 1 das Ergebnis der Beschwerde sowie die hierfür berücksichtigten Gründe mitzuteilen und, wie erörtert, auch Informationen darüber, ob der Arbeitgeber nach Abschluss der Prüfung Maßnahmen ergriffen hat und um welche Maßnahmen es sich dabei handelt. Darüber hinaus hat das offizielle Beschwerdeverfahren den Vorteil der betrieblichen Dokumentation, der für die Geltendmachung von Ansprüchen Beweisfunktion zukommen kann.

Problematischer ist die Feststellung des Untätigbleibens, aber auch des Ergreifens offensichtlich ungeeigneter Maßnahmen für Beschäftigte, die sich nicht der offiziellen Beschwerde nach § 13 bedienen. Greift der Arbeitgeber beispielsweise zur Maßnahme der Abmahnung, hat das Belästigungsopfer kaum Möglichkeiten, hiervon Kenntnis zu erlangen.[666] Für die Geltendmachung des Leistungsverweigerungsrechtes ist es unbedingt erforderlich, Informationen über die Reaktion des Arbeitgebers zu erlangen. Da das Beschreiten des Beschwerdeverfahrens keine Anspruchsvoraussetzung darstellt, dürfen Beschäftigte, die den Arbeitgeber auf andere Weise von der Belästigung informieren, nicht schlechter gestellt werden, als diejenigen, die von der Möglichkeit des § 13 Gebrauch machen. Der Arbeitgeber muss daher auch diesen Beschäftigten die benötigten Informationen über sein Tätigwerden und über die Art der ergriffenen Maßnahme zugänglich machen.[667]

Unklar ist nach der Vorschrift des § 14 AGG, ab welchem Zeitraum der betroffene Arbeitnehmer von einem Untätigbleiben des Arbeitgebers ausgehen kann. Der Gesetzgeber hat dem Arbeitgeber keine Frist vorgegeben, innerhalb derer er auf eine festgestellte Belästigung hin Maßnahmen zu ergreifen hat. Auch die Gesetzesbegründung beantwortet dieses Problem nicht, es findet sich weder zu § 13 noch zu § 14 ein entsprechender Hinweis. Für den betroffenen Beschäftigten führt dieses Versäumnis zu einer erheblichen Rechtsunsicherheit für die Frage, ab welchem Zeitpunkt er von einer Untätigkeit des Arbeitgebers ausgehen und sein Recht aus § 14 wahrnehmen kann.[668]

Für die Bestimmung des Zeitraumes, der dem Arbeitgeber für das Ergreifen von Maßnahmen einzuräumen ist, müssen verschiedene Faktoren einbezogen werden. Der Schutz des betroffenen Arbeitnehmers erfordert grundsätzlich ein mög-

666 Appel u.a./Sommer, Handbuch, Rn. 296; Buhr/Klein-Schonnefeld in Schiek u.a., Frauengleichstellungsgesetze, BeschSchG, § 4, Rn. 2808f.

667 Buhr/Klein-Schonnefeld in Schiek u.a., Frauengleichstellungsgesetze, BeschSchG, § 4, Rn. 2908.

668 Siehe zu diesem Problem Eggert-Weyand in Rust/Falke, AGG, § 14, Rn. 7ff.

lichst umgehendes Handeln des Arbeitgebers.[669] Dabei ist die Schwere der belästigenden Handlung und davon abhängig die möglichen Auswirkungen auf die betroffene Person, sowie auch deren Wiederholungsgefahr zu berücksichtigen. Demgegenüber muss dem Arbeitgeber jedoch auch ein entsprechender Zeitraum eingeräumt werden, in dem er die für die Feststellung der Belästigung erforderliche Sachverhaltsaufklärung sowie die Auswahl und Durchführung der Maßnahme unter vorheriger Prüfung der Rechtslage betreiben kann. [670] Ihm muss mithin Gelegenheit gegeben werden, die ihm obliegenden Pflichten nach § 12 Abs. 3 und 4 zu erfüllen.

Für die Ermittlung dieses Zeitraums könnte auf die Rechtsprechung zum Beginn der Kündigungserklärungsfrist bei Kündigungen aus wichtigem Grund zurückgegriffen werden.[671] Danach hat der Arbeitgeber die zur Aufklärung des jeweiligen Sachverhalts erforderlichen Maßnahmen in der gebotenen Eile durchzuführen.[672]

Bei zu Grunde legen dieser Parallele wäre dem Arbeitgeber eine Anlehnung an § 626 Abs. 2 S. 2 BGB eine Frist von zwei Wochen ab dem Zeitpunkt, ab dem er von den maßgebenden Tatsachen Kenntnis erlangt, anzusetzen. Ein Untätigbleiben des Arbeitgebers wäre dann nach Ablauf dieser Frist anzunehmen. Dieser Zeitraum wurde bereits für das Leistungsverweigerungsrecht nach § 4 Abs. 2 BeschSchG vorgeschlagen. Im gleichen Zusammenhang wurde als maximaler Zeitraum für das Tätigwerden des Arbeitgebers in Anlehnung an die verwaltungsrechtliche Untätigkeitsklage ein Zeitraum von drei Monaten genannt. [673] Im Hinblick auf die möglichen Folgen für den betroffenen Arbeitnehmer und die beschränkten Möglichkeiten des Arbeitgebers, die ihm bei der Sachverhaltsaufklärung zur Verfügung stehen, wird man diesen Zeitraum als zu weitgehend ablehnen müssen.

Gleichwohl kann die vorgeschlagene Frist nicht pauschal angenommen werden. Der Schwierigkeitsgrad einer Sachverhaltsaufklärung auf der einen Seite kann zu einer Verlängerung dieses Zeitraums führen. Dem Arbeitnehmer ist in diesen Fällen eine Information über die längere Dauer der Untersuchung vom Arbeit-

---

669 So schon Buhr/Klein-Schonnefeld in Schiek u.a., Frauengleichstellungsgesetze, BeschSchG, § 4, Rn. 2807.

670 Vgl. LAG-Frankfurt a. M. v. 26.8.1997 - 7 Sa 535/97, 11; Buhr/Klein-Schonnefeld in Schiek u.a., Frauengleichstellungsgesetze, BeschSchG § 4, Rn. 2807.

671 Herzog, Sexuelle Belästigung, S. 222.

672 BAG v. 6.7.1972, AP BGB § 626 Ausschlussfrist Nr. 3; BAG v. 29.7.1993 AP BGB § 626 Ausschlussfrist Nr. 31.

673 Beide Fristen benannt von Buhr/Klein-Schonnefeld in Schiek u.a., Frauengleichstellungsgesetze, BeschSchG, § 4, Rn. 2808.

geber oder, falls die Überprüfung im Rahmen einer Beschwerde nach § 13 erfolgt, der zuständigen Stelle zukommen zu lassen.[674] In Belästigungssituationen von erheblicher Schwere ist es auch denkbar, dass eine kürzere Frist als die von zwei Wochen angenommen werden kann.[675]

III. Ergreifen offensichtlich ungeeigneter Maßnahmen

Nicht nur das völlige Untätigbleiben des Arbeitgebers kann das Belästigungsopfer berechtigen, seine Leistung nach § 14 zu verweigern, sondern auch das Ergreifen offensichtlich ungeeigneter Maßnahmen als Reaktion auf eine Belästigung. Neben die (möglichen) Schwierigkeiten die sich für den Arbeitnehmer im Zusammenhang mit der Beschaffung von Informationen über das Tätigwerden des Arbeitgebers ergeben können, treten noch diejenigen der Bewertung dieser Reaktion auf ihre Eignung hin, die Belästigung zu unterbinden. Denn nur eine offensichtlich ungeeignete Reaktion des Arbeitgebers berechtigt den Arbeitnehmer zur Einstellung seiner Tätigkeit nach § 14 AGG.

Die Gesetzesbegründung nennt beispielhaft für solche offensichtlich nicht ausreichenden Maßnahmen die nicht ausreichende Reaktion auf eine Beschwerde durch den Arbeitgeber oder eine Belästigung oder sexuelle Belästigung durch den Arbeitgeber selbst.[676]

Ungeeignet ist eine Maßnahme, ausgehend vom Wortlaut des § 14 S. 1 grundsätzlich dann, wenn die Belästigung nicht unterbunden wurde. Davon erfasst sind in jedem Falle Belästigungssituationen, die trotz des Ergreifens von Maßnahmen nicht beendet werden. Darüber hinaus stellt sich die Frage, ob das Unterbinden einer Belästigung auch den Ausschluss einer Fortführung oder Wiederholung solcher oder ähnlicher Verhaltensweisen meint. Zwar sieht die Regelung des § 14 dies nicht ausdrücklich vor, dafür spricht jedoch die Zielsetzung der Vorschrift, die nach der Gesetzesbegründung darin liegt, Beschäftigte vor weiteren Belästigungen oder sexuellen Belästigungen zu schützen.[677] Daraus folgt, dass nicht nur eine bereits begonnene Belästigung durch die Maßnahme beendet, sondern darüber hinaus auch deren Fortführung und Wiederholung verhindert werden soll. Hierauf und auch auf den Umstand, dass das Merkmal der Unterbindung in schweren Fällen auch die räumliche Trennung eines gemein-

674 So auch HK-AGG/Buschmann zu § 13 AGG, Rn. 27.
675 Vergl. hierzu auch Eggert-Weyand in Rust/Falke, AGG, § 14, Rn. 9.
676 BR-Drs. 329/06, S. 39 f.
677 BR-Drs. 329/06, S. 40.

samen Arbeitsplatzes von Täter und Opfer umfassen kann, führte bereits die Gesetzesbegründung zu § 4 Abs. 2 Beschäftigtenschutzgesetz aus.[678]

Im Umkehrschluss ist eine Maßnahme dann als geeignet anzusehen, wenn die Belästigungssituation durch sie beendet wird. Dabei bezieht sich die Beendigung ausschließlich auf die konkrete Belästigungssituation, da das Leistungsverweigerungsrecht nur die Situation des konkret betroffenen Beschäftigten betrachtet. Wird die ihm gegenüber ausgeübte Belästigung durch die Maßnahme beendet, ist diese als geeignet anzusehen, auch wenn sie fortan gegenüber einer anderen Person stattfindet.[679] Beispielsweise wäre eine Beendigung dann anzunehmen, wenn der Belästiger aufgrund einer durch den Arbeitgeber vorgenommenen Umsetzung sein unerwünschtes Verhalten gegenüber der Arbeitnehmerin X nicht mehr ausübt, auch wenn er fortan damit beginnt, dasselbe Verhalten gegenüber einer anderen Kollegin zu zeigen, denn gegenüber der ursprünglich betroffenen Arbeitnehmerin konnte durch die Umsetzung eine Unterbindung der Belästigung erzielt werden.

Eine Einschränkung findet die Wahrnehmung des Leistungsverweigerungsrechtes dadurch, dass die mangelnde Eignung der Maßnahme offensichtlich sein muss. Als ein generelles Beispiel für die offensichtliche Ungeeignetheit nennt die Begründung zum Beschäftigtenschutzgesetz die vorläufige Beschränkung der Angelegenheit auf interne schriftliche Vermerke, ohne Täter und Opfer anzusprechen.[680] Hier stellt sich jedoch bereits die Frage, ob es sich um eine geeignete Überprüfung der angezeigten Belästigungssituation handelt, insbesondere wenn sie im Rahmen der offiziellen Beschwerde nach § 13 AGG erhoben wurde.

Für die offensichtliche Ungeeignetheit einer Maßnahme wird man eine ex ante Perspektive anzusetzen haben. Ob sich eine Maßnahme im Nachhinein als ungeeignet erweist, ist von zahlreichen Faktoren, insbesondere aber von der Person des Belästigers abhängig, die für den Arbeitgeber bei der Auswahl nicht erkennbar sind. Lediglich dann, wenn diese sich bei Ansetzen eines objektiven Maßstabes von vornherein als nicht zweckdienlich erweist, den betroffenen Arbeitnehmer zu schützen, wird man von einer offensichtlichen Ungeeignetheit ausgehen können.

Beispielsweise wäre das der Fall, wenn der Arbeitgeber auf eine festgestellte Belästigung mit einer Ermahnung reagiert, nachdem ihm der Belästiger während

678 So schon ausdrücklich die Gesetzesbegründung zum Beschäftigtenschutzgesetz, BT-Drs. 12/5468, S. 47.

679 Herzog, Sexuelle Belästigung, S. 222.

680 Begründung zum Beschäftigtenschutzgesetz, BT-Drs. 12/5468, S. 47.

einer im Rahmen der Beschwerdeprüfung durchgeführten Anhörung erklärt, er gedenke nicht, sein Verhalten zu ändern. Hier konnte der Arbeitgeber davon ausgehen, eine bloße Ermahnung werde den augenscheinlich uneinsichtigen Arbeitnehmer nicht von der Fortführung oder Wiederholung seines Verhaltens abbringen, so dass diese Maßnahme als offensichtlich ungeeignet zu bewerten ist.

Von einer solchen Offensichtlichkeit kann auch dann ausgegangen werden, wenn dieselbe Maßnahme mehrfach gegen den Belästiger ausgesprochen wurde und deren Untauglichkeit sich in dem erneuten Fehlverhalten offenbart, so beispielsweise bei einer Abmahnung, der bereits eine oder sogar mehrere Abmahnungen vorausgegangen waren.[681]

IV. Erforderlichkeit der Tätigkeitseinstellung

Auch wenn das Nichtergreifen oder das Ergreifen einer offensichtlich ungeeigneten Maßnahme festgestellt wurde, berechtigt dieser Umstand das Belästigungsopfer noch nicht, seine Leistung zu verweigern. § 14 S. 1 verlangt darüber hinaus, dass das Einstellen der Tätigkeit zu seinem Schutz auch erforderlich ist.

Hierzu muss für den konkreten Fall überprüft werden, ob die Art und die Schwere der Belästigung es rechtfertigt, dass die belästigte Person ihre Tätigkeit an genau diesem Arbeitsplatz einstellt. Abzuwägen sind im Rahmen einer Verhältnismäßigkeitsprüfung ob die Art und die Erheblichkeit der in Rede stehenden Belästigung die Reaktion des Belästigungsopfers in Form der Tätigkeitseinstellung rechtfertigt.[682] Das hat zur Folge, dass mildere Mittel vorrangig ergriffen werden müssen, sofern diese tatsächlich vorhanden sind. Liegen solche vor, ist die Tätigkeitseinstellung nicht erforderlich und ein Recht zur Leistungsverweigerung besteht nicht.

So könnte auch das Erheben der offiziellen Beschwerde nach § 13 AGG als ein milderes Mittel in Betracht zu ziehen sein und gegebenenfalls vor der Ausübung des Leistungsverweigerungsrechtes wahrgenommen werden.[683] In Betracht kommt dieses jedoch nur dann, wenn es zum Schutz des Arbeitnehmers in der konkreten Situation auch geeignet ist, im übrigen ist zu berücksichtigen, dass die Beschwerde nach § 13 AGG gerade keine Anspruchsvoraussetzung für die Geltendmachung des Rechtes nach § 14 darstellt und ein generelles Vorschalten der offiziellen Beschwerde daher nicht verlangt werden darf.

---

681 Herzog, Sexuelle Belästigung, S. 223.

682 So bereits ausdrücklich die Begründung zum Beschäftigtenschutzgesetz, BT-Drs. 12/5468, S. 48.

683 Ring/Siebeck/Woitz, in: Flohr/Ring, Gleichbehandlungsgesetz, Rn. 284.

Da der Zweck des § 14 im Schutz der betroffenen Person vor weitergehender Belästigung liegt, kann das Recht zur Leistungsverweigerung auch nur soweit gehen, wie das Opfer hiervon betroffen ist. Zwar ist gegenüber der Regelung in § 4 Abs. 2 BeschSchG insoweit eine Änderung und damit einhergehend auch eine Ausweitung des Schutzes erfolgt, als sie sich nicht mehr ausdrücklich auf die Einstellung der Tätigkeit am betreffenden Arbeitsplatz einzustellen. Gleichwohl setzt § 14 AGG voraus, dass die Leistungsverweigerung erforderlich ist und daher auch nur soweit gehen kann, wie sie Bereiche betrifft, in denen der Arbeitnehmer mit der Belästigung konfrontiert wird.

Geht die Belästigung beispielsweise von einem Kunden eines Ladengeschäftes aus, wird man die Erforderlichkeit einer Tätigkeitseinstellung nicht auf diejenigen Bereiche des Betriebes ausdehnen können, zu denen dieser Kunde keinen Zugang hat, wie die vom Kundenverkehr ausgenommenen Büros.

V. Rechtsfolgen

Liegen alle Voraussetzungen des § 14 vor, ist die betroffene Person berechtigt, die Tätigkeit einzustellen, ohne dass sie einen Verlust hinsichtlich ihres Arbeitsentgelts erleidet.

Ist die Leistungsverweigerung hingegen unberechtigt, tragen die Beschäftigten nicht nur das Risiko des Verlustes ihres Entgelts für den Zeitraum, in dem sie ihre Tätigkeit einstellen, sondern darüber hinaus auch dasjenige weitergehender arbeitsrechtlicher Konsequenzen.[684] Die für den Arbeitnehmer erheblichste Folge einer Kündigung des Arbeitsverhältnisses wird zwar nur in Fällen in Betracht kommen, in denen eine extreme Fehlbewertung aller in Betracht kommenden Faktoren vorgenommen wird, gleichwohl ist auch der Verlust des Arbeitsentgelts eine für den Arbeitnehmer empfindliche Konsequenz.

Das Leistungsverweigerungsrecht nach § 14 AGG ist daher mit der gebotenen Vorsicht und nur nach sorgfältiger Prüfung wahrzunehmen. Zwar garantiert es dem betroffenen Arbeitnehmer bei Vorliegen aller Voraussetzungen den effektivsten Schutz vor weiterer Belästigung und zwingt den Arbeitgeber zudem zu einer (erneuten) Überprüfung der Belästigungssituation und dem Ergreifen einer Maßnahme beziehungsweise einer nunmehr geeigneten Maßnahme. Jedoch geht

684 ErfK/Schlachter, BeschSchG, § 4 Rn. 5; Schiek, Zweites Gleichberechtigungsgesetz, § 4 BeschSchG, Rn. 6; Ring/Siebeck/Woitz, in: Flohr/Ring, Gleichbehandlungsgesetz, Rn. 281; Herzog, Sexuelle Belästigung, S. 224; Wickler/Hänsch, Handbuch Mobbing-Rechtsschutz, S. 201, Rn. 26; Lorenz, PersR 2002, 68; Wolmerath, Mobbing im Betrieb, 241, Rn. 248.

das Risiko der Überprüfung zu Lasten des betroffenen Arbeitnehmers, mithin auch jeder Irrtum über die Bewertung der konkreten Situation, so beispielsweise wenn er übersieht, dass ihm ein der Tätigkeitseinstellung gegenüber milderes Mittel zum Schutz vor weiterer Belästigung verbleibt, oder er dieses Mittel fälschlicherweise als ungeeignet zur Unterbindung der Belästigung bewertet.[685]

VI. Ergebnis

Das Recht zur Leistungsverweigerung nach § 14 AGG setzt voraus, dass der Arbeitgeber keine oder offensichtlich ungeeignete Maßnahmen ergreift, obwohl über das Vorliegen einer Belästigung oder sexuellen Belästigung keinerlei Zweifel bestehen. Dies wiederum erfordert Kenntnis des Arbeitgebers, die er beispielsweise im Wege der Beschwerde nach § 13 erlangen kann. Für sein Tätigwerden ist dem Arbeitgeber ein gewisser Zeitraum einzuräumen, der je nach Fall differieren kann. Die Bewertung einer Maßnahme als offensichtlich ungeeignet bereitet Schwierigkeiten und wird aus einer ex ante Perspektive zu beurteilen sein. Erweist sich diese von Vornherein als nicht zweckdienlich, die Belästigung zu unterbinden, wird man von ihrer Ungeeignetheit auszugehen haben. Da die Tätigkeitseinstellung auch erforderlich sein muss, besteht für das Belästigungsopfer die Pflicht zur Abwägung, ob die konkrete Belästigung dies auch rechtfertigt. Das Leistungsverweigerungsrecht birgt für das Opfer die Gefahr, dass es für den Fall des Nichtvorliegens aller Voraussetzungen das Risiko eines Entgeltverlustes für den entsprechenden Zeitraum sowie weitergehender arbeitsrechtlicher Konsequenzen trägt, weswegen es mit der gebotenen Vorsicht auszuüben ist.

685 ErfK/Schlachter, BeschSchG, § 4, Rn. 5; HWK/Thüsing, BeschSchG § 4, Rn. 8; Wickler/Hänsch, Handbuch Mobbing-Rechtsschutz, 201, Rn. 27.

13. Kapitel: Zusammenfassende Schlussbetrachtung

Die Belästigung ist Bestandteil der Richtlinien 2000/43/EG, 2000/78/EG, 2002/73/EG -zwischenzeitlich aufgegangen in der RL 2006/54/EG- und der RL 2004/113/EG. Nach mehreren Anläufen wurden diese mit dem am 18. August 2006 in Kraft getretenen Allgemeinen Gleichbehandlungsgesetz auch in deutsches Recht umgesetzt. Seitdem ist neben der sexuellen Belästigung auch Belästigung gesetzlich definiert und verboten.

Die Einordnung der Belästigung unter die Diskriminierungstatbestände ist aufgrund der im Vordergrund stehenden Würdeverletzung als systemwidrig bezeichnet worden. Dabei wird übersehen, dass die Verletzung der Würde jeder Diskriminierung immanent und ihre Einreihung daher geboten ist. Daneben können als weitere Rechtsgüter auch das allgemeine Persönlichkeitsrecht und die Gesundheit des Opfers verletzt sein.

Belästigende Verhaltensweisen können in verschiedenen Formen auftreten. In Betracht kommen sowohl körperliches als auch verbales Verhalten sowie jede Schrift- oder Bildform und alle Kombinationen. Nicht notwendigerweise erforderlich ist, dass das Verhalten wiederholt stattfindet, jedoch kann ein einmaliges Verhalten von geringer Schwere nicht die für den Tatbestand erforderlichen Folgen herbeiführen, so dass man vereinfacht feststellen kann, dass je weniger schwerwiegend ein Verhalten ist es umso häufiger auftreten muss, um eine Belästigung im Sinne des § 3 Abs. 3 AGG hervorzurufen.

Wann eine Handlung der betroffenen Person, die nicht notwendigerweise Merkmalsträgerin zu sein hat, unerwünscht ist, bestimmt sich zunächst nach ihrer subjektiven Bewertung, die anschließend anhand der fiktiven Person des objektiven Beobachters korrigiert werden muss.

Das Merkmal Geschlecht umfasst nicht nur den sogenannten „Normalfall", dem weiblichen oder dem männlichen Geschlecht anzugehören, sondern darüber hinaus auch alle weiteren Erscheinungsformen wie die Intersexualität und die Transsexualität. Dabei ist auch unerheblich, ob Belästiger und Adressat der Belästigung demselben Geschlecht angehören. Schließlich muss das Geschlecht einer Person nicht der alleinige Grund für die Belästigung sein, es reicht vielmehr aus, dass diese mitursächlich für das unerwünschte Verhalten ist.

Folgen des unerwünschten Verhaltens sind nach § 3 Abs. 3 AGG die Würdeverletzung des Opfers sowie die Schaffung eines von den genannten Auswirkungen gekennzeichneten Umfelds, die beide kumulativ vorliegen müssen. Das feindliche Umfeld schließt nicht nur das direkte Arbeitsumfeld ein, sondern erstreckt sich auch auf jeden anderen Aspekt des Umfeldes eines Belästigungsopfers, der im Kontext zu seinem Arbeitsplatz steht. Ergebnis muss eine der im Gesetz genannten Kennzeichnungen sein, mithin eine Einschüchterung, Anfeindung, Erniedrigung, Entwürdigung oder Beleidigung, die von gleichrangiger Wertigkeit sind.

Die belästigenden Folgen können entweder bezweckt oder bewirkt werden. Bei der Bezweckensvariante reicht es aus, dass das Ergebnis beabsichtigt ist, es muss nicht eintreten, bei der Bewirkensalternative genügt das Eintreten der Folge, ohne dass diese vom Täter gewünscht ist. Das Risiko eines unbewussten Fehlverhaltens wird gleichwohl mit der Einführung des objektiven Beobachters als Maßstab minimiert, der nicht erkennbare Verhaltensweisen von geringster Schwere gleichsam filtert.

Parallelen zwischen Belästigung und Mobbing sowie zwischen Belästigung und Stalking sind vorhanden, so dass ein Verhalten im Einzelfall beide Tatbestände erfüllen kann, identisch sind sie jedoch nicht. Auch ist die Belästigung aufgrund des Merkmals Geschlecht keine sexuelle Belästigung, wenngleich beide Tatbestände Benachteiligungen aufgrund des gleichen Merkmals Geschlecht sind. Sexuelle Belästigung fordert einen sexuellen Bezug, die Belästigung wegen des Geschlechts zielt dagegen auf das Geschlecht einer Person sowie die mit dieser gemeinhin verbundenen Eigenschaften im Sinne einer Geschlechterrolle ab.

Zum Schutz der Beschäftigten vor Belästigung hat das AGG verschiedene Regelungen vorgesehen. Generalklauselartig formuliert § 12 Abs. 1 die diesbezügliche Pflicht des Arbeitgebers zur Prävention und Reaktion, die in den folgenden Absätzen des § 12 weiter konkretisiert werden. Für die Prävention bevorzugt der Gesetzgeber die in § 12 Abs. 2 als Exkulpationsmöglichkeit des Arbeitgebers vorgesehene Schulung, an die einige Anforderungen qualitativer Art zu stellen sind, damit sie als geeignet angesehen werden kann, wenngleich sie als einzige Maßnahme kaum als ausreichend zu bewerten ist. Daneben kommen verschiedene, vom Gesetz nicht genannte präventive Maßnahmen in Betracht, wozu organisatorische Maßnahmen bezüglich des Arbeitsumfeldes, Grundsatzerklärungen/Verhaltenskodizes, Betriebsvereinbarungen, Unternehmensrichtlinien, Aufnahme eines Diskriminierungsverbotes in Einzelarbeitsverträge, Informationsmaßnahmen sowie die Einrichtung und Förderung von Gesprächsgruppen gehören.

§ 12 Abs. 3 AGG verpflichtet den Arbeitgeber zur Reaktion auf einen Verstoß gegen das Benachteiligungsverbot, welches von Beschäftigten ausgeht. Lediglich beispielhaft aufgeführt sind die Maßnahmen der Abmahnung, Umsetzung, Versetzung oder Kündigung, in Betracht kommen auch eine Ermahnung, Suspendierung oder bauliche Veränderung des Arbeitsplatzes, jedoch beinhaltet der Schutz der Beschäftigten auch vorläufige Maßnahmen, beispielsweise bis zur Aufklärung einer Beschwerde. Welche Maßnahme der Arbeitgeber zu ergreifen hat, unterliegt der Verhältnismäßigkeitsprüfung, wobei dem Arbeitgeber lediglich die Wahl zwischen zwei gleichermaßen geeigneten Maßnahmen verbleibt um die Belästigung zu unterbinden und Wiederholungen zu vermeiden.

Geht der Verstoß von Dritten aus, hat der Arbeitgeber die Verpflichtung nach § 12 Abs. 4 AGG, angemessene Maßnahmen zu ergreifen. Hier ist, mangels arbeitsvertraglicher Beziehung, die Auswahl der Reaktionsmöglichkeiten des Arbeitgebers stark eingeschränkt, im wesentlichen verbleibt es bei einer Unterlassungsaufforderung, der Umverteilung der Zuständigkeiten oder aber dem Ausspruch eines Hausverbotes.

Das Beschwerdeverfahren nach § 13 AGG gibt den Beschäftigten das Recht, sich bei den zuständigen Stellen des Betriebes zu beschweren, wenn sie sich benachteiligt fühlen. Dies setzt voraus, dass im Betrieb eine oder mehrere zuständige Stellen errichtet oder benannt werden, wobei auch die Möglichkeit einer externen Ansiedlung der Stelle besteht. Die Beschwerde ist zu prüfen und das Ergebnis dem Beschwerde führenden Beschäftigten mitzuteilen, so § 13 Abs. 1 S. 2. Diese Mitteilung hat nicht nur Informationen darüber zu geben, ob infolge der Beschwerde Maßnahmen getroffen wurden oder werden, sondern auch darüber, um welche konkreten Maßnahmen es sich handelt, da diese Grundlage für die Entscheidung sein kann, ob der Beschwerdeführer sein Leistungsverweigerungsrecht nach § 14 AGG wahrnehmen kann.

§ 14 AGG gibt dem Opfer die Möglichkeit zur Leistungsverweigerung, wenn der Arbeitgeber trotz zweifelsfreiem Vorliegen einer Belästigung oder sexuellen Belästigung keine oder offensichtlich ungeeignete Maßnahmen ergreift. Voraussetzung für das Tätigwerden des Arbeitgebers ist die Kenntnis von der Belästigung, die er beispielsweise durch eine Beschwerde des Opfers nach § 13 erlangen kann. Für sein Tätigwerden ist dem Arbeitgeber ein gewisser Zeitraum einzuräumen, nach deren Ablauf von einem Untätigbleiben auszugehen ist. Die Bewertung einer Maßnahme als offensichtlich ungeeignet ist nicht unproblematisch und hat aus einer ex ante Perspektive zu erfolgen. Erweist sich diese von Vornherein als nicht zweckdienlich, die Belästigung zu unterbinden, wird man von ihrer Ungeeignetheit ausgehen müssen. Da die Tätigkeitseinstellung auch erforderlich zu sein hat, besteht für das Belästigungsopfer die Pflicht zur Abwägung, ob die konkrete Belästigung dies auch rechtfertigt, die im Falle einer Fehleinschätzung die Gefahr eines Entgeltverlustes oder anderer arbeitsrechtlicher Konsequenzen birgt und daher mit der gebotenen Vorsicht auszuüben ist.

Die Einführung des Verbotes der Belästigung sowie der genannten Schutzpflichten des Arbeitgebers und Rechte der Beschäftigten ist ein weiterer Schritt in Richtung Schutz vor Benachteiligung bzw. Gleichbehandlung. Es wird künftig nicht nur Aufgabe der Literatur sondern vorwiegend auch der Gerichte sein, diesen Tatbestand mit Leben zu füllen und ihn verständlicher zu machen, damit die Thematik, ähnlich wie schon das Mobbing und die sexuelle Belästigung den Stempel des Bagatellverhaltens verliert und als Problem wahrgenommen wird.

Literaturverzeichnis

Adomeit, Klaus: Diskriminierung-Inflation eines Begriffs, NJW 2002, 1622
Adomeit, Klaus / *Mohr*, Jochen: Kommentar zum Allgemeinen Gleichbehandlungsgesetz, Stuttgart, München, Hannover, Berlin, Weimar, Dresden, 2007
Aigner, Tatjana: Antworten auf Arbeitnehmerfehlverhalten. Reaktionen, Interventionen und Sanktionen in Österreich und Deutschland, Frankfurt a. M., Berlin, Bern, Bruxelles, New York, Oxford, Wien 2002
Armbrüster, Christian: Antidiskriminierungsgesetz - ein neuer Anlauf, ZRP 2005, 41
Ascheid, Reiner/*Preis*, Ulrich / *Schmidt*, Ingrid: Kündigungsrecht. Großkommentar zum gesamten Recht der Beendigung von Arbeitsverhältnissen,
3. Auflage, München 2007 (mit Kommentierung zum AGG)
2. Auflage, München 2004 (mit Kommentierung zum BeschSchG)
Baer, Susanne: Würde oder Gleichheit? Zur angemessenen grundrechtlichen Konzeption von Recht gegen Diskriminierung am Beispiel sexueller Belästigung am Arbeitsplatz in der Bundesrepublik Deutschland und den USA, Baden-Baden 1995
Baer, Susanne: „Ende der Privatautonomie" oder grundrechtlich fundierte Rechtsetzung?, ZRP 2002, 290
Bauer, Jobst Hubertus: Europäische Antidiskriminierungsrichtlinien und ihr Einfluss auf das deutsche Arbeitsrecht, NJW 2001, 2672
Bauer, Jobst Hubertus / *Göpfert*, Burkard / *Krieger*, Steffen: Allgemeines Gleichbehandlungsgesetz, 2. Auflage, München 2008
Benecke, Martina: Mobbing. Arbeits- und Haftungsrecht, München 2005
Benecke, Martina: „Mobbing" im Arbeitsrecht, NZA-RR 2003, 225
Berger-Delhey, Ulf: Alle Tiere sind gleich, aber einige Tiere sind gleicher als andere, ZTR 2001, 162
Bertelsmann, Klaus: Sexuelle Beeinträchtigung im Betrieb, AiB 1987, 123
Biester, Frauke: Auswirkungen des Allgemeinen Gleichbehandlungsgesetzes auf die Praxis, Teil 1, juris-PR-ArbR 35/2006, Anm. 6
Braun, Johann: Forum: Übrigens, Deutschland wird wieder totalitär, JuS 2002, 424
Brockhaus Wahrig: Deutsches Wörterbuch, Erster Band, Stuttgart 1990
Busch, Sebastian: Antidiskriminierungsgesetz kommt doch, AiB 2006, 331

Calliess, Christian / *Ruffert*, Matthias (Hrsg.): EUV/EGV. Das Verfassungsrecht der Europäischen Union mit Europäischer Grundrechtecharta. Kommentar, 3. Auflage, München 2007
Coen, Martin: Neue Antidiskriminierungs- Richtlinien, AuR 2000, 11

Däubler, Wolfgang / *Bertzbach*, Martin: Allgemeines Gleichbehandlungsgesetz, 2. Auflage, Baden-Baden 2008
Däubler, Wolfgang / *Kittner,* Michael / *Klebe,* Thomas / *Wedde,* Peter: Betriebsverfassungsgesetz, 12. Auflage, Frankfurt a. Main 2010
Däubler, Wolfgang: Mobbing und Arbeitsrecht, BB 1995, 1347
Dreier, Horst (Hrsg.): Grundgesetz. Kommentar. Band I, 4. Auflage, Tübingen 2009
Dörner, Klemens / *Luczak*, Stefan / *Wildschütz*, Martin: Handbuch Arbeitsrecht, 4. Auflage, München 2004
Duden: Das große Wörterbuch der deutschen Sprache, Band 2, 3. Auflage Mannheim, Leipzig, Wien, Zürich 1999
Duden: Bedeutungswörterbuch, 2. Auflage, Mannheim, Wien, Zürich 1985
Duden: Großwörterbuch Englisch, Mannheim, Oxford, Wien, Zürich 1990
Dieterich, Thomas / *Müller-Glöge*, Rudi / *Preis*, Ulrich / *Schaub*, Günter (Hrsg.): Erfurter Kommentar zum Arbeitsrecht,
10. Auflage, München 2010 (mit Kommentierung zum AGG) sowie
6. Auflage, München 2006, (mit Kommentierung zum BeschSchG)
Esser, Axel / *Wolmerath*, Martin: Mobbing: Der Ratgeber für Betroffene und ihre Interessenvertretung, 7. Auflage, Frankfurt a. M. 2008
Esser, Axel / *Wolmerath*, Martin: Mobbing, Ansätze für die Personalratsarbeit, PersR 2000, 446

Fischer, Thomas: Strafgesetzbuch und Nebengesetze, 57. Auflage, München 2010
Flohr, Eckhard / *Ring*, Gerhard (Hrsg.): Das neue Gleichbehandlungsgesetz, Recklinghausen 2006

Gamerschlag, Hans-Karl / *Perband*, Inga: Mobbing - Verstärkter Rechtsschutz gegen ein Massenphänomen in der Arbeitswelt, VersR 2002, 287
Gaul, Björn: Entwurf eines Antidiskriminierungsgesetzes, Aktuelles Arbeitsrecht 2005, 1
Göpfert, Burkard / *Siegrist*, Carolin: Diskriminierungsverdacht: Über den richtigen Umgang mit arbeitsrechtlichen Diskriminierungsfällen, ZIP 2006, 1710
Gralka, Peer: Mobbing und Arbeitsrecht. Eine Erwiderung auf Däubler, BB 1995, 1347, BB 1995, 2651
von der Groeben, Hans / *Schwarze*, Jürgen (Hrsg.): Kommentar zum Vertrag über die Europäische Union und zur Gründung der Europäischen Gemeinschaft
-: Band 1, Art. 1 – 53 EUV, Art. 1 – 80 EGV, 6. Auflage, Baden-Baden 2003
-: Band 4, Art. 189 – 314 EGV, 6. Auflage, Baden-Baden 2004

Hadeler, Indra: Die Revision der Gleichbehandlungsrichtline76/207/EWG- Umsetzungsbedarf für das deutsche Arbeitsrecht, NZA 2003, 77

Haller, Robert/*Koch*, Ulrike: Rechtsschutz im Krieg am Arbeitsplatz, NZA 1995, 356

Hennig, Wiebke / *Baer*, Susanne: Europarecht als Chance, Streit 2002, 169

Henssler, Martin / *Willemsen,* Heinz J. / *Kalb,* Heinz-Jürgen: Arbeitsrecht Kommentar, 2. Auflage, Köln 2006

Herzog, Ulrich: Sexuelle Belästigung am Arbeitsplatz, Heidelberg 1997

Hess, Harald / *Schlochauer,* Ursula / *Worzalla,* Michael / *Glock,* Dirk / *Nicolai,* Andrea: Kommentar zum Betriebsverfassungsgesetz, 7. Auflage, Neuwied 2008

Hille, Hans-Eduard: Rechte und Pflichten beim Mobbing, BC 2003, 81

Högenauer, Nikolaus: Die europäischen Richtlinien gegen Diskriminierung im Arbeitsrecht – Analyse, Umsetzung und Auswirkung der Richtlinien 2000/43/EG und 2000/78/EG im deutschen Arbeitsrecht, Hamburg 2002

Hohmann, Harald: Thesen zur Weiterentwicklung des Beschäftigtenschutzgesetzes mit dem Ziel eines besseren Schutzes vor sexueller Belästigung am Arbeitsplatz, ZRP 1995, 167

Holzbecher, Monika / *Braszeit*, Anne/*Müller*, Ursula / *Plogstedt*, Sibylle: Sexuelle Belästigung am Arbeitsplatz, 5. Auflage, Stuttgart, Berlin, Köln 1997

Husmann, Manfred: Die EG-Gleichbehandlungs-Richtlinien 2000/2002 und ihre Umsetzung in das deutsche, englische und französische Recht –Teil 1- , ZESAR 2005, 107

Husmann, Manfred: Die EG-Gleichbehandlungs-Richtlinien 2000/2002 und ihre Umsetzung in das deutsche, englische und französische Recht – Teil 2 –, ZESAR 2005, 167

Jarass, Hans D./ *Pieroth*, Bode: Grundgesetz für die Bundesrepublik Deutschland, 10. Auflage, München 2009

Kittner, Michael / *Däubler*, Wolfgang / *Zwanziger*, Bertram: Kündigungsschutzrecht: KSchR. Kommentar für die Praxis zu Kündigungen und anderen Beendigungen des Arbeitsverhältnisses, 7. Auflage, Frankfurt a. M. 2008

Klumpp, Steffen: Diskontinuität und ihre Folgen für das Antidiskriminierungsrecht, NZA 2005, 848

Kötz, Hein / *Wagner,* Gerhard: Deliktsrecht, 10. Auflage, Neuwied 2006

Kollmer, Norbert: Mobbing im Arbeitsverhältnis: was Arbeitgeber dagegen tun können – und sollten, 4. Auflage, Heidelberg, München, Landsberg, Berlin 2007

Korthaus, Hannah: Das neue Antidiskriminierungsrecht, Aachen 2006

Kummer, Pierre M.: Die Umsetzungsanforderungen der neuen arbeitsrechtlichen Antidiskriminierungsrichtlinie (RL 2000/78/EG), Frankfurt a. M. 2003

Kuras, Gerhard: Verbot der Diskriminierung wegen des Alters, RdA 2003, 11

Langenscheidts: Handwörterbuch Französisch Teil I, Berlin, München, Wien, Zürich, New-York 2001

Langenscheidt: Muret-Sanders, Großwörterbuch Englisch Teil I, Berlin, München, Wien, Zürich, New York 2001

Leymann, Heinz (Hrsg.): Der neue Mobbing-Bericht. Erfahrungen und Initiativen, Auswege und Hilfsangebote, Reinbek bei Hamburg 1995

Leymann, Heinz: Mobbing. Psychoterror am Arbeitsplatz und wie man sich dagegen wehren kann, Reinbek bei Hamburg 1993 (zit. : Leymann, Mobbing)

Lingscheidt, Anja: Antidiskriminierung im Arbeitsrecht, Neue Entwicklungen im Gemeinschaftsrecht auf Grund der Richtlinien 2000/43/EG und 2000/78/EG und ihre Einfügung in das deutsche Gleichbehandlungsrecht, Berlin 2004

Lorenz, Georg: Mobbing am Arbeitsplatz- Handlungsmöglichkeiten von Betroffenen, Arbeitgeber und Personalrat, PersR 2002, 65

Mästle, Tobias: Der zivilrechtliche Schutz vor sexueller Belästigung am Arbeitsplatz, Berlin 2000

Mästle, Tobias: Sexuelle Belästigung im Betrieb- angemessene Reaktionsmöglichkeiten des Arbeitgebers, BB 2002, 250

Mangold, Hermann von / *Klein*, Friedrich / *Starck*, Christian (Hrsg.): Kommentar zum Grundgesetz, 5. Auflage, München 2005

Meinel, Gernod / *Heyn*, Judith / *Herms*, Sascha: Allgemeines Gleichbehandlungsgesetz, München 2007

Meschkutat, Bärbel / *Stackelbeck*, Martina / *Langenhoff*, Georg: Der Mobbing-Report. Eine Repräsentativstudie für die Bundesrepublik Deutschland, Dortmund, Berlin 2002

Mohr, Jochen: Schutz vor Diskriminierungen im Europäischen Arbeitsrecht. Die Rahmenrichtlinie 2000/78/EG vom 27.November 2000 –Religion, Weltanschauung, Behinderung, Alter oder sexuelle Ausrichtung-, Berlin 2004

Münchener Kommentar: Münchener Kommentar zum Bürgerlichen Gesetzbuch, Hrsg. Von *Rebmann*, Kurt/*Säcker*, Franz/*Rixecker*, Roland

-: Band 1, Allgemeiner Teil, 1. Halbband, §§ 1 – 240, 5. Auflage, München 2004

-: Band 2, Schuldrecht, Allgemeiner Teil, §§ 241 – 432, 5. Auflage, München 2007

-: Band 5, Schuldrecht Besonderer Teil III, §§ 705 – 853, 4. Auflage, München 2004

Nickel, Rainer: Handlungsaufträge zur Bekämpfung von ethnischer Diskriminierung in der neuen Gleichbehandlungsrichtlinie 2000/43/EG, NJW 2001, 2668

Nicolai, Andrea: Das allgemeine Gleichbehandlungsgesetz, AGG in der anwaltlichen Praxis, Bonn 2006

Nöth, Alexandra: Materieller und prozessualer Rechtsschutz gegen sexuelle Belästigung am Arbeitsplatz in den USA, Europa und Deutschland, Frankfurt a.M, Berlin, Bern, Bruxelles, New York, Oxford, Wien 2003

Nollert-Borasio, Christine /: Allgemeines Gleichbehandlungsgesetz (AGG),

Palandt, Otto: Bürgerliches Gesetzbuch. Kommentar, 69. München 2010

Pfarr, Heide / *Bertelsmann*, Klaus: Diskriminierung im Erwerbsleben. Ungleichbehandlung von Frauen und Männern in der Bundesrepublik Deutschland, Baden-Baden 1989

Picker, Eduard: Antidiskriminierung als Zivilrechtsprogramm?, JZ 2003, 540

Pirntke, Gunter: Mobbing und sexuelle Belästigung, Renningen 2004

Plett, Konstanze: Rechtliche Aspekte der Intersexualität, Zeitschrift für Sexualforschung 2007, 162

Plett, Konstanze: Besprechung des Urteils in der Rs. C-117/01 K.B. ./. National Health Service Pensions Agency, Secretary of State for Health, ZESAR 2004, 303

Pons: Großwörterbuch für Experten und Universität Französisch – Deutsch, Stuttgart, Düsseldorf, Leipzig 1999

Raschka, Antje: Darlegungs- und Beweiserleichterung für Mobbingbetroffene, Frankfurt a. M. 2007

Rebhahn, Robert (Hrsg.): Kommentar zum Gleichbehandlungsgesetz GlBG und BGK-GAW-G, Wien, New-York 2005

Reiserer, Kerstin / *Lemke*, Thomas: Verbesserter Rechtsschutz für Mobbingopfer - Handlungsmöglichkeiten der Betroffenen, MDR 2002, 249

Richardi, Reinhard (Hrsg.): Betriebsverfassungsgesetz mit Wahlordnung. Kommentar, 12. Auflage, München 2010

Rieble, Volker / *Klumpp*, Steffen: Mobbing und die Folgen, ZIP 2002, 369

Roesner, Ralf: Das Allgemeine Gleichbehandlungsgesetz. Schnelleinstieg für die Personalarbeit, Heidelberg, München, Landsberg, Berlin 2006

Roxin, Claus: Strafrecht: Allgemeiner Teil, Band 1, Grundlagen. Der Aufbau der Verbrechenslehre, 4. Auflage, München 2006

Rubinstein, Michael: Die Würde der Frauen am Arbeitsplatz. Bericht über das Problem sexueller Belästigung in den Mitgliedstaaten der Europäischen Gemeinschaft, 1987

Rudolf, Beate (Hrsg.): Frauen und Völkerrecht : Zur Einwirkung von Frauenrechten und Fraueninteressen auf das Völkerrecht, Baden-Baden 2006

Rust, Ursula / *Falke*, Josef (Hrsg.): Allgemeines Gleichbehandlungsgesetz mit weiterführenden Vorschriften, Berlin 2007
Rust, Ursula: Konsequenzen der Nichtumsetzung des Richtliniengleichbehandlungsrechts der Europäischen Union, ZESAR 2005, 197
Rust, Ursula: Änderungsrichtlinie 2002 zur Gleichbehandlungsrichtlinie von 1976, NZA 2003, 72
Rust, Ursula / *Däubler*, Wolfgang / *Falke*, Josef / *Lange*, Joachim / *Plett*, Konstanze / *Scheiwe*, Kirsten / *Sieveking*, Klaus: Die Gleichbehandlungsrichtlinien der EU und ihre Umsetzung in Deutschland, Loccumer Protokolle 40/03, Loccum 2003
Rust, Ursula / *König*, Doris / *Lange*, Joachim / *Sieveking*, Klaus: Die Umsetzung der EU- Gleichbehandlungsrichtlinien in Deutschland - Loccumer Protokolle 79/04, Loccum 2005

Säcker, Franz-Jürgen: Vernunft statt Freiheit- Die Tugendrepublik der neuen Jakobiner, ZRP 2002, 286
Säcker, Franz-Jürgen: Vertragsfreiheit und Schutz vor Diskriminierung, ZEuP 2006, 1
Saldern, Matthias v.: Mobbing: Theorie, Empirie, Praxis, Baltmannsweiler 2002
Satzger, Helmut / *Schmit,* Bertram / *Widmaier,* Gunter : StGB Strafgesetzbuch Kommentar, Köln 2009
Schaub, Günter: Arbeitsrechtshandbuch. Systematische Darstellung und Nachschlagewerk für die Praxis, 13. Auflage, München 2009
Schiek, Dagmar (Hrsg.): Allgemeines Gleichbehandlungsgesetz (AGG) Ein Kommentar aus europäischer Perspektive, München 2007
Schiek, Dagmar: Gleichbehandlungsrichtlinien der EU-Umsetzung im deutschen Arbeitsrecht, NZA 2004, 873
Schiek, Dagmar: Zweites Gleichberechtigungsgesetz für die Privatwirtschaft, Köln 1995
Schiek, Dagmar / *Buhr*, Kornelia / *Dieball*, Heike / *Fritsche*, Ulrike / *Klein-Schonnefeld*, Sabine / *Malzahn*, Marion / *Wankel*, Sibylle: Frauengleichstellungsgesetze des Bundes und der Länder: Kommentar für die Praxis zum Frauenfördergesetz für den Bundesdienst und zu den Frauenfördergesetzen, Gleichstellungsgesetzen und Gleichberechtigungsgesetzen; mit dem Beschäftigtenschutzgesetz, Köln 1996
Schlachter, Monika: Beschäftigtenschutzgesetz. Systematische Darstellungen, 100. Lieferung, 2002, AR-Blattei 425
Schlachter, Monika: Sexuelle Belästigung am Arbeitsplatz- Inhalt und Funktion des Arbeitsplatzbezugs, NZA 2002, 121
Schleusener, Aino / *Suckow*, Jens / *Voigt*, Burkhard: AGG Kommentar zum Allgemeinen Gleichbehandlungsgesetz, 2. Auflage, Neuwied 2008

Schmidt, Marlene: Das Arbeitsrecht der europäischen Gemeinschaft, 2. Auflage, Baden-Baden 2006

Schmidt, Marlene / *Senne,* Daniela*:* Das gemeinschaftsrechtliche Verbot der Altersdiskriminierung und seine Bedeutung für das deutsche Arbeitsrecht, RdA 2002, 80

Schmitdt-Bleibtreu, Bruno: Kommentar zum Grundgesetz, 11. Auflage, Neuwied 2008

Schneble, Andrea / *Domsch*, Michel: Sexuelle Belästigung von Frauen am Arbeitsplatz. Eine Bestandsaufnahme im Hamburger öffentlichen Dienst, München und Mering 1990

Schöffler-Weis: Wörterbuch der englischen und deutschen Sprache, Stuttgart 1967

Schönke, Adolf / *Schröder*, Horst: Strafgesetzbuch, 27. Auflage, München 2006

Schrader, Peter / *Schubert*, Jens: Das AGG in der Beratungspraxis, 2. Auflage, Baden-Baden 2008

Schuster, Doris-Maria / *Darsow*, Ingebjörg: Einführung von Ethikrichtlinien durch Direktionsrecht, NZA 2005, 273

Spamer, Hansgeorg: Mobbing am Arbeitsplatz, Frankfurt a. M. 2000

Staudinger, Julius v.: Kommentar zum Bürgerlichen Gesetzbuch mit Nebengesetzen,

-: Buch 2, Recht der Schuldverhältnisse, §§ 255 – 304, (Leistungsstörung I), Neubearbeitung, Berlin 2009

-: Buch 2, Recht der Schuldverhältnisse, §§ 830-838, (Unerlaubte Handlungen III) Neubearbeitung 2008

Steinau-Steinrück, Robert / *Schneider*, Voker / *Wagner*, Tobias: Der Entwurf eines Antidiskriminierungsgesetzes: Ein Beitrag zur Kultur der Antidiskriminierung?, NZA 2005, 28

Streinz, Rudolf: EUV/EGV : Vertrag über die Europäische Union und Vertrag zur Gründung der Europäischen Gemeinschaft, München 2003

Thau, Jens T. / *Pusch*, Tobias: Arbeitsrecht in den USA, München 1998

Thüsing, Gregor: Arbeitsrechtlicher Diskriminierungsschutz, Das neue allgemeine Gleichbehandlungsgesetz und andere arbeitsrechtliche Benachteiligungsverbote, München 2007

Thüsing, Gregor: Das Arbeitsrecht der Zukunft?- Die deutsche Umsetzung der Antidiskriminierungsrichtlinien im internationalen Vergleich, NZA Sonderbeilage zu Heft 22, 2004, 3

Thüsing, Gregor: Der Fortschritt des Diskriminierungsschutzes im Europäischen Arbeitsrecht, ZfA 2001, 397

Thüsing, Gregor: Die Entwicklung des US-amerikanischen Arbeitsrechts in den Jahren 1999 und 2000, NZA 2001, 939

Umbach, Dieter C. / *Clemens*, Thomas: Grundgesetz. Mitarbeiterkommentar und Handbuch, Band I, Heidelberg 2002

Wank, Rolf: Diskriminierung in Europa-Die Umsetzung der europäischen Antidiskriminierungsrichtlinien aus deutscher Sicht, NZA Sonderbeilage zu Heft 22, 2004, 16

Wendeling-Schröder, Ulrike: Diskriminierung und Privilegierung im Arbeitsleben in: Festschrift für Peter Schwerdtner, München 2003, 269

Wickler, Peter (Hrsg.): Handbuch Mobbing-Rechtsschutz, Heidelberg 2004

Willekens, Harry: Das belgische allgemeine Antidiskriminierungsgesetz und die Umsetzung der EU-Richtlinien 2000/43, 2000/78 und 2002, 73: Zwischen politischer Korrektheit und dubioser Wirksamkeit in: Rust u.a. (Hrsg.): Umsetzung, Loccumer Protokolle 40/03, Loccum 2003

Wiedemann, Herbert / *Thüsing*, Gregor: Fragen zum Entwurf eines zivilrechtlichen Antidiskriminierungsgesetzes, DB 2002, 463

Wolmerath, Martin: Mobbing im Betrieb, 2. Auflage, Baden-Baden 2004

Worzalla, Michael: Das neue Allgemeine Gleichbehandlungsgesetz, Neue Vorschriften, Handlungsanweisungen, Muster, Freiburg, Berlin, München 2006

Worzalla, Michael: Das Beschäftigtenschutzgesetz in der Praxis, NZA 1994, 1016

Zimmer, Michael J. / *Sullivan*, Charles A. / *Richards*, Richard F. / *Calloway*, Deborah A.: Cases and Materials on Employment Discrimination, 3. Auflage, Boston, New York, Toronto, London 1994

Zimmer, Reingard: Umsetzung der EU-Antidiskriminierungsrichtlinien, AiB 2004, 142

RECHT DER ARBEIT UND DER SOZIALEN SICHERHEIT

Band 21 Bettina Graue: Der deutsche und europäische öffentliche Dienst zwischen rechtlicher und faktischer Gleichberechtigung der Geschlechter. Ein rechtssystematischer Vergleich zur Frauenförderung in beiden öffentlichen Diensten unter besonderer Berücksichtigung des Gemeinschaftsgrundrechts der Gleichberechtigung von Männern und Frauen. 2004.

Band 22 Timo Karsten: Schuldrechtliche Tarifverträge und außertarifliche Sozialpartner-Vereinbarungen. Eine Untersuchung am Beispiel von Vereinbarungen der Tarifparteien der Chemischen Industrie. 2004.

Band 23 Katrin Stoye: Rechtsdogmatische und rechtspolitische Probleme des § 14 Abs. 2 Teilzeit- und Befristungsgesetz. Ein Beitrag zur Auslegung der Tatbestandsvoraussetzungen des § 14 Abs. 2 TzBfG sowie zur Entwicklung des Rechts der sachgrundlosen Befristungen unter Berücksichtigung der gesetzlichen Neuerungen durch die Arbeitsmarktreformen der Jahre 2002 und 2003. 2007.

Band 24 Felix Herbold: Gleichbehandlung in der betrieblichen Altersversorgung. Rechtsfragen zur Beteiligung an der zweiten Säule der Alterssicherung am Beispiel der geringfügig Beschäftigten und eingetragenen Lebenspartner. 2007.

Band 25 Andrea Henke-Klar: Unfall- und Gesundheitsschutz – ein Rechtsvergleich zwischen Japan und Deutschland. 2008.

Band 26 Gerald Peter Müller: Der vermittlungsorientierte Einsatz von Arbeitnehmerüberlassung in der Personal-Service-Agentur (PSA). Arbeitsrechtliche Auswirkungen auf die Rechtsbeziehungen der Beteiligten. 2008.

Band 27 Alexandra Lessel: Die berufsständische Versorgung der klassischen verkammerten Freien Berufe und das Problem der Kindererziehungszeiten. 2009.

Band 28 Meike Schils: Das betriebliche Eingliederungsmanagement im Sinne des § 84 Abs. 2 SGB IX. 2009.

Band 29 Hans Hoins: Die Kündigung von Berufsausbildungsverhältnissen, insbesondere aus betrieblichen Gründen. 2009.

Band 30 Sandra Buse: Die Unkündbarkeit im Arbeitsrecht. Neue Akzente durch das AGG. 2009.

Band 31 Melanie Böttger: In Vielfalt geeint. Die Europäische Integration im Lichte der offenen Methode der Koordinierung in der Alterssicherung am Beispiel der Anhebung der Regelaltersgrenze in der gesetzlichen Rentenversicherung. 2010.

Band 32 Nina N. Blinda: Altersbezogene Regelungen in Sozialplänen – eine Diskriminierung? 2010.

Band 33 Sabine Eggert-Weyand: Belästigung am Arbeitsplatz. Eine Form der verbotenen Benachteiligung wegen des Geschlechts. 2010.

www.peterlang.de